INTRODUCCIÓN A LA LITERATURA ESPAÑOLA
A TRAVÉS DE LOS TEXTOS

Aportación a una metodología del comentario de textos

Asunción Barroso Gil
Alfonso Berlanga Reyes
M.ª Dolores González Cantos
M.ª Consuelo Hernández Jiménez
Jesús Toboso Sánchez

ISTMO

Colombia, 18. 28016 Madrid
Tel.: 91 345 41 01
Fax.: 91 359 24 12

Diseño de cubierta:
Joaquín Gallego

Sexta edición: noviembre, 1996

ISBN: 84-7090-097-8 (Obra completa)
ISBN: 84-7090-098-6 (Tomo I)
D. L.: M-39609-1996

Impresión
Lavel, S. A.
Humanes (Madrid)

ÍNDICE

PRÓLOGO

Los autores de este libro, antiguos compañeros y muy queridos amigos, me piden unas líneas de presentación. Nada más grato que decir unas palabras preliminares en las que manifestar mi alegría por ver cumplida la siempre generosa aventura que es poner un libro en manos de un lector.

Creo que interpreto bien el propósito de los autores si afirmo que esta obra está lejos de ser un intento de historia de la literatura. Se trata, más bien, de poner en manos de un público amplio y no especialista un primer material de trabajo para profundizar posteriormente en el conocimiento del texto literario. Pero, aún así, el bosquejo histórico que enmarca cronológicamente la sucesión de obras literarias entraña no pocas dificultades. La pluralidad de perspectivas existentes en la crítica literaria actual acumula las dificultades ante toda obra de síntesis, y ésta no podía escapar a tal condicionamiento. Por eso podrá discutirse este o aquel enfoque, tal o cual apreciación, lo certero o errado de un juicio, pero siempre tendrá el lector ante sí un elemento valioso: la presencia directa de un texto ante el cual ejercer su insustituible papel de interlocutor del mensaje literario.

Muchos y buenos manuales de historia de la literatura, aparecidos en los últimos años, han pretendido resolver el dilema metodológico adoptando las más de las veces una actitud excluyente. Desde quienes siguen aferrados a una concepción meramente culturalista del hecho literario hasta quienes lo juzgan todo desde un prisma puramente dialéctico, pasando por los que se refugian en la descomprometida posición de un inmanentismo más o menos cientifista, todos, unos y otros, han ayudado no poco a que el lector ingenuo, esto es, el que se acerca al texto literario desprovisto de prejuicios, se haya ido alejando de la literatura. Con frecuencia este alejamiento ha conducido a una búsqueda infructuosa de comunicación estética, patente en la proliferación de manifestaciones de consumo subcultural.

Claro está que el tema de la interpretación de los textos —sobre todo cuando se les enmarca en un espacio y un tiempo—, es ya una aventura intelectual. Desde hace tiempo nos estamos preguntando qué es la literatura y cuál puede ser la función del crítico literario, y aun el objeto mismo de la crítica literaria. Lo que sí parece claro es que ya han pasado los tiempos en que la interpretación literaria era mero pretexto para hacer una paráfrasis más o menos brillante, casi siempre empobrecedora del contenido del texto. Yo no sé si será atrevido considerar asimismo como paráfrasis algunas de las interpretaciones dialécticas de la historia literaria que se han hecho en los últimos tiempos. Yo creo que la consideración de la obra literaria como manifestación de la estructura socioeconómica es una perspectiva que enriquece la lectura de la obra literaria; lo malo es cuando esa interpretación aparece dogmatizada y formulada, por tanto, en términos de leyes inmutables. Con todo, no será infecundo tener en cuenta este enfoque en presentes y futuros estudios.

De otro lado, la crítica literaria actual ha recibido una notable aportación metodológica desde el campo de la lingüística. Desde el Congreso de Bloomington, en que Jakobson formuló su conocida teoría de la lengua literaria, hasta nuestros días, varias han sido las perspectivas metodológicas que han ido apareciendo. Todas ellas han puesto de manifiesto que el estudio de la obra literaria debe partir de un hecho esencial: el de que el texto es, antes que nada, un acto de comunicación, lo que exige un planteamiento semiológico y no exclusivamente lingüístico. A partir de aquí la búsqueda de la literariedad como rasgo específico de la comunicación literaria ha seguido varias direcciones; algunos intentando establecer una gramática de la poesía basada en una escala de poeticidad según los desvíos respecto de la gramática ordinaria; otros, como Todorov, buscando la esencia del hecho literario no en una obra concreta, sino en la estructura abstracta de la que es manifestación cada obra individual. No han faltado los intentos formalizadores de la ciencia literaria desde la perspectiva del lector, esto es, del receptor del mensaje. Recordaré, por último, el notable progreso que está suponiendo la lingüística textual para el conocimiento del fenómeno literario.

Cuanto he dicho hasta aquí no tiene más objetivo que subrayar cuánto tiene de atrevido —de generosamente atrevido, claro es— la publicación de estas lecciones de literatura. El libro que ofrece este equipo de profesores no pretende, ni mucho menos, abordar cuestiones teóricas, pero éstas subyacen forzosamente, porque escribir de literatura implica tomar partido. En efecto, comprometerse es elegir un texto y no otro, insertarlo en un cuadro histórico configurado de una determinada manera, dirigir la atención del lector hacia un punto concreto, hacer que éste vislumbre perspectivas nuevas, compartir autor y lector el goce de un hallazgo estético; todo ello es comprometerse con el mundo total que vive en cada obra literaria para que nosotros, receptores del mensaje, lo descubramos desde nuestro concreto entorno individual y social. Por eso, los autores han elegido el único criterio que les era posible, el de concebir la historia literaria como una sucesión de textos en la que cada uno se explica desde una doble perspectiva, en sí mismo, en cuanto organización interna, y en relación con los demás, en cuanto que el tiempo histórico condiciona la creación estética.

Diré, por último, que este libro está concebido con un planteamiento fundamentalmente didáctico. Y no para formular un recetario de cuestiones sino para ofrecer una serie de posibilidades de trabajo. No se trata de enseñar a hacer un comentario de textos, por ejemplo, sino de elegir un texto en función de las posibilidades de análisis que éste ofrece para la actividad didáctica. Con excesiva frecuencia se solicita de los profesores un formulario que sirva de plantilla para el análisis de cualquier texto; si este libro se propone algo concreto es precisamente demostrar la imposibilidad de utilizar tales falsillas. Cada texto —no lo vamos a descubrir ahora— tiene rasgos que le son propios y que lo individualizan de todos los demás; parece obvio que no podemos aplicar la misma fórmula a todos ellos. Por eso me parece muy acertado que los autores hayan pensado solamente en suscitar elementos de reflexión que inicien el camino del análisis; a través de él el lector correrá la hermosa aventura de ponerse en comunicación con un emisor desconocido, que ha dejado su fe de vida en el mensaje literario.

No puedo pretender en estas brevísimas líneas hacer una valoración del libro. Para mí, compañero de afanes en un tiempo, ay, que empieza a ser lejano, tiene el notable valor de dar testimonio de un entusiasmo permanente. Se le podrá objetar quizás su excesivo esquematismo o la consciente elementalidad con que se presentan algunos capítulos de la historia literaria; lo que no podrá negársele es su utilidad. En una época en la que hasta profesionales de la literatura odian la lectura, la invitación a enfrentarse con el texto es un soplo de vida que nos ayuda a reencontrarnos a todos, autor y lector, en un goce estético común. Y este libro, sobre todas las cosas, rezuma entusiasmo por una vocación compartida.

JOSÉ JESÚS DE BUSTOS TOVAR

ADVERTENCIA PRELIMINAR

La presente obra es el resultado de una preocupación y de una experiencia didáctica. Los autores —profesores de Literatura— venimos sintiendo desde hace tiempo la necesidad de encontrar un método eficaz para el acercamiento a la obra literaria. El estudio memorístico de autores y obras, ejemplificado con la lectura y comentario de algún que otro texto literario, ha demostrado ampliamente su ineficacia. Las aportaciones de las nuevas corrientes pedagógicas y críticas nos dieron el punto de partida. Necesitábamos un método activo y práctico, capaz de suscitar el interés del lector por la obra literaria misma.

Nuestra modesta contribución consiste, pues, en proporcionar tanto al estudiante como al lector interesado una Introducción a la Literatura en la que los textos ocupen el lugar más destacado. Por eso, hemos reducido al mínimo indispensable la información teórica y hemos prescindido, en lo posible, del aparato crítico. Pretendemos que el lector se enfrente directamente con los textos, los lea, los deguste y extraiga de ellos, por sí mismo, todos sus contenidos estético-literarios, lingüísticos, socio-culturales, etc.

Cada capítulo consta de una breve introducción que tiene como objeto situar la obra, el autor o el movimiento literario en su contexto histórico-literario. A continuación se ofrecen las «lecturas reflexivas», que van precedidas de una serie de consideraciones sobre el texto que va a leerse. Toda la información teórico-literaria se hace, pues, en torno a los textos mismos, que constituyen el verdadero centro de interés.

También interesa subrayar el carácter didáctico de esta obra: incluimos al final de cada capítulo un comentario de textos estructurado en una serie de apartados —siempre los mismos— que consideramos indispensables, pero en ningún caso exhaustivos: «género», «contenido», «técnica y estilo», «lengua» y «actitud crítica». En ellos se recogen de manera esquemática (a veces sólo se insinúan) los aspectos relativos al plano de la expresión y al plano del contenido.

Hemos seleccionado solamente aquellos autores y obras que a nuestro juicio son más representativos. En cuanto a la ordenación del material, no se han seguido criterios rígidos. En general, nos atenemos a la división cronológica tradicional por épocas. Pero, en muchos casos, hemos considerado más oportuno alterar ese orden tradicional cuando así lo exigía la mejor comprensión de un hecho literario o la necesidad de poner de manifiesto la interrelación de determinados fenómenos (por ejemplo, los romances, que cronológicamente pertenecen al siglo XV, están estudiados inmediatamente después de la Épica).

La bibliografía que insertamos al final de cada capítulo ha sido seleccionada en función de su utilidad práctica para un tipo de lector muy generalizado.

Estamos seguros de que esta preocupación de abordar el estudio directo de la obra literaria sin excesivos prejuicios de índole teórica es compartida por todos aquellos que se interesan por una comprensión más profunda y más humana —más certera, por lo tanto— del hecho literario.

Sabemos que es éste un ambicioso proyecto, y por lo tanto no debe extrañar que no haya sido totalmente cumplido en esta ocasión. No es más que un primer intento de aproximación al método que pretendemos. Hemos concebido la presente obra —según consta en el subtítulo— como una aportación al comentario de textos. Seguiremos trabajando en este sentido hasta que nosotros —u otros— encontremos una forma eficaz y atrayente de acercar al lector a la obra literaria. De hecho, en el segundo tomo que preparamos (siglos XVIII-XX) tratamos de precisar aquellos aspectos que, quizá, en este volumen no hayan sido suficientemente analizados.

LITERATURA MEDIEVAL

LITERATURA MEDIEVAL

1. Poesía lírica tradicional:
   —Lírica arábigo-andaluza
   —Lírica gallego-portuguesa
   —Lírica castellana
   —Lírica catalano-provenzal.

2. Poesía épica: *Poema de Mio Cid.*

3. Poesía épico-lírica: El *Romancero.*

4. El mester de clerecía:
   —Gonzalo de Berceo
   —Arcipreste de Hita.

5. La prosa medieval:
   —Alfonso X el Sabio
   —Don Juan Manuel
   —Alfonso Martínez de Toledo.

6. La poesía del Cancionero del siglo XV.
   El marqués de Santillana y Juan de Mena.

7. Jorge Manrique. Especial análisis de las *Coplas.*

8. El teatro anterior a Lope de Vega:
   —*Auto de los Reyes Magos*
   —Juan del Encina
   —Gil Vicente.

9. La transición al Renacimiento:
   —*La Celestina.*

CARACTERÍSTICAS GENERALES DE LA EDAD MEDIA

1. Cronología

Se conoce con el nombre de Edad Media un período muy amplio de nuestra historia que abarca desde el siglo X al XV. Este hecho ha originado que haya que dividirla en dos grandes etapas: Alta Edad Media (hasta el siglo XII) y Baja Edad Media (del XII al XV). Tal división, naturalmente, no es caprichosa, sino que obedece a que en el siglo XII se produce un gran cambio en la vida y en la cultura de nuestro país. Hasta ese momento, la cultura está en manos de la Iglesia y la vida se realiza en torno al castillo; clero y nobleza son, pues, los dos grandes estamentos de la sociedad en torno a los cuales gira el mundo medieval. A partir del siglo XIII, sin embargo, las Universidades sustituyen al monasterio, la nobleza se hace más culta y la aparición de una nueva clase social, la burguesía, provoca un cambio radical en la vida de las ciudades.

2. Las clases sociales y su incidencia en la Literatura

Al ser la nobleza y el clero las dos clases rectoras de la sociedad de la época, la literatura debe responder a sus gustos y aficiones; de ahí que en los comienzos de nuestra literatura los dos grandes géneros que se cultivan sean la poesía épica (los cantares de gesta) y la poesía de clerecía (Berceo, Arcipreste de Hita). Posteriormente, cuando la nobleza se hace más refinada, aparece la poesía cortesana (Jorge Manrique, el Marqués de Santillana). Mientras tanto, el pueblo llano cultivaba y transmitía oralmente la poesía de carácter tradicional.

La aparición de la burguesía trajo consigo el cultivo de otros géneros literarios que satisficieran más fielmente sus apetencias. A ello responden las colecciones de apólogos y las obras teatrales. El pueblo encontró un nuevo género de carácter tradicional de importancia transcendental para satisfacer sus deseos: el Romancero.

3. La Edad Media, una encrucijada de culturas

Durante este período conviven, sociológica y culturalmente, en nuestra Península tres grandes pueblos: árabes, judíos y cristianos. La coexistencia de estas tres razas es fundamental para la historia de la literatura española. Fruto de esta relación son las *jarchas,* el primer documento escrito de nuestra literatura. De la cultura árabe proceden la mayor parte de las colecciones de cuentos que tanto gustaban en la época. A sabios árabes y judíos debe su esplendor la Escuela de Traductores de Toledo, el gran centro de cultura que promocionó Alfonso X el Sabio.

Además de la huella cultural que dejaron la civilización árabe y judía, otros pueblos vinieron a enriquecer con su influencia la literatura española. El camino de Santiago, por ejemplo, supuso el primer contacto cultural de España con Francia. La influencia de la cultura francesa está presente en nuestros cantares de gesta. Las cortes provenzales, por otra parte, fueron un ejemplo a seguir por nuestra nobleza ruda e inculta; pero, además, la poesía provenzal incidió de manera notable en la lírica catalana y gallego-portuguesa.

Finalmente, a finales de la Edad Media comenzó el contacto con Italia que iba a dar sus frutos más importantes en el Renacimiento. No obstante, ya en el siglo XV, gracias a este contacto, se conoce en nuestro país la cultura clásica y se van a dejar sentir las huellas de los grandes maestros literatos italianos: Dante, Petrarca y Boccaccio.

4. La ideología del hombre medieval y su reflejo en la Literatura

Tratar de precisar el concepto del mundo que tiene el hombre medieval es muy difícil, debido a la excesiva duración de este período histórico; no obstante, vamos a procurar sintetizar aquí aquellas características más comunes que puedan aplicarse en general al hombre medieval.

La Edad Media es un mundo de tinieblas y el hombre vive sumido en una enorme cantidad de misterios: la tierra en la que vive; el mar, que no se aventura a investigar; el firmamento, un auténtico enigma, etc. La única respuesta que tiene es Dios; de ahí que todo su mundo gire en torno a ese poder sobrenatural que dirige su destino y no potencie, en absoluto, sus facultades individuales. Esta falta de personalidad se manifiesta incluso en la literatura, que es anónima hasta casi el siglo XIV.

Hasta que llegan los primeros contactos con Europa, el hombre medieval vive apegado a sus tradiciones y encerrado en un mundo ya de por sí limitado. La cultura, además, es patrimonio de unos pocos y el pueblo vive de las faenas del campo sin más inquietudes que comer, servir a su señor, esperar los acontecimientos folklóricos y amar a Dios. La literatura, pues, tendrá una intención eminentemente didáctica y un fuerte carácter popular hasta bien entrado el siglo XIV.

Digamos, finalmente, que el medio de expresión utilizado estará en relación con las características aquí apuntadas. La lengua empleada por los escritores será sobria, sin especiales preocupaciones estéticas, aunque, naturalmente, ello no sea obstáculo para que escritores como el Arcipreste de Hita sean capaces de conseguir una extraordinaria expresividad. Por otra parte, la lengua está llena de vacilaciones como corresponde a un período de formación del idioma. Resumimos aquí las más importantes características desde los puntos de vista fonético, morfosintáctico y léxico-semántico.

5. La lengua medieval

A. *FONÉTICA*

Hasta la época alfonsí (siglo XIII), momento en el que se fijan la mayor parte de las vacilaciones e irregularidades fonéticas del castellano medieval, la lengua presenta una enorme inseguridad. Entre las muchas características que demuestran que el idioma carece todavía de fijeza tenemos las siguientes:

a) Vacilación entre el mantenimiento y la pérdida de la -E final. Junto a la conservación de la -E en los casos en los que luego desaparecerá (verdad*e*, Madrid*e*, etc.), aparecen otros casos en los que esta -E desaparece (delant, cort, etc.), cuando lo normal, a partir del siglo XIII, es su conservación.

b) Vacilación del timbre de las vocales átonas. Así pueden coexistir las formas: m*i*jores-m*e*jores; van*e*dad-van*i*dad; etc.

c) Existencia de una serie de fonemas que desaparecieron a partir del siglo XVII. Este es uno de los rasgos más característicos de la fonética medieval; por eso ofrecemos aquí el cuadro completo del consonantismo de esta época. Así podrá apreciarse mejor la cantidad de sonidos que poseía la lengua medieval y que después desaparecieron:

CUADRO DEL CONSONANTISMO MEDIEVAL	
G + e, i *(muger)* J + vocal *(fijo)* -i- *(reia)*	Se pronuncian como **j-** del francés o inglés: francés, *jour;* inglés, *judge.*
X + vocal *(dixo, exir)* se pronuncia como en francés *chambre* o inglés *show.*	

-S-*(cosa)* se proncuncia como la *s* sonora en francés o inglés: francés, *poison;* inglés, *boys.*
-SS- o S- *(sopiesse)* se pronuncia como la *s* sorda: francés, *poisson;* inglés *hats.*

C + e, i *(Cid)*
ç + vocal *(braço)* } se pronuncian como *ts*; inglés *its.*

Z + vocal *(fazer, razon)* se pronuncian como *ds;* inglés ads.

B oclusiva (como la b actual: *batalla).*
V fricativa (se pronuncia sin cerrar del todo los labios: *amava).*

H- < F- latina se pronunciaba aspirada en los siglos XV y XVI, aunque ya debía aspirarse antes. Su pronunciación se conserva hoy en Andalucía, Canarias e Hispanoamérica y es muy parecida a la del inglés: *hat.*

B. *MORFOSINTAXIS*

También en este apartado la lengua medieval presenta gran número de vacilaciones e irregularidades. Ofrecemos aquí las más significativas:

a) Indeterminación de funciones entre los verbos SER y ESTAR, HABER y TENER. Ejemplos:

Assí posó mio çid commo si **fosse** en montaña (por *estuviesse*).
Mala cueta es, señores, **aver** mingua de pan (por *tener*).

b) Era normal que los verbos intransitivos llevaran como auxiliar el verbo SER, en lugar de HABER; aunque ya en el *Poema del Mio Cid* encontramos casos de HABER. Obsérvense estos ejemplos:

'**son** entrados' frente a 'a Valencia **an** entrado'.

c) La falta de fijeza de la lengua medieval se manifiesta también en la inseguridad de funciones de los modos y tiempos verbales y de las conjunciones. Así, en oraciones subordinadas que exigen subjuntivo se emplea el futuro:

'cuando el día **verná'** por 'cuando el día *venga'*.

En cuanto a las conjunciones, *cuando,* por ejemplo, podía tener valor causal:

'denme mis espadas **quando** mios yernos no son' (por *puesto que*).

La partícula *que* se utilizaba como comodín y podía tener infinidad de valores:

'Diles dos espadas... **que**s ondrasen con ellas' (final: *para que*).
'Mal se aquexan los de Valençia **que** non sabent ques far' (causal: porque).

d) Como consecuencia también de esta falta de fijeza, podían coexistir multitud de formas para designar una sola realidad. Así, para la segunda persona del pretérito se podían emplear las siguientes: *feziste, fiziste, fezist, fizist, feziest, fiziest, fezieste, fizieste.* Para el pronombre de tercera persona valían igualmente: *ele, ell, elle, elli, el.*

e) En cuanto al *orden de palabras,* la lengua medieval prefiere la vivacidad y la espontaneidad, por lo que, a veces, la lengua escrita es casi un fiel reflejo de la lengua hablada; de ahí la *supresión de nexos,* los *desplazamientos de las palabras,* la multitud de casos de *régimen antepuesto,* la cantidad de *elementos sobreentendidos* en la frase, etc. Obsérvense estos ejemplos:

Desplazamientos:

«el rey don Alfonso **tanto** avie le **grand saña.**»
Antes de la noche **en Burgos** dél entró **su carta.**»

Régimen antepuesto: '**el agua** nos han vedada.'

Palabras sobreentendidas: 'en estas tierras agenas *(verán)* las moradas cómmo se fazen.'

f) Sin embargo, a pesar de esta libertad, en muchas ocasiones la lengua se somete a unos esquemas fijos. Tal es el caso de la colocación del pronombre átono, cuyo uso en la lengua medieval es fundamentalmente enclítico. Además, tenía que aparecer forzosamente detrás del verbo cuando éste iba después de pausa o cuando se encontraran delante sólo las conjunciones *e* o *mas*. Así:

'ascónden**se** de mio çid...'
'tajáva**les** las huertas e fazía**les** grand mal'.

C. *LÉXICO*

Son muchas las palabras que existían en la lengua medieval y que se han pẹrdido. Otras se han conservado con un significado muy distinto al que tenían en la Edad Media. Algunas han sido sustituidas por otras que tienen forma distinta pero idéntico significado:

exir, perdido y sustituido por *salir;*
consejo, ha perdido su significado de 'amparo, socorro';
hinojo ('fincó los inojos'), aunque se sigue usando es menos corriente que *rodilla* ('se puso de rodillas').

En lo que se refiere a **préstamos,** puede decirse que hasta el siglo XI, momento en que el califato de Córdoba comienza a perder su poderío, se introducen en el castellano multitud de **arabismos.** Téngase en cuenta que, después del latín, el elemento árabe es el segundo en importancia en la constitución del léxico del español. El léxico de procedencia árabe alcanza a todos los órdenes de la vida; señalemos entre otros los siguientes:

—Agricultura: *berengenas, alubias, alcachofas. Alberca, noria. Quintal, fanega, arroba.*
—Administración y justicia: *alcalde, alguacil, albacea.*
—Guerra: *adalid, zaga, tambor, alférez.*

—Matemáticas: *guarismo, álgebra.*
—Vivienda: *arrabal, alcoba, albañil, tabique.*
—Toponimia: *Alcalá, Guadalquivir, Algeciras, Calatayud.*

Desde los siglos XI al XIII, como consecuencia de los contactos con Francia y las peregrinaciones a Santiago de Compostela, se introducen gran número de palabras de procedencia francesa; así:

—Costumbres sociales: *homenaje, mensaje, doncella, linaje.*
—Religión: *fraile, monje.*
—Léxico culinario: *mesón, manjar, vinagre, hostal.*

En el siglo XIII, gracias a la labor de Alfonso X el Sabio y la Escuela de Traductores de Toledo, se introducen multitud de **tecnicismos**, pertenecientes a todas las ramas del saber: *septentrión, equinoctial,* etc. En el siglo XIV, el arcipreste de Hita introduce en su obra multitud de **modismos** y refranes que confieren al español una expresividad de la que carecía. Finalmente, en el siglo XV se introducen multitud de **latinismos**, ya que todos los autores tienen como patrón y modelo de lengua el latín; así: *exhortar, ígneo, turbulento, diminuto,* etc. Igualmente, entran a formar parte del léxico español multitud de términos marinos procedentes del vocabulario italiano: *corsario, galea, piloto,* etc. También Italia comienza a prestar los primeros términos literarios: *soneto, terceto,* etc.

I. POESÍA LÍRICA TRADICIONAL

I. INTRODUCCIÓN

Durante mucho tiempo, había que empezar el estudio de la literatura española por el *Poema de mio Cid* (1140). Pero el descubrimiento, en 1948, de unas cancioncillas mozárabes *(jarchas)* nos ha permitido conocer que nuestra literatura comenzó un siglo antes, ya que la más antigua de estas jarchas es de la primera mitad del siglo XI. Por consiguiente, nuestro «pórtico literario» es lírico y no épico. Tanto la poesía lírica como la épica coinciden, en sus orígenes, en su *carácter oral y tradicional;* es decir, se transmiten de boca en boca y de generación en generación. Posteriormente, a partir del siglo XIV, los poetas cultos se encargarán de recoger por escrito estas canciones tradicionales —bien en Cancioneros, bien insertas en sus propias obras— y ésta es la causa por la que un gran número de ellas han llegado hasta nosotros.

La poesía lírica surge como algo natural en la vida de los pueblos, porque está ligada al canto. Efectivamente, estas composiciones se cantaban en los distintos actos de la vida y así lo demuestran sus contenidos: canciones de boda, de siega, de romería, etc. El tema más constante en todas ellas es el *amor* en todas sus manifestaciones: lamentación de la amada, el requiebro de amor por parte del enamorado, la relación amorosa en los momentos y lugares más propicios (el alba, fiesta de San Juan, el río, etc.), etc.

En nuestra península existen cuatro grandes *núcleos líricos:*

—arábigo-andaluz;

—gallego-portugués;

—castellano;

—catalano-provenzal.

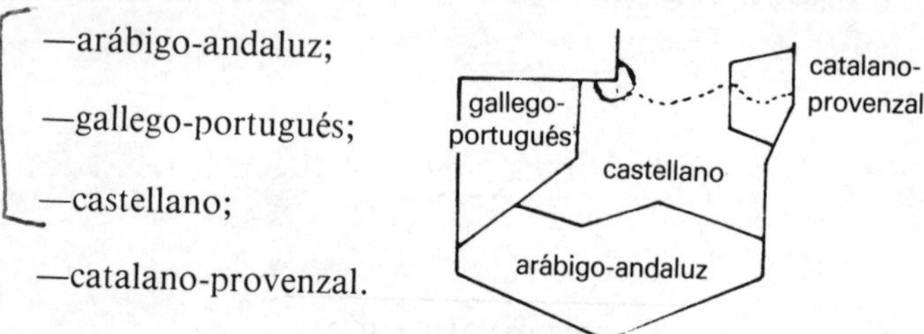

Aunque cada uno de ellos presenta sus propias peculiaridades, Menéndez Pidal observó que, especialmente entre los tres primeros, se dan una serie de coincidencias temáticas y estróficas tan significativas que pueden considerarse como tres ramas de un mismo tronco. Efectivamente, sus tres manifestaciones más importantes *—jarcha, cantiga de amigo y villancico de amigo—* presentan, entre otras, las siguientes coincidencias:

—*Contenido:* la enamorada se lamenta por la pérdida, ausencia o tardanza de su amado.

—*Confidente:* la doncella enamorada suele encomendar sus quejas de amor a algo o a alguien que le sirve de confidente. Este papel suele desempeñarlo su propia madre, pero también pueden hacer de confidentes: sus *hermanas* («Garid vos, ay **yermanelas**»);
las *olas del mar* («**Ondas** do mar de Vigo»);
las *flores* del campo («Ai **flores,** ai flores do verde pino»), etc.

—*Temas comunes:* En las tres están presentes una serie de temas característicos de este tipo de lírica: *romería, albada,* etc.

—*Motivos comunes:* También hay una serie de motivos que se repiten en los tres núcleos líricos: el río, como lugar ideal para el encuentro amoroso; las fiestas propicias para el amor: San Juan, la Pascua de mayo, etcétera; la cinta, como símbolo de virginidad, etc.

—*Estructura estrófica:* La cancioncilla inicial suele glosarse bien en *estructura zejelesca,* bien en *estructura paralelística.*

II. LECTURAS REFLEXIVAS

Primera. *Lírica arábigo-andaluza*

El primero de los cuatro grandes núcleos líricos peninsulares, en cuanto a documentos escritos conservados, es el que se desarrolló en la mitad sur de España en territorio mozárabe. Constituye lo que designamos bajo el nombre de *lírica arábigo-andaluza.* La manifestación poética más importante de este grupo es la *jarcha,* cancioncilla escrita en lengua mozárabe que se incluía al final de un poema que se llamaba *muguasaja* (cuya estructura estrófica era similar a la de un zéjel), que estaba escrita en árabe o en hebreo.

El contenido de estas jarchas suele encerrar el lamento de una mujer enamorada que se duele por la pérdida, ausencia o tardanza de su amado. Su estructura estrófica es muy variable; puede estar constituida por:

—un *dístico* (dos versos monorrimos),
—un *trístico* (tres versos monorrimos), o
—una *cuarteta* generalmente asonantada (cuatro versos rimando los pares).

La lengua en que están escritas estas composiciones es *mozárabe;* es decir, romance hablado por los cristianos en territorio árabe. Es *romance* porque es una lengua vulgar derivada del latín y muy parecida al romance castellano de aquella época; pero, al ser la lengua de un pueblo que convive con los árabes, presenta palabras y construcciones sintácticas anómalas como *ya Rab* ('oh rabí', 'oh maestro', 'oh señor'), *li-l-habib* ('por el amigo'), que son *préstamos* del árabe.

Presentamos aquí tres ejemplos de jarchas para que pueda apreciarse cuanto acabamos de apuntar:

I

¿QUÉ FARÉ, MAMMA?
Meu-l-habib est'ad yana.

(¿Qué haré, madre? / Mi amigo está a la puerta.)

II

¿QUÉ FARÉ YO O QUÉ SERÁD DE MIBI?
¡Habibi,
non te tolgas de mibi!

(¿Qué haré yo o qué será de mí? / ¡Amigo, / no te apartes de mí)

III

VAYSE MEU CORACHÓN DE MIB.
Ya Rab, ¿si se me tornarád?
¡Tan mal meu doler li-l-habib!
Enfermo yed, ¿cuándo sanarád?

(Se va mi corazón de mí. / Oh Dios, ¿acaso se me tornará? / ¡Tan fuerte mi dolor por el amado! / Enfermo está, ¿cuándo sanará?)

Segunda. *Lírica gallego-portuguesa*

El segundo de los tres grandes núcleos de la lírica peninsular es el que se desarrolló al N.O. de España en el territorio que hoy es Galicia y la zona Norte de Portugal. Esta lírica, de herencia provenzal en su mayor parte, de carácter refinado y cortés, tiene su manifestación más significativa en la *cantiga.* La *cantiga de amigo,* que es la que vamos a estudiar aquí, es de origen popular, y, aunque fue cultivada por poetas cultos como Martín Codax o Joan Zorro, tiene una estructura primitiva y un carácter tradicional, ya que el pueblo la cantaba en romerías, fiestas, etc.

Estamos, pues, ante una poesía en la que domina el ritmo y la sugerencia, con una fuerte monotonía que se manifiesta en el uso limitado del vocabulario y de las estructuras sintácticas. A ello ayuda, principalmente, la utilización de un recurso que es general, el *paralelismo,* que consiste en la repetición de los versos, cambiando sólo la palabra de rima; esto hace que los versos se vayan encadenando de una manera perfecta, de acuerdo con un tipo de composición que nació para ser cantada.

Ofrecemos aquí dos cantigas de amigo. En la A, de M. Codax, la enamorada pregunta a las olas del mar de Vigo si han visto a su enamorado por quien suspira y teme; es una típica «cantiga marinera». En la B, las enamoradas bailan debajo de los avellanos y esperan que el enamorado venga a bailar con ellas. Obsérvese qué magistralmente conseguido está el ritmo de esta composición.

A

a *ONDAS DO MAR DE VIGO,*
a *se vistes meu* **amigo!**

Estribillo (E) *e ai Deus, se verrá cedo!*

b *Ondas do mar* **levado,**
b *se vistes meu* **amado!**
(E) *e ai Deus, se verrá cedo!*

a' *Se vistes meu amigo,*
a' *o por que eu sospiro!*
(E) *e ai Deus, se verrá cedo!*

b' *Se vistes meu amado,*
b' *por que ei gram cuidado!*
(E) *e ai Deus, se verrá cedo!*

Martín Codax

B

BAILEMOS AGORA, POR DEUS, AI VELIDAS,
so aquestas avelaneiras frolidas,
e quem fôr velida como nós, velidas,
se amigo amar,
so aquestas avelaneiras frolidas
verrá bailar.

Bailemos agora, por Deus, ai loadas,
so aquestas avelaneiras granadas,
e quem fôr loadas, como nós, loadas,
se amigo amar,
so aquestas avelaneiras granadas
verrá bailar.

Joan Zorro.

Tercera. *Lírica tradicional castellana*

El núcleo lírico más tardío, en cuanto a textos conservados por escrito, es el castellano. Ello no quiere decir que sea posterior en el tiempo a los dos anteriores, puesto que, como ha apuntado Menéndez Pidal, la lírica castellana se cultivó en la misma época que la arábigo-andaluza o la gallego-portuguesa. Lo que sucedió es que así como en estos núcleos líricos, una serie de autores cultos recogieron por escrito las cancioncillas tradicionales desde época muy temprana, en la *lírica castellana* hay que esperar unos cuantos siglos (hasta el XIV-XV) para que autores cultos castellanos las recogieran por escrito. Hasta este momento se transmitieron oralmente.

A. La composición más representativa de la lírica tradicional castellana es el **villancico de amigo.** Es una pequeña canción de dos; tres o cuatro versos, en la que una mujer se lamenta por la pérdida, ausencia o tardanza de su enamorado, que se desarrolla, normalmente, en estructura zejelesca, aunque también puede aparecer glosado en estructura paralelística. He aquí varios ejemplos con diferentes estructuras:

I

ESTRUCTURA PARALELÍSTICA

Villancico de amigo propiamente dicho	a	***ALLÁ SE ME PONGA EL SOL***
	a	***donde tengo el amor.***
Glosa A	b	***Allá se me pusiese***
	b	***do mis amores viese,***
	b	***antes que me muriese***
	a	***con este dolor.***
Glosa B	b'	***Allá se me avallase***
	b'	***do mi amor topase,***
	b'	***antes que me finase***
	a'	***con este rencor.***

II

ESTRUCTURA ZEJELESCA

Villancico de amigo	a	***¡AY, QUE NON ERA,***
	-	***mas ay, que non hay***
	a	***quien de mi pena se duela!***
Glosa	-	***Madre, la mi madre.***
	b	***el mi lindo amigo***
	-	***moricos de allende***
	b	***lo llevan cativo;***
	-	***cadenas de oro,***
	b	***candado morisco.***
Villancico	a	***¡Ay, que non era***
	-	***mas ay, que non hay***
	a	***quien de mi pena se duela!***

			III
ESTRUCTURA ZEJELESCA	Villancico	-	*AQUEL PASTORCICO, MADRE,*
		a	***que no viene,***
		-	***algo tiene en el campo***
		a	***que le pene.***
	Glosa	b	***Recordé, que no dormía,***
		b	***esperando a quien solía,***
		c	***y no ha llegado.***
		c	***Pues el gallo no ha cantado,***
	Verso de vuelta	a	***y no viene,***
	Villancico	-	***algo tenía en el campo***
		a	***que le pene.***

De lo expuesto anteriormente, sin embargo, no debe deducirse que las canciones tradicionales ofrezcan como único contenido el lamento de la mujer enamorada, sino muy al contrario. La riqueza temática de este tipo de lírica es asombrosa; vamos a señalar aquí algunos de los temas más significativos para que pueda comprobarse este hecho.

B. **Otros temas:**

—**Canción de amor puesta en boca del enamorado.** A veces, en lugar de la mujer es el hombre el que expresa sus quejas de amor; de ahí que a este tipo de composiciones se le denomine *canción de amado.* Este tipo de canciones está documentado en todos los núcleos líricos peninsulares. En la lírica gallego-portuguesa recibe el nombre de *cantiga de amor* y suele ser la más común en la lírica catalano-provenzal, donde recibe el nombre de *cansó.* He aquí dos ejemplos claros: uno, castellano, y otro, catalán.

I

ESTRUCTURA ZEJELESCA

Villancico	a	***LINDOS OJOS HABÉIS, SEÑORA,***
	a	***de los que se usaban agora.***
	b	***Vos tenéis los ojos bellos***
Glosa	b	***y tenéis lindos cabellos,***
	b	***que matáis, en sólo vellos.***
Verso de vuelta	a	***a quien de vos se namora.***
	a	***Lindos ojos habéis, señora,***
Villancico	a	***de los que se usaban agora.***

II

Cansó	a	***SENYORA, CORS MAGNIFFICH,***
	a	***pus bella sou que no-us dic.***
	b	***Vostre disposició***
Glosa	b	***té tanta perfecció***
	b	***que, sens dir-vos ficció***
Verso de vuelta	a	***pus bella sou que no-us dic.***

No obstante, como puede deducirse de estos textos, la *canción de amado* encierra en su contenido, más que una queja, un piropo o en requiebro de amor para conquistar a la amada.

—**Canciones de boda, siega, romería, etc.** En multitud de ocasiones, estas canciones recogen el mundo folklórico de la época. Ya hemos visto en la segunda lectura una típica *cantiga de romería (Bailemos agora...).* El hecho, sin embargo, es particularmente notable en la lírica tradicional castellana, aunque también está presente en la lírica arábigo-andaluza. He aquí algunos ejemplos:

I

ÉSTA ES BODA Y ÉSTA ES BODA,
ésta es boda de placer.

(Canción de boda).

II

¡VIVAN MUCHOS AÑOS
los desposados!
¡Vivan muchos años!

(Canción de boda).

III

ESTA MAYA SE LLEVA LA FLOR
que las otras no.

(Canción de maya).

IV

QUE SI HA SIDO LA SIEGA LINDA,
buena ha sido la vendimia;
que si ha sido la siega buena,
buena vendimia es la nuestra.

(Canción de siega).

V

A SEGAR SON IDOS
tres con una hoz;
mientras uno siega
holgaban los dos.

(Canción de siega).

VI

QUE SE NOS VA LA TARDE, ZAGALAS,
que se nos va.
Que se nos va a espaldas vueltas
—que se nos va—
el día de nuestra fiesta
—que se nos va—.
Que se nos va la tarde, zagalas,
que se nos va.

(Canción de romería).

VII

LA MAÑANA DE SAN JUAN, MOZAS,
vamos a coger rosas.

(Canción de la fiesta de San Juan).

—**Canciones de serrana.** Muchas canciones tradicionales tienen como protagonista a una serrana a la que, generalmente, se la requiere de amores; a veces, como en los *villancicos de amigo* analizados, es la propia serrana la que expresa sus quejas de amor. A estas canciones se las conoce con el nombre de *serranillas* y dentro de ellas hay que señalar dos grupos de características muy diversas:

a) Un tipo de *serranilla,* de carácter refinado y cortés, influida por la *pastourelle* provenzal. En esta composición lo normal es un diálogo galante entre el poeta, supuesto enamorado, y la serrana. Esta es la forma que domina en la lírica gallego-portuguesa *(pastorela),* debido a su fuerte herencia provenzal y en muchas de las *serranillas castellanas.* He aquí algunos ejemplos:

A

SOY SERRANICA
y vengo d'Extremadura.
¡Si me valerá ventura!

Soy lastimada,
en fuego d'amor me quemo;
soy desamada,
triste de lo que temo;
en frío quemo,
y quémome sin mesura.
¡Si me valerá ventura!

B

Y DECID SERRANICAS, ¡EH!,
deste mal si moriré.

Porqu'el remedio y mi mal
nascen de una causa tal,
que me hacen inmortal,
por do morir no podré.
Deste mal si moriré.

Que de ver la serranica
tan graciosa y tan bonica,
mi dolor me certifica
que jamás no sanaré:
deste mal si moriré.

C

ENCIMA DEL PUERTO
vide una serrana:
sin duda es galana.

Encima del puerto,
allá cerca el río
vide una serrana
del cuerpo garrido:
sin duda es galana.

Encima del puerto,
allá cerca el vado,
vide una serrana
del cuerpo lozano:
sin duda es galana.

b) Frente a esta primera modalidad, hay una segunda que tiene toda la apariencia de ser autóctona en la lírica castellana: mucho más ruda, sin el tono galante de las anteriores, en ella aparece una serrana forzuda y corpulenta, capaz de cargar a cuestas al caballero y donde el elemento erótico tiene una gran importancia. Un ejemplo de *serranilla* de esta segunda modalidad es el que nos ofrece el Arcipreste de Hita:

CERCA LA TABLADA,
la sierra passada,
falléme con Aldara
a la madrugada.

Ençima del puerto
coidé ser muerto
de nieve e de frío
e dese rocío
e de grand helada.

A la decida,
di una corrida:
fallé una serrana
fermosa, loçana
e bien colorada.

Dixe yo a ella:
—"Homíllome, bella".
Diz: —"Tú que bien corres,
aquí non te engorres:
anda tu jornada".

Yol' dixe: —"Frío tengo,
e por eso vengo
a vos, fermosura:
quered, por mesura,
hoy darme posada".

Díxome la moça:
—"Pariente, mi choça,
el que en ela posa
conmigo desposa
o dame soldada".

Yol' dixe: —"De grado,
mas yo soy casado
aquí en Ferreros;
mas de mis dineros
dar vos he, amada".

Diz': —"Trota comigo".
Levóme consigo,
e diom' buena lumbre,
como es de costumbre
de sierra nevada.

Diom' pan de çenteno,
tiznado, moreno;
e diom' vino malo,
agrillo e ralo,
e carne salada.

Diom' queso de cabras.
—"Fidalgo —diz—, abras
ese blaco e toma
un canto de soma
que tengo guardada".

Diz': —"Huesped, almuerça,
e bebe e esfuerça,
caliéntate e paga;
de mal nos' te faga
fasta la tornada".

"Quien dones me diere,
cuales yo pediere,
habrá bien de cena
e lechiga buena,
que nol' coste nada".

—"Vos, que eso dezides,
¿por qué non pedides
la cosa çertera?"
Ella diz: "maguera,
¿e sim' será dada?"

"Pues dam' una cinta
bermeja, bien tinta,
e buena camisa,
fecha a mi guisa,
con su collarada".

"E dam' buenas sartas
de estaño e fartas,
e darme halía
de buena valía,
pelleja delgada".

"E dam' buena toca,
listada de cota;
e dame çapatas
de cuello bien altas,
de pieça labrada".

"Con aquestas joyas,
quiero que lo oyas,
serás bien venido,
serás mi marido
e yo tu velada".

—"Serrana señora,
tanto algo agora
non trax' por ventura,
mas faré fiadura
para la tornada".

Díxome la heda:
—"Do non hay moneda,
non hay merchandía
nin hay tan buen día
nin cara pagada.

"Non hay mercadero
bueno sin dinero,
e yo non me pago
del que non da algo
nin le dó posada.

"Nunca de homenaje
pagan hostalaje.
Por dinero faze
omne cuanto plaze:
cosa es provada".

—Canciones de albada. Muchas composiciones tienen como tema común el amor al llegar el alba. En este grupo, como en el anterior, hay que hacer también una división en dos grandes grupos:

a) La *albada* de herencia provenzal, cuyo contenido se reduce a la separación de los amantes al llegar el alba después de haber pasado la noche juntos y se lamentan, por tanto, de que llegue el día. El hecho está presente en todos los núcleos líricos peninsulares. Como se deduce de estos ejemplos:

En la *cantiga de amigo* el tema aparece bastante dulcificado. La enamorada le dice a su amado que se despierte, que ha llegado el día. Es un ambiente bastante virginal en el que participan también los pájaros que hablan de su amor; de ahí que no pueda hablarse de una auténtica *albada* a la manera provenzal.

El mensaje es mucho más directo en el *villancico de amigo* castellano y bastante más pasional en la *jarcha.*

CANTIGA

LEVAD', AMIGO, QUE DORMIDES AS MANHANAS FRIAS;
todalas aves do mundo d'amor dizian:
leda m'and' eu.[1]

Levad', amigo, que dormide-las frias manhanas;
todalas aves do mundo d'amor cantavan:
leda m'and'eu.

Todalas aves do mundo d'amor dizian;
do meu amor e do voss' en mentavian:
leda m'and'eu.

Todalas aves do mundo d'amor cantavan;
do meu amor e do voss'i enmentavan:
leda m'and'eu.

Do meu amor e do voss'en ment'avian;
vos lhi tolhestes os ramos en que siian:
leda m'and'eu.

Do meu amor e do voss i enmentavan;
vos lhi tolhestes os ramos en que posavan:
leda m'and'eu.

---

1 Alegre ando yo.

Vos lhi tolhestes os ramos en que siian
e lhi secastes as fontes en que bevian:
leda m'and'eu.

Vos lhi tolhestes os ramos en que pousavan
e lhi secastes as fontes u se banhavan:
leda m'and'eu.

VILLANCICO

YA CANTAN LOS GALLOS,
amor mío y vete;
cata que amanece.

Vete, alma mía,
más tarde no esperes,
no descubra el día
los nuestros placeres.
Cata que los gallos,
según me parece,
dicen que amanece.

JARCHA

MIO SIDI IBRAIM,
¡ya, nuemne dolje
vente mib
de nojte.

In non, si non queris
iréme tib;
garme a ob
legarte.

[«Mi señor Ibraim,/¡oh nombre dulce,/vente a mí/de noche./Si no, si no quieres,/yo me iré a ti:/dime dónde encontrarte»]

b) La *alborada,* al parecer característica de la lírica tradicional castellana, aunque puedan apreciarse algunos precedentes en la lírica arábigo-andaluza. El contenido de esta canción es totalmente opuesto al de la *albada,* pues onsiste en que los enamorados se citan justamente cuando llega la mañana. Obsérvese en los ejemplos que transcribimos a continuación. En el segundo de ellos, podemos apreciar además un hecho especialmente característico de la lírica tradicional: su pervivencia hasta nuestros días. Efectivamente, en ella observamos cómo un poeta de nuestros días, Rafael Alberti, reelabora artísticamente este tema tradicional:

I

AL ALBA VENID, BUEN AMIGO,
al alba venid.

Amigo el que yo más quería,
venid al alba del día.

Amigo el que yo más amaba,
venid a la luz del alba.

Venid a la luz del día,
non trayáis compañía.

Venid a la luz del alba,
non traigáis gran compaña.

(Alborada tradicional).

II

LOS GALLOS. ¡YA CANTAN!
¡Vamos! ¡La alborada!

Aguas de río,
que no de mar,
aún tenemos que pasar.

¡Ya cantan los gallos
La alborada. ¡Vamos!

(Rafael Alberti).

Cuarta. *Lírica catalano-provenzal*

El último de los núcleos líricos que vamos a analizar aquí, pero el segundo en el tiempo por documentos escritos conservados, es el *catalano-provenzal.* Desde el siglo XII, aproximadamente, comienza a aparecer en las cortes provenzales un tipo de poesía refinada cuyas composiciones eran cantadas por los trovadores en los palacios y casas señoriales para distraer a los grandes señores o se las dedicaban a sus amadas para conquistar su amor. Se trata de un tipo de lírica de contenido e intención muy distintos a los de la lírica tradicional aquí analizada, pero que deja una huella indudable en el resto de los núcleos líricos peninsulares. Entre las muchas aportaciones de esta lírica tenemos:

—la *cansó,* género característico de la lírica provenzal, que dará lugar a la *cantiga de amor* gallego-portuguesa;

—la influencia del *tema de albada,* típicamente provenzal, aunque, según Menéndez Pidal, está muy presente en la lírica árabe.

—la huella de la *pastorela* (pastourelle) en la *pastorela* gallego-portuguesa y en uno de los tipos de la *serranilla* castellana;

—la trascendencia que va a tener la ideología del *amor cortés* y la técnica refinada con la que se manifiesta en nuestros poetas del siglo XV (Santillana, Mena, etc.).

Además de esta modalidad lírica de carácter refinado y cortés, existe otra mucho más tradicional, que se manifiesta en multitud de canciones catalanas, en la que temas, estructuras estróficas, técnica utilizada, etc., coinciden totalmente con el resto de las canciones tradicionales hispánicas.

Obsérvese cómo en la canción seleccionada la enamorada se queja de que no puede dormir porque su enamorado está ausente. El tema coincide, pues, con el de la *jarcha,* la *cantiga de amigo* y el *villancico de amigo.* La canción se glosa, además, en estructura paralelística, típica de la lírica gallego-portuguesa, pero muy abundante también en la castellana.

a *NO PUCH DORMIR SOLETA, NO.*
b ***Què-m faré, lassa,***
b ***si no mi's passa?***
a ***Tant mi turmenta l'amor!***

---

c ***Ay, amich, mon dolç amich!,***
c ***somiat vos he esta nit.***
E ***Què-m faré, lassa?***

---

c' ***Ay, amat, mon dolç amat!,***
c' ***anit vos he somiat,***
E ***Què-m faré, lassa?***

---

c'' ***Anit vos he somiat***
c'' ***que-us tenia en mon braç.***
E ***Què-m faré, lassa?***

... ...

(No puedo dormir solita, no. / ¿Qué me haré, apenada, / si no se me pasa? / Tanto me atormenta el amor! / ¡Ay, amigo, mi dulce amigo!; / he soñado con vos esta noche / ...

III. COMENTARIO DE TEXTOS

A. *PRESENTACIÓN*

El autor de la lírica tradicional es la colectividad que, al considerar estas canciones como algo suyo, las reelabora y las transmite, de generación en generación, por medio del canto. Dado este carácter es normal que no haya apenas diferencias significativas entre una composición de un poeta popular y la de un poeta culto, porque todos elaboran sus obras dentro de un mismo estilo y de un mismo sentir: el *estilo tradicional.* Efectivamente, muchos son los poetas —Juan del Encina, Gil Vicente, Góngora, Lope de Vega, etc.—, que han glosado *villancicos* tradicionales; pues bien, tanto si han conservado el poema tal y como lo cantaba el pueblo, como si lo han modificado en alguna medida, e, incluso, si han creado uno nuevo, conservará ese *estilo tradicional* que lo hace entroncarse en este género

Presentamos aquí una composición en *estilo tradicional* de un poeta culto, Gil Vicente, en la que la enamorada se dirige a la madre para lamentarse por la ausencia del amado. El poema está tan entroncado en la poesía lírica tradicional que no podemos ni siquiera afirmar que fuera invención de Gil Vicente. Obsérvese cómo recuerda a otros poemas, como a la *jarcha* —ya comentada—: «Vayse meu corachón de mib...» y cómo su contenido se repite en multitud de composiciones características del género.

B. *TEXTO*

VANSE MIS AMORES, MADRE,
luengas tierras van morar:
yo no los puedo olvidar.
¿Quién me los hará tornar,
quién me los hará tornar?

Yo soñara, madre, un sueño
que me dio en el corazón:
que se iban los mis amores
a las islas de la mar.
Yo no los puedo olvidar.
¿Quién me los hará tornar,
quién me los hará tornar?

Yo soñara, madre, un sueño
que me dio en el corazón:
que se iban los mis amores
a las tierras de Aragón.
Allí se van a morar.
Yo no los puedo olvidar.
¿Quién me los hará tornar,
quién me los hará tornar?

C. *COMENTARIO*

1. **Género**

Dentro del género «poesía lírica», la canción tradicional constituye un subgénero con entidad propia. Tanto es así que para referirse a este tipo de producción literaria de carácter popular se reserva el nombre de *lírica tradicional.*

2. **Contenido**

En el contenido del texto, es interesante hacer notar las siguientes peculiaridades:

—El tema. La queja de amor de una doncella enamorada es un tema común a todos los núcleos líricos peninsulares. Suele ser el predominante en la *jarcha,* en la *cantiga de amigo* y en el *villancico.* Gil Vicente, pues, ha recreado aquí un tema propio de la tradición popular hispánica.

—La confidente de amor. Desempeña este papel en el texto la madre de la enamorada, lo cual suele ser lo normal en toda la manifestación lírica tradicional española. Sin embargo, también este papel puede estar encomendado a la naturaleza, las hermanas de la enamorada, las olas del mar, etc.

—Los elementos condicionantes del contenido. Están presentes en el texto además una serie de motivos que conforman su contenido general. Así, el sueño (que acentúa el miedo y la angustia de la enamorada), la lejanía (marcada aquí por el mar, otras tierras...) y la exaltación del sentimiento amoroso.

3. **Técnica y estilo**

a) *Análisis métrico.* La estructura estrófica de la composición responde a lo que es normal en este tipo de manifestación literaria. En este poema, sin embargo, se da una particularidad interesante: la mezcla de las dos estructuras características de la canción tradicional, la zejelesca y la paralelística. Es interesante advertir que el autor de esta composición es un portugués que escribe en castellano y usa dos formas que caracterizan la lírica de cada una de estas dos comunidades: la estructura zejelesca es la más usual en la canción castellana, mientras que la paralelística es la propia de la lírica gallego-portuguesa.

b) *Recursos expresivos.* Dado el carácter de la canción tradicional (su primitivismo, está pensada para ser cantada, su popularismo, etc.) es lógico que los recursos que más abunden sean los «recursos por repetición», porque son los que mejor pueden acentuar la fuerza expresiva del contenido y, por otra parte, los que el pueblo usa con más abundancia incluso en la lengua de todos los días; finalmente, porque son este tipo de recursos los que mejor se adaptan al ritmo musical de la composición. Son de notar entre ellos las *aliteraciones, anáforas, paralelismos, repeticiones expresivas* de vocablos o de sintagmas, etc.

4. **La lengua**

Las características lingüísticas de este texto responden, asimismo, a su carácter popular. Así:

—el *vocabulario,* sencillo y repetitivo;
—la *morfosintaxis:* ausencia de adjetivos, indeterminación de funciones en las formas verbales, construcciones sintácticas de sabor arcaico, estructuras sintácticas paralelas, etc.

5. **Actitud crítica**

a) La vigencia de la canción tradicional en nuestros días es un hecho fácilmente apreciable. Son numerosas las fiestas de nuestros pueblos y aldeas en las que podemos escuchar de boca de las gentes del lugar canciones de boda, mayas, marzas, canciones de San Juan, etc. Es, asimismo, relativamente frecuente oír en nuestros campos canciones de siega, de vendimia, etc. Igualmente, multitud de grupos músico-vocales de nuestros días hacen intentos, a veces realmente encomiables, por resucitar el viejo folklore tradicional e incluyen en su repertorio canciones tradicionales. En todos los casos, el texto que se nos transmite ha sufrido un proceso de elaboración y recreación que ha durado siglos y, si somos capaces de conservarlo e identificarnos con sus esencias, dentro de siglos podrán sentir lo mismo que nosotros nuestros descendientes.

b) Con la canción tradicional están relacionadas asimismo algunas de las manifestaciones más auténticas de nuestro pueblo: villancicos de Navidad, nanas, canciones infantiles, o hechos tan trascendentes para la cultura popular como el cante jondo andaluz. Todo ello nos demuestra, una vez más, la importancia de este patrimonio y el cuidado que debemos tener para que siga conservándose.

c) Finalmente, son multitud de autores cultos los que, en todas las épocas, han prestado una especial atención a este caudal impresionante de cultura popular. Unos, trasplantando a su obra la canción tradicional en su estado primitivo; otros, haciendo una recreación artística de la misma; muchos, en fin, creando poemas en cuya concepción están presentes las peculiaridades temáticas y técnicas propias del estilo tradicional.

IV. RECAPITULACIÓN

1. *Género literario.* La poesía lírica. La línea tradicional.
2. *Carácter oral* de la lírica tradicional.
3. Los tres grandes *núcleos* de la primitiva lírica peninsular y sus *manifestaciones literarias:*

—Arábigo-andaluz: las jarchas. Su naturaleza.
—Gallego-portugués: la cantiga de amigo.

—Castellano: el villancico.
—Catalano-provenzal: la cansó.

4. *Coincidencias temáticas y técnicas* de las tres líricas peninsulares.
5. *Trascendencia* de la lírica tradicional: su reelaboración artística en manos de poetas cultos: Gil Vicente, Lope de Vega, etc.

V. BIBLIOGRAFÍA BÁSICA

Ediciones

Antología de la poesía española. Lírica de tipo tradicional. Edición de Dámaso Alonso y José Manuel Blecua. Madrid, Gredos, 1979, 2.ª ed.

Poesía tradicional. Lírica y Romancero. Edición de Alfonso Berlanga. Madrid, Clásicos Alce, 1978.

Lírica española de tipo popular. Edición de Margit Frenk Alatorre. Madrid, Cátedra, 1977.

Estudios

Además de los prólogos de las tres ediciones anteriormente citadas, pueden consultarse:

ASENSIO, Eugenio: *Poética y realidad en el Cancionero peninsular de la Edad Media.* Madrid, Gredos, 1970, 2.ª ed.

FRENK ALATORRE, Margit: *Estudios sobre lírica antigua.* Madrid, Castalia, 1978.

MENÉNDEZ PIDAL, Ramón: «Cantos románicos andalusíes», Boletín de la R.A.E., XXXI, 1951, págs. 187-270; en *España, eslabón entre la Cristiandad y el Islam.* Madrid, Espasa-Calpe (col. Austral), 1956, págs. 61-153.

II. POESÍA ÉPICA: *POEMA DE MIO CID*

I. INTRODUCCIÓN

El *Poema de mio Cid* es el *cantar de gesta* más significativo de los que se han conservado y, aunque nos ha llegado gracias a una copia de principios del siglo XIV, su composición ha sido fechada en 1140.

Fue compuesto por dos juglares, uno de San Esteban de Gormaz y otro de Medinaceli; de ahí que pertenezca a lo que se conoce con el nombre de *mester de juglaría* u oficio de juglares. Pero se entronca además en este movimiento literario por su *contenido* (relata las hazañas de un héroe), porque era *recitado o cantado* al son de un instrumento por plazas y castillos y porque sus autores utilizaron el *verso épico* (verso monorrimo que suele constar, generalmente, de 16 sílabas, dividido en dos hemistiquios que no siempre constan del mismo número de sílabas).

Dado su carácter fuertemente *histórico,* el Poema es un documento valiosísimo para conocer la época en la que fue compuesto: la Edad Media. Efectivamente, *las costumbres:* el sentido de la venganza, el destierro, la organización de la vida familiar, la guerra, etc.; las *clases sociales:* burgueses, fijosdalgo, caballeros, escuderos, infanzones, etc., nos demuestran que la obra está inmersa en la época a la que pertenece, lo cual se aprecia, fundamentalmente, en las relaciones del héroe con su Rey, en la defensa de la honra por parte del Cid, en la importancia que se concede al poder divino, etc.

El *tema* de la obra consiste en el engrandecimiento progresivo del héroe, injustamente desterrado, que tiene que recuperar su honra. Alrededor de este hecho se desarrolla la acción guerrera y política de la composición.

El poema es fiel exponente del *espíritu democrático* castellano. Efectivamente, el Cid (simple infanzón) exige al Rey (que representa la defensa del pueblo contra los abusos de la nobleza) que los infantes de Carrión (que son la alta nobleza) sean juzgados y declarados culpables en las cortes de Toledo.

Argumento del Poema

Cantar del destierro. El Cid ha sido desterrado por el rey Alfonso VI, por culpa de unos envidiosos cortesanos que lo acusan de haberse quedado con gran parte de los tributos que recaudó de los moros de Andalucía. Sale de Castilla con un puñado de hombres dejando a su mujer e hijas en el monasterio de Cardeña y muy preocupado por su suerte y la de sus guerreros. Muy pronto comienza su actividad guerrera contra los moros y conquista Castejón, Alcocer, gran parte de la región desde Teruel a Zaragoza, etc. El cantar acaba con la puesta en libertad del conde de Barcelona, a quien, previamente, el Cid había hecho prisionero.

Cantar de las bodas. El héroe prosigue su actividad guerrera y llega hasta el Mediterráneo. Aquí consigue su mayor éxito: la conquista de Valencia. Tras ésta le manda un presente al rey (cien caballos) y le ruega que deje a doña Jimena ir a vivir con él. Su mujer e hijas llegan a la ciudad y el héroe les muestra orgulloso las tierras conquistadas. El Cid ahora es rico y poderoso y los infantes de Carrión, movidos por la codicia, solicitan casarse con sus hijas. El rey se lo propone al héroe y éste lo acepta, aunque con recelo, porque no quiere negarse a lo que le pide su señor. Entretanto, el rey, reconociendo su error y la injusticia que ha cometido con su vasallo, lo perdona. Se celebran las bodas de las hijas del Cid con los infantes de Carrión y así acaba este cantar.

Cantar de la afrenta de Corpes. Los infantes de Carrión, que no pueden resistir las burlas de que son objeto por culpa de su cobardía, deciden afrentar al Cid en las personas de sus hijas. Para ello solicitan llevárselas a Carrión y poder cumplir su cobarde venganza. Cuando entran en tierras de Castilla, al llegar al robledal de Corpes les propinan una salvaje paliza y las dejan medio muertas. El Cid pide justicia al rey, puesto que él fue el culpable de estos casamientos. El rey convoca su corte en Toledo y se juzga a los infantes. El Cid solicita tres cosas: 1) que sus yernos le devuelvan las dos espadas (Colada y Tizona) que él les regaló; 2) que le entreguen la dote que les dio cuando se casaron con sus hijas; y 3) que reparen su honra combatiendo con sus guerreros. Los infantes son vencidos y queda demostrada su cobardía. El poema acaba con el casamiento de las hijas del Cid con los infantes de Navarra y Aragón y así el héroe pasa a ser pariente de los reyes de España.

II. LECTURAS REFLEXIVAS

Primera. El Cid asedia a Valencia.

Una vez desterrado, el Cid tiene que recuperar su honra; para ello despliega toda su actividad guerrera que consiste en conquistar tierras, siempre en nombre del Rey, su señor, con lo que éste se va dando cuenta de que es un buen vasallo y poco a poco va reconociendo su error. Entre las muchas conquistas, la toma de Valencia es la definitiva para conseguir el perdón del monarca.

El texto que presentamos nos describe los antecedentes de la toma de la ciudad. El Cid, antes de lanzarse al ataque, y dada la inferioridad numérica de su ejército, la cerca durante unos meses, de tal forma que nadie puede salir de ella. Poco a poco hace aparición el hambre y la desesperación física y espiritual de las gentes —que el juglar describe con gran maestría técnica— hasta que la ciudad no tiene más remedio que entregarse. La alegría del héroe y sus guerreros es indescriptible y el botín de guerra que consiguen bastante sustancioso.

Tras la conquista, el Cid manda un presente al Rey por medio de Minaya para que su mujer y sus hijas puedan reunirse con él en Valencia y el monarca lo concede.

Obsérvese la caracterización del héroe en este fragmento, muy distinta al que aparece en el que presentamos luego en el comentario de textos.

Está aquí presente, además, una de las características técnicas más significativas del Poema: el juglar toma parte activa en lo que nos está contando («Mala cueta es, señores...»).

72. EL CID PONE SITIO A VALENCIA

A los de Valençia escarmentados los han,
non osan fueras exir nin con él se ajuntar;
salir afuera ni hacerle frente;
tajávales las huertas e fazíales grand mal,
desvastaba las huertas
en cada uno destos años mio Çid les tollió el pan.
les quitó el pan.
Mal se aquexan los de Valençia que non sabent ques' far,
qué hacer,
de ninguna part que sea non les viníe pan;
nin da co[n]ssejo padre a fijo, nin fijo a padre,
nin amigo a amigo nos' pueden consolar.
Mala cueta es, señores, aver mingua de pan,
tener falta de pan,
fijos e mugieres ver lo[s] murir de fanbre.
verlos morir de hambre.
Delante veyen so duelo, non se pueden huviar,
ayudar;
por el rey de Marruecos ovieron a enbiar;
con el de los Montes Claros avíe guerra tan grand,
non les dixo co[n]sejo, nin los vino huviar.
ni vino a ayudarles.

Sópolo mio Çid,   de coraçón le plaz;
salió de Murviedro   una noch en trasnochada
amaneció a mio Çid   en tierras de Mon Real.
Por Aragón e por Navarra   pregón mandó echar,
a tierras de Castiella   enbió sus menssajes:
Quien quiere perder cueta   e venir a rritad,
Quien quiera salir de la pobreza y enriquecerse,
viniesse a mio Çid   que a sabor de cavalgar;
que tiene ganas de luchar,
çercar quiere a Valençia   pora cristianos la dar. (...)
Mio Çid don Rodrigo   non lo quiso detardar,
adelinó pora Valençia   e sobrellas va echar,
se dirigió hacia Valencia y la rodeó,
bien la çerca mio Çid,   que non í avía hart;
tan bien la cerca el Cid que no había escapatoria;
viédales exir   e viédales entrar.
les impide salir y entrar.
Sonando va[n] sus nuevas   todas a todas partes;
más le vienen a mio Çid,   sabet, que nos' le van.
Metióla en pla[z]do,   si les viniessen huviar.
La puso en plazo por si les viniesen a ayudar
Nueve meses complidos,   sabet, sobrella yaz,
la cerca,
quando vino el dezeno   oviérongela a dar.
tuvieron que rendirla.
Grandes son los gozos   que van por es' logar,
quando mio Çid gañó a Valençia   e entró en la çibdad.
Los que fueron de pie   cavalleros se fazen;
Los peones
el oro e la plata   ¿quien vos lo podrie contar?
Todos eran ricos   quantos que allí ha.
Mio Cid don Rodrigo   la quinta mandó tomar,
en el aver monedado   treynta mill marcos le caen,
en metálico
e los otros averes   ¿quién los podría contar?
Alegre era el Campeador   con todos los que ha,
quando su seña cabdal   sedié en somo del alcáçar.
su enseña principal ondeaba encima del alcázar.

Segunda. *Alegría del Cid ante la posibilidad de aumentar su riqueza.*

El Rey de Marruecos quiere reconquistar Valencia y se presenta en la ciudad con un fuerte ejército. El Cid se alegra porque ello supone una nueva batalla y la posibilidad de conseguir nuevas riquezas. El Rey Alfonso ha concedido ya que las hijas y la mujer del héroe se reúnan con él en la ciudad y así Jimena al ver al ejército contrario se asusta, pero el Cid le dice que no se preocupe, que ganará la batalla y conseguirá un gran botín para sus hijas que están en edad de contraer matrimonio.

Efectivamente, el Cid gana la contienda y manda un nuevo regalo al Rey Alfonso. Tras esto el Rey lo perdona y le ofrece el matrimonio de sus hijas con los infantes de Carrión.

Obśervese el orgullo que hay en las palabras del Cid y el interés económico que demuestra en la segunda parte del texto, frente al guerrero concienzudo de la lectura anterior o al Cid humano y abatido del Comentario final.

Compruébese, finalmente, otro de los rasgos que caracterizan a la épica española, frente a la francesa: la intervención del elemento femenino.

«¡GRADO AL CRIADOR E A[L] PADRE ESPIRITAL!
— ***»Todo el bien que yo he, todo lo tengo delant:***
que yo tengo
»con afán gané a Valençia, e ela por heredad,
y la tengo
»a menos de muert no la puedo dexar;
a no ser que muera
»grado al Criador e a santa María madre,
»mis fijas e mi mugier que las tengo acá.
porque
»Venídom' es deliçio de tierras d'allent mar,
Un regalo me ha llegado de tierras del otro lado del mar,
»entraré en las armas, non lo podré dexar;
»mis fijas e mi mugier ve[e]rme an lidiar;
»en estas tierras agenas verán las moradas cómmo se fa-
verán cómo hay que vivir, ***[zen,***

»afarto verán por los ojos cómmo se gana el pan[1]*»*
comprobarán por sí mismas
Su mugier e sus fijas subiólas al alcázar,
alçavan los ojos, tiendas vieron finca[r]:
vieron montar las tiendas:
«¿Quês esto, Çid, sí el Criador vos salve!»
—«Ya mugier ondrada, non ayades pesar!
no tengáis miedo
»Riqueza es que nos acreçe maravillosa e grand;
que nos llega
»a poco que viniestes, presend vos quieren dar:
en cuanto llegasteis os quieren dar un regalo:
»por casar con vuestras fijas, adúzenvos axuvar.»
os traen la dote.
—«a vos grado, Çid, e al Padre spirital.»
«Mugier, se[e]d en este palaçio, e si quisieredes en el [alcáçar;
»non ayades pavor por que me veades lidiar,
no tengáis miedo
»con la merçed de Dios e de santa María madre,
»créçem'el coraçón por que estades delant;
me aumenta el valor
»con Dios aquesta lid yo la he de arrancar.»
yo he de vencer.

Tercera. *El Rey abre la sesión de las Cortes de Toledo. El Cid expone su demanda.*

Como consecuencia de la afrenta que sufrieron las hijas del Cid por parte de los infantes de Carrión en el robledal de Corpes, el héroe pide justicia al Rey, éste convoca unas Cortes en Toledo y en ellas se reconoce la cobardía de los infantes.

El Cid pide tres cosas:

a) Que los infantes le devuelvan las espadas (Colada y Tizón) que él ganó como buen guerrero y de las que no son dignos ya.

b) Una vez que tiene las espadas en su poder, pide que le sean devueltos los tres mil marcos que les dio como dote.

c) A continuación, como lo han deshonrado no tiene más remedio que retarlos a un duelo, del que saldrán vencidos y servirá para reconocer de una manera definitiva su cobardía.

Señalemos algunos aspectos dignos de ser comentados:

Uno de los elementos que caracterizan al «Poema» es su *espíritu democrático.* Efectivamente, obsérvese que el Rey no quiere privilegios, sino que se pone de parte del que tiene derecho.

Igualmente, puede apreciarse cómo el juglar encarece el valor de las espadas del Cid al describirlas y lo que éstas suponen para héroe.

El Cid, en sus peticiones, sigue una escala ascendente; es decir, cada nueva petición supone un mayor grado de deshonra y cobardía para los infantes.

«OÍD, MESNADAS, SI VOS VALA EL CRIADOR!
»Yo, de que fu rey, non fiz mas de dos cortes:
»la una fue en Burgos, e la otra en Carrión,
»esta terçera a Toledo la vin fer oy,
vine hoy a hacerla,
»por el amor de mio Çid el que en buen ora naçió,
»que reçiba derecho de infantes de Carrión.
para que reciba reparación
»Grande tuerto le han tenido, sabémoslo todos nós;
Gran agravio
»alcaldes sean desto conde don Anrrich e conde don [Remond
jueces
»e estos otros condes que del vando non sodes.
que no sois del bando de Carrión.
»Todos meted í mientes, ca sodes coñosçedores,
Prestad todos atención,
»por escoger el derecho, ca tuerto non mando yo.
para hacer justicia, pues injusticia no mando yo.
»Della e della part en paz seamos oy.
De una y otra parte
»Juro par sant Esidro, el que bolviere mi cort
el que estorbare mi corte
»quitar me a el reyno, perderá mi amor.
abandonará

»Con el que toviere derecho   yo dessa parte me so.
»Agora demande   mio Çid el Campeador:
»sabremos qué responden   ifantes de Carrión.»
Mio Çid la mano besó al rey   e en pie se levantó;
«Mucho vos lo gradesco   commo a rey e a señor,
»por quanto esta cort   fiziestes por mi amor.
»Esto les demando   a ifantes de Carrión:
»por mis fijas quem' dexaron   yo non he desonor,
»ca vos las casastes, rey,   sabredes qué fer oy;
»mas quando sacaron mis fijas   de Valençia la mayor,
»yo bien las quería   d'alma e de coraçón,
»diles dos espadas   a Colada e a Tizón
»—estas yo las gané   a guisa de varón,—
»ques' ondrassen con ellas   e sirviessen a vos;
para que se enriqueciesen con ellas
»quando dexaron mis fijas   en el robredo de Corpes,
puesto que abandonaron a mis hijas
»comigo non quisieron aver nada   e perdieron mi amor;
»denme mis espadas   quando mios yernos no son.» (...)
puesto que
Sacaron las espadas   Colada e Tizón,
pusiéronlas en mano   del rey so señor;
saca[n] *las espadas   e relumbra toda la cort,*
las maçanas e los arriazes   todos d'oro son;
los pomos
maravíllanse dellas todos   los omnes buenos de la cort.
Reçibió las espadas,   las manos le besó,
tornós' al escaño   don[t] *se levantó.*
En las manos las tiene   e amas las cató:
y las miró ambas;
nos' la[s] *pueden camear,   ca el Çid bien las connosçe;*
no se las pueden cambiar,
alegrósle tod el cuerpo,   sonrrisós'de coraçón,
alçava la mano,   a la barba se tomó:
«por aquesta barba   que nadi non messó,
»assís' irán vengando   don Elvira e doña Sol.» (..)
Luego se levantó   mio Çid el Campeador;
«Grado al Criador   e a vos, rey señor!
»ya pagado so de mis espadas,   de Colada e de Tizón.
»Otra rencura he   de ifantes de Carrión:
Otra reclamación tengo
»quando sacaron de Valençia   mis fijas amas a dos,
»en oro e en plata   tres mil marcos les dio;

»yo faziendo esto, ellos acabaron lo so;
ellos realizaron su infamia;
»denme mis averes, quando mios yernos no son.
pues no son ya mis yernos
Aquí veriedes quexarse ifantes de Carrión. (...)

138. Reto del Cid

Estas apreçiaduras mio Çid presas las ha,
sos omnes las tienen e dellas penssarán.
y se ocuparán de ellas.
Mas cuando esto ovo acabado, penssaron luego d'al.
«Merçed, ya rey señor, por amor de caridad!
»La rencura mayor non se me puede olbidar.
El agravio mayor
»Oidme toda la cort e pésevos de mio mal;
»de los ifantes de Carrión, quem' desondraron tan mal,
»a menos de riebtos no los puedo dexar.
sin un desafío

Cuarta. *Final del poema.*

Estos son los últimos versos del «Poema». El héroe ha recuperado su honra totalmente: ha sido perdonado, ha limpiado la deshonra que pesaba sobre sus hijas, se ha reconocido la cobardía de los infantes de Carrión y como final feliz consigue casar a sus hijas con los soberanos de Navarra y Aragón con lo que consigue emparentarse con los reyes de España. A continuación, el juglar pone el punto final a su narración.

Obsérvese cómo el juglar acentúa el valor de estos segundos casamientos que, como se sabe, fueron los únicos que se celebraron, ya que con los infantes de Carrión lo que hubo fueron promesas de esponsales, pero no matrimonio. Lo que sucedió es que el segundo juglar, más amigo de la exageración y también más expresivo, hizo que se consumara el matrimonio.

GRANDES SON LOS GOZOS EN VALENÇIA LA MAYOR,
porque tan ondrados fueron los del Campeador.

Prisos' a la barba   Ruy Díaz so señor:
Cogióse la barba
«Grado al rey del çielo,   mis fijas vengadas son!
»Agora las ayan quitas   heredades de Carrión!
Ahora quedan libres de los herederos de Carrión
»Sin vergüença las casaré   o a qui pese a qui non.»
pese a quien pese.
Andidieron en pleytos   los de Navarra e de Aragón,
ovieron su ajunta   con Alfonso el de León.
Fizieron sus casamientos   con don Elvira e con doña Sol;
los primeros fueron grandes,   mas aquestos son mijores;
a mayor ondra las casa   que lo que primero fue.
Ved qual ondra creçe   al que en buen ora naçió,
quando señoras son sus fijas   de Navarra e de Aragón.
Oy los reyes d'España   sos parientes son,
a todos alcança ondra   por el que en buen ora nació.
Passado es deste siglo   **[mio Çid de Valençia señor]**
el día de cinquaesma;   de Cristus aya perdón!
Assí fagamos nos todos   justos e peccadores!
Estas son las nuevas   de mio Çid el Campeador;
las hazañas
en este logar   se acaba esta razón.
este poema.
Quien escrivió este libro, ¡dél'Dios paraíso, amen!
Per Abbat le escrivió en el mes de mayo
en era de mil e dozientos quarenta e cinco años.
El Romanz es leído, dat nos del vino; si non tenedes di-
[neros, echad
a[l]*lá unos peños, que bien vos lo darán sobrel*[l]*os.*

III. COMENTARIO DE TEXTOS

A. *PRESENTACIÓN*

Presentamos aquí el comienzo de la obra. El héroe ha sido desterrado injustamente, él y sus hombres están cansados y hambrientos pero nadie les puede ayudar porque el rey lo ha prohibido. La escena está marcada por la desolación y la tragedia. En el centro de este duro ambiente una niña va a introducir la nota humana, constituyendo la antítesis temática más clara de todo el fragmento.

B. *TEXTO*

1. EL CID SALE HACIA EL DESTIERRO

De los sos ojos tan fuertemientre llorando
tornava la cabeça e estavalos catando
y se quedaba mirándolos
Vio puertas abiertas e uços sin cañados
puertas sin candados
alcándaras vazías sin pielles e sin mantos
perchas vacías
e sin falcones e sin adtores mudados[1].
sin azores con las plumas mudadas.
Sospiró mio Cid ca mucho avié grandes cuidados.
porque tenía grandes preocupaciones.
Fabló mio Çid bien e tan mesurado[2]***:***
«grado a ti, Señor, Padre que estás en alto!
Esto me an buelto mios enemigos malos».
Esto me han traído

2. SALEN HACIA BURGOS E INTERPRETAN LOS AGÜEROS

Allí pienssan de aguijar, allí sueltan las riendas.
comienzan a aguijar,
A la exida de Bivar, ovieron la corneja diestra,
a la salida de Vivar vieron la corneja a su derecha.
e entrando en Burgos oviéronla siniestra.
a la izquierda.
Meçió mio Çid los ombros e engrameó la tiesta.
sacudió la cabeza.
«Albricia, Álbar Fáñez, ca echados somos de tierra
¡pues nos han desterrado!

---

[1] Los azores que habían mudado la piel eran especialmente apreciados para la caza.

[2] Hablar «bien e tan mesurado» es uno de los rasgos más notables de la personalidad del héroe. La mesura era una de las cualidades morales más apreciadas en la sociedad medieval.

3. *EL CID LLEGA A BURGOS*

Mio Çid Ruy Díaz por Burgos entrava
entró en Burgos
En su conpaña sessaenta pendones;
exien lo ver mugieres e varones,
salían a verlo
burgeses e burgesas por las finiestras son,
están en las ventanas,
plorando de los ojos, tanto avien el dolor
muy grande dolor tenían.
De la sus bocas todos dizían una razón:
«Dios, qué buen vassallo, si oviesse buen señor!»
¡así tuviese buen señor!

4. *EL REY HA PROHIBIDO QUE LE DEN POSADA*

Conbidar le ien de grado, mas ninguno non osava;
Lo convidarían con gusto
el rey don Alfonsso tanto avie la grand saña.
tan gran saña le tenía.
Antes de la noche en Burgos dél entró su carta,
con gran recabdo e fuertemente sellada:
con gran recomendación para que se cumpliera:
que a mio Çid Ruy Díaz, que nadi nol'diessen posada,
e aquel que gela diesse sopiesse vera palabra
que perderie los averes e más los ojos de la cara,
e aun demás los cuerpos e las almas.
Grande duelo avien las yentes cristianas;
ascóndense de mio Çid, ca nol'osan dezir nada.
El Campeador adeliñó a su posada;
se dirigió a la posada;
así commo llegó a la puerta, fallóla bien çerrada,
por miedo del rey Alfonso, que assí lo avien parado
que había ordenado que lo prepararan de tal modo
que si non la quebrantás', que non gela abriesse nadi.
Los de mio Çid a altas vozes llaman,
los de dentro no les querien tornar palabra.
Aguijó mio Cid, a la puerta se llegaua,
sacó el pie del estribera, una feridal' dava,
un golpe le daba.
non se abre la puerta, ca bien era çerrada.

Una niña de nuef años   a ojo se parava:
se presenta ante su vista:
«Ya Campeador,   en buenora cinxiestes espada![3]
»El rey lo ha vedado,   anoch dél e[n]*tró su carta,*
»con grant recabdo   e fuertemientre sellada.
»Non vos osariemos   abrir nin coger por nada;
»si non, perderiemos   los averes e las casas,
»e demás   los ojos de las caras.
»Çid, en el nuestro mal   vos non ganades nada;
»mas el Criador vos vala   con todas sus vertudes santas.»
Esto la niña dixo   e tornós' pora su casa.
Ya lo vee el Çid   que del rey non avie graçia.
que no tenía la gracia del rey.
Partiós' dela puerta,   por Burgos aguijaua,
llegó a Santa María,   luego descavalga;
fincó los inojos,   de coraçón rogava.
se hincó de rodillas,
La oraçión fecha,   luego cavalgava;
salió por la puerta   e Arlançon p[a]*sava.*
Cabo essa villa   en la glera posava,
en el arenal del río acampaba,
fincava la tienda   e luego descavalgava.
montaba la tienda
Mio Çid Ruy Díaz,   el que en buen ora cinxo espada,
posó en la glera   quando nol' coge nadi en casa;
porque no le acoge nadie
derredor dél   una buena conpaña
Assí posó mio Çid   commo si fuese en montaña.
como si estuviese en el monte.
Vedadal'an conpra   dentro en Burgos la casa
Le han prohibido la compra en la ciudad de Burgos

---

[3] El lenguaje épico había consagrado como fórmula estereotipada la expresión de las cualidades de los héroes cada vez que se les cita por su nombre. El Cid es *el que en buena hora ciñó espada* o *el que en buena hora nació,* Martín Antolínez es el *burgalés de pro* o *el burgalés cumplido.* Minaya Alvar Fáñez, *el mio braço meior,* etc.

Esta fórmula es un recurso que permite fijar en los oyentes la personalidad del héroe. También tenía una finalidad rítmica, ya que permite rellenar fácilmente un hemistiquio. Recuérdese que la épica era poesía destinada a la recitación, y estas fórmulas tenían una gran utilidad.

de todas cosas quantas son de vianda;
non le osarien vender al menos dinarada.

ni una dinerada (ración de víveres que se compraba por un dinero).

Nota: Los textos y notas de este capítulo han sido seleccionados de la edición de J. Jesús de Bustos Tovar, Ed. Alce.

C. *COMENTARIO*

1. **Género:**

a) El texto pertenece a la poesía épica, género apropiado para contar las hazañas de héroes famosos, históricos o legendarios. El héroe del «Poema» fue un personaje histórico y a la vez idealizado por las leyendas y por el recuerdo popular.

b) Frente a la poesía lírica, que tiene un carácter subjetivo, la épica suele ser objetiva (el poeta nos informa de un serie de hechos que no le atañen a él personalmente). Sin embargo, el juglar del «Poema» no es totalmente objetivo, sino que toma partido en lo que nos cuenta, idealizando en cierta medida al héroe, mio Cid.

c) La acción o argumento de un poema épico suele constar de tres partes: la *exposición* o planteamiento general, el *nudo* donde se nos cuenta la parte central de la acción y el *desenlace* o conclusión feliz o trágica del problema. En el argumento del «Poema» puede apreciarse claramente esta división. El texto que comentamos pertenece, pues, a la *exposición* de las circunstancias que van a llevar al héroe a lo que constituirá el *nudo,* la glorificación del héroe y la recuperación de su honra.

d) En todo poema épico suele haber un *protagonista* y un *antagonista* (o personaje del bando contrario). A simple vista puede pensarse en varios *antagonistas* en el «Poema»: el rey Alfonso, los reyes moros o los infantes de Carrión; pues con todos ellos ha de demostrar sus cualidades de héroe y su superioridad. Pero el verdadero antagonista es el rey Alfonso, causa de su deshonra y motor, por ello mismo, de sus hazañas.

2. **Contenido**

El contenido de este fragmento incluye una serie de rasgos o motivos fundamentales que dan ya las claves del héroe y del desarrollo ulterior del «Poema»:

—Tristeza y resignación del Cid y de los siervos y vasallos que le acompañan al dejar sus tierras.
—La nota emotiva de la niña y el diálogo que sostiene con el héroe.
—El miedo de la gente ante la posibilidad de tener que dar cobijo al Cid y recibir por ello el castigo del rey.
—La nobleza y la religiosidad del héroe.

3. **Técnica y estilo:**

a) *Análisis métrico.*—La rima de la composición es la propia de un poema épico (verso épico asonantado). Todos los versos están divididos en dos *hemistiquios* o partes de desigual número de sílabas, también característico de este tipo de poemas, constituidos generalmente por versos amétricos. De todos modos el metro suele oscilar alrededor de las 16 sílabas (en el texto hay versos de 12, 14, 16, etc.).

b) *Caracterización de los personajes.*—Para analizar cómo están caracterizados los personajes, podemos tener en cuenta los siguientes aspectos: religiosidad, fervor popular, dotes de líder,etc.

—La actuación de los personajes secundarios: el de la niña de nueve años nos parece especialmente conseguido, y como tal es uno de los más famosos del Poema.
—La presencia de un personaje colectivo, el pueblo de Burgos, que sufre en silencio porque no puede ayudar al héroe.

c) *Carácter realista.*—El realismo del texto se manifiesta en el especial tratamiento que se confiere a una serie de hechos, situaciones y sentimientos. De entre ellos podemos señalar:

—el juglar se detiene en detallar gestos concretos del Cid (el llanto, el volver la cabeza para mirar lo que deja atrás, etc.);

—la cita de lugares geográficos reales determinados (Burgos, el río Arlanzón, etc.);

—la intervención de personajes históricos (el rey Alfonso, Alvar Fáñez, etc.);

—la verosimilitud de lo narrado. El juglar cuenta los hechos con sencillez, con la máxima fidelidad, sin incluir elementos maravillosos ni sobrenaturales como sucede en la épica francesa.

d) *El dinamismo.*—Uno de los procedimientos artísticos más característicos del «Poema» consiste en la enumeración rápida de lugares, sucesos, etc., para que el movimiento de la escena sea vivo y no caiga en la monotonía, lo cual aburriría a los oyentes. En el fragmento, esta variedad y movimiento de la acción se advierte claramente sólo con observar la brevedad de las series 1, 2 y 3.

e) Otro de los procedimientos artísticos que emplea el juglar para describir a los personajes en las enumeraciones, en los diálogos, etc., es la *economía de medios,* porque necesita eliminar todo lo accesorio, todo aquello que no sea esencial, para captar el interés del público. Por ejemplo, en el diálogo con la niña burgalesa, no hay verbos introductorios (dijo, contestó...) que introduzcan las palabras de la niña. Ni se dice la respuesta del Cid.

f) *Valores plásticos.*—También es un recurso importante en el «Poema» la plasticidad, es decir, el juglar nos cuenta muchas veces los hechos de tal forma que parece que los estamos viendo; con ello el público asiste a la recitación como si de una representación teatral se tratase.

g) La aparición en la escena de la niña constituye una gran antítesis temática. Puede comprobarse, efectivamente, cómo su presencia contrasta fuertemente con el ambiente guerrero del fragmento.

h) En el lenguaje épico son normales los «apelativos épicos» para caracterizar a los protagonistas (por ejemplo, «Aquiles, el de los pies ligeros»; El Cid, entre otros muchos, es «el que en buen hora fostes naçido»). Este hecho también se pone de manifiesto en el texto, cuando se dice «Mio Cid Ruy Díaz, *el que en buen ora ciñó espada*».

4. La lengua

a) En la introducción a la época, hemos señalado las características generales de la lengua medieval.

Hay, efectivamente, grandes diferencias lingüísticas entre la lengua del «Poema» y la de nuestros días en todos los niveles: fonético, morfosintáctico y léxico-semántico.

- En el nivel fonético, la ortografía misma nos revela ya la existencia de sonidos hoy desaparecidos: *cabeça* (se pronunciaba cabetsa), *vazias* (vadsias), *fabló* (con la f- inicial conservada), *exida* (e*ch*ida, similar a la *ch* francesa), *mugieres* (muyeres); diferencia de pronunciación entre la *b* y la *v* (buelto/avien), hoy ambas bilabiales oclusivas; diferencia entre la *s* sorda y la *s* sonora (assi/casa), etc.
- En el nivel sintáctico hay un fenómeno muy significativo: los verbos SER y ESTAR; HABER y TENER no tienen todavía delimitado su uso actual; es decir, en la Edad Media era normal la utilización de SER en lugar de ESTAR, y viceversa, lo mismo que HABER en lugar de TENER, y viceversa. Este hecho aparece en los versos 20 al 40.
- En cuanto al nivel léxico-semántico, hay palabras cuyo significado ha variado (esto me han *buelto*) y otras hoy en desuso (*engrameó* la *testa*).

5. Actitud crítica

a) El juglar consigue una gran cantidad de *aciertos* en este fragmento:

—la caracterización de la figura del Cid, como ya hemos señalado.

—la ambientación de las escenas (por ejemplo, el aspecto de desolación que va contemplando el Cid a su salida de Bivar);

—la acomodación estilística del ambiente con las personas y el héroe (es decir, si el Cid está triste, la gente también e, igualmente, el ambiente en el que se desenvuelve la acción) que van dándonos aspectos muy significativos de la personalidad del caballero, como centro del cantar.

b) Se sabe que el juglar recitaba o cantaba en la plaza los fragmentos más interesantes del «Poema» ante un auditorio popular, generalmente ignorante y ávido de noticias sobre los héroes que conocía. Ya hemos puesto de manifiesto cómo los *procedimientos artísticos* presentes en el texto son acertados para conseguir que el público siguiera la recitación con verdadero interés. Piénsese en la habilidad técnica de estos juglares, que no contaban con la riqueza de medios de las representaciones escénicas de nuestros días.

c) Si elegimos un fragmento cualquiera del «Poema» que contenga un diálogo, e imaginamos ocupar el lugar del juglar, la lectura del fragmento habría de estar acompañada de gestos, movimientos de las manos, paseos, tono distinto de la voz según la acción o el personaje, silencios para marcar los cambios de escena, etc. Con sólo esta simple suposición podemos advertir la importancia de los recursos expresivos y dramatizadores que hemos venido señalando. El juglar sólo contaba con ellos; no tenía escenografía, ni actores, ni vestuario, ni amplificadores..., ninguno de los sofisticados recursos con que cuenta cualquier espectáculo actual para conseguir que el texto cumpla la intención que el autor se propuso al crearlo.

d) Salvando las distancias, teniendo en cuenta las condiciones de época y la diferencia de motivos que los distinguen, puede relacionarse la figura del Cid con los españoles exiliados después de nuestra guerra civil.

Piénsese lo que sucedió al Cid y cuál era su pensamiento («mas a grand ondra tornaremos a Castiella») y la causa por la que se exiliaron muchos españoles y lo que ha supuesto la vuelta de alguno de ellos como Rafael Alberti, Salvador de Madariaga, Claudio Sánchez-Albornoz, etc., recibidos con todos los honores.

IV. RECAPITULACIÓN

1. *La obra y su época.*
2. *Género literario:*
   —La obra y el movimiento en el que se integra: el *mester de juglaría.*
   —Género en el que se entronca: *la épica.*
3. Su inclusión en la literatura de *transmisión oral.*
4. Especial estudio de la obra:
   —El autor.
   —Tema y estructura.
   —La técnica y el lenguaje.
   —Significación del *Poema de Mio Cid.*

V. BIBLIOGRAFÍA BÁSICA

Ediciones

Poema de Mio Cid. Edición de J. Jesús de Bustos Tovar. Madrid, Clásicos Alce, 1978.

Poema de Mio Cid. Edición de Ramón Menéndez Pidal. Madrid, Espasa-Calpe, col. Clásicos castellanos, 1944, 4.ª edición.

Poema de Mio Cid. Edición de Ian Michael, Clásicos Castalia, 1976.

Poema de Mio Cid. Edición de Colin Smith. Madrid, Ed. Cátedra, 1976, 2.ª ed.

Estudios

Además de los prólogos de las anteriores ediciones, pueden consultarse:

ALONSO, Dámaso: «Estilo y creación en el Poema de Mio Cid», en *Ensayos sobre poesía española.* Madrid, 1944.

DE CHASCA, Edmund: *El arte juglaresco en el Cantar de Mio Cid.* Madrid, 1967.

LAPESA, Rafael: «La lengua de la poesía épica en los cantares de gesta y en el romancero viejo», en *De la Edad Media a nuestros días.* Madrid, 1967.

MENÉNDEZ PIDAL, Ramón: *En torno al Poema del Cid.* Barcelona, 1963.

III. POESÍA ÉPICO-LÍRICA: EL ROMANCERO

I. INTRODUCCIÓN

Hacia el siglo XV surge en el panorama literario español una producción artística que «más que un género literario, es una forma especial de tradición y de cultura»: el *Romancero.*

Desde finales del siglo XIV la épica cayó en olvido en casi todos los países, pero en España el pueblo recordó los fragmentos más interesantes de los cantares de gesta, los memorizó, los cantó y así se conservan de generación en generación. Estos fragmentos claves de los cantares de gesta constituyen los romances más *viejos* que poseemos.

No obstante, además de estos romances, que suelen llamarse *tradicionales,* existen otros, los *juglarescos,* que son los que difundían o creaban los juglares a imitación de aquéllos, más extensos y de mayor riqueza expresiva.

Naturalmente, el autor de estos poemas queda en el anonimato porque es la colectividad la que, identificándose con ellos, los canta, reelabora y conserva.

En cuanto a los *temas,* los más característicos son los *heroicos* (procedentes de la historia clásica o de los cantares de gesta), pero el sentimiento popular enriqueció esta temática con elementos *líricos* y *novelescos* y con temas de la vida contemporánea, sobre todo con episodios de la Reconquista. Estos últimos forman el grupo de los *fronterizos.*

En el *lenguaje* y la *técnica* predominaban las notas de *sencillez* y *espontaneidad,* dado su carácter popular. Rasgos característicos del romance son:

—la vivacidad narrativa, al prescindir de todo enlace lógico;

—la asombrosa sencillez y parquedad de recursos (se reducen a *repeticiones expresivas, aliteraciones, fragmentarismo* y a un *metaforismo* muy simple);

—llamadas de atención continuas a los oyentes, dado su carácter oral;

—libertad en la utilización de los tiempos verbales (por ejemplo, en el *Romance de doña Alda:* «...un azor **vide** volar; / tras dél **viene** una aguililla / que lo **ahincaba** muy mal»).

La trascendencia del Romancero ha sido enorme. Muchos escritores de todas las épocas han compuesto romances (Góngora, Lope, Machado, Lorca...) y, todavía hoy, se cantan en numerosas regiones de España e Hispanoamérica. En su forma primitiva los podemos hoy escuchar en boca de muchos judíos sefarditas descendientes de los expulsados de España en el siglo XV.

II. LECTURAS REFLEXIVAS

Primera. *Romance de doña Alda*

Es un romance de *tema francés* que hace alusión a la muerte de Roldán en Roncesvalles (uno de los fragmentos más significativos de la *Chanson de Roland*) y en el que interviene un elemento maravilloso: el sueño de doña Alda, esposa de Roldán.

Obsérvese el uso casi continuo de repeticiones expresivas en estructuras paralelísticas, recurso característico del Romancero.

En este tipo de romances es normal la introducción de elementos maravillosos.

ROMANCE DE DOÑA ALDA

En París está doña Alda,
la esposa de don Roldán,
trecientas damas con ella
para la acompañar:
todas visten un vestido,
todas calzan un calzar,
todas comen a una mesa,
todas comían de un pan,
sino era doña Alda,
que era la mayoral.
Las ciento hilaban oro,
las ciento tejen cendal,
las ciento tañen instrumentos
para doña Alda holgar.
Al son de los instrumentos
doña Alda adormido se ha:
ensoñado había un sueño,
un sueño de gran pesar.
Recordó despavorida
y con un pavor muy grand,
los gritos daba tan grandes,
que se oían en la ciudad.
Allí hablaron sus doncellas,
bien oiréis lo que dirán:
—"¿Qué es aquesto, mi señora?
¿quién es el que os hizo mal?"
—"Un sueño, soñé, doncellas,
que me ha dado gran pesar,
que me veía en un monte
en un desierto lugar;
de so los montes muy altos
un azor vide volar,
tras d'él viene un aguililla
que lo ahinca muy mal.

El azor con grande cuita
metióse so mi brial;
el aguililla con grande ira
de allí lo iba a sacar;
con las uñas lo despluma,
con el pico lo deshace."
Allí habló su camarera,
bien oiréis lo que dirá:
—"Aquese sueño, señora,
bien os lo entiendo soltar:
el azor es vuestro esposo,
que viene de allén la mar;
el águila sodes vos,
con la cual ha de casar,
y aquel monte es la iglesia
donde os han de velar."
—"Si así es, mi camarera,
bien te lo entiendo pagar."
Otro día de mañana
cartas de fuera le traen;
tintas venían de dentro,
de fuera escritas con sangre,
que su Roldán era muerto
en la caza de Roncesvalles.

Segunda. *Romance de Abenámar*

Típico romance *fronterizo* porque en él se nos da cuenta de un hecho de la Reconquista. Obsérvese, sin embargo, que el tema está lleno de elementos poéticos y sólo los dos últimos versos hacen alusión al hecho guerrero. Interesa, pues, destacar más el plano estético que el bélico.

Piénsese en el valor expresivo que confiere al romance la intervención en el diálogo de la ciudad.

Al igual que las repeticiones expresivas, también la *aliteración* es uno de los recursos preferidos por el Romancero.

En este texto, hay una gran libertad en la utilización de los *tiempos verbales,* ya que se combinan presentes con pasados en un mismo contexto temporal, rasgo también típico de muchos romances y que tiene un gran valor expresivo.

—"*¡ABENÁMAR, ABENÁMAR*[1],
moro de la morería,
el día que tú naciste
grandes señales había!
Estaba la mar en calma
la luna estaba crecida:
moro que en tal signo nace,
no debe decir mentira."
Allí respondiera el moro,
bien oiréis lo que decía:
—"*Yo te la diré, señor,*
aunque me cueste la vida,
porque soy hijo de un moro
y una cristiana cautiva;
siendo yo niño y muchacho
mi madre me lo decía
que mentira no dijese,
que era grande villanía:
por tanto pregunta, rey,
que la verdad te diría."
—"*Yo te agradezco, Abenámar,*
aquesa tu cortesía.
¿Qué castillos son aquéllos?
¡Altos son y relucían!"
—"*El Alhambra era, señor,*
y la otra la mezquita;
los otros los Alixares,
labrados a maravilla.
El moro que los labraba
cien doblas ganaba al día,
y el día que no los labra
otras tantas se perdía.
El otro es Generalife,

---

[1] Esta versión es la que recoge Ginés Pérez de Hita en las *Guerras civiles de Granada* (1595). Como puede apreciarse, el desenlace está de acuerdo con el tono lírico del romance, resultado del diálogo entre el rey don Juan y la ciudad.

huerta que par no tenía;
el otro Torres Bermejas,
castillo de gran valía."
Allí habló el rey don Juan,
bien oiréis lo que decía:
—"Si tú quisieses, Granada,
contigo me casaría;
daréte en arras y dote
a Córdoba y a Sevilla."
—"Casada soy, rey don Juan,
casada soy, que no viuda;
el moro que a mí me tiene,
muy grande bien me quería"[2].

Tercera. *Romance del infante Arnaldos*

Es uno de los romances más bellos por su clima de misterio y por la riqueza expresiva que contiene. Obsérvese el juego de comparaciones, de tono popular, que utiliza el autor para describir la galera y el sabor arcaico de algunas de sus construcciones. Es un romance de tema *lírico.*

En este romance, como en otros muchos (es un fenómeno general del Romancero) se da el *fragmentarismo,* recurso que consiste en entrar directamente en el tema, prescindiendo de los preliminares, o en dejar el romance inacabado en el momento más importante, con lo que el auditorio puede completar el relato según su fantasía. Es un proceso de «suspensión» con el que se capta el interés de los oyentes desde el principio y después del final del romance. El juglar, poco a poco, nos va llevando al punto que le interesa: la canción del marinero, y cuando

[2] Los motivos que intervienen en la temática de este romance han sido estudiados, entre otros, con gran acierto por Paul Bénichou en su *Creación poética en el Romancero tradicional.* Así, responden a fuentes de la poesía árabe la comparación de la ciudad con una mujer y el dar muerte al arquitecto de una obra, una vez acabada, para que no pueda edificar otra igual. Por otra parte, los motivos del hijo rehén y el otorgar la vida a cambio de una información, así como el tema de las señales, son propios de la poesía de tipo tradicional de todos los países.

llega el momento de escucharla, la composición se interrumpe bruscamente.

¡QUIÉN HUBIERA TAL VENTURA
sobre las aguas del mar
como hubo el infante Arnaldos
la mañana de San Juan!
Andando a buscar la caza
para su falcón cebar,
vio venir una galera
que a tierra quiere llegar;
las velas trae de seda,
la jarcia de oro torzal,
áncoras tiene de plata,
tablas de fino coral.
Marinero que la guía,
diciendo viene un cantar,
que la mar ponía en calma,
los vientos hace amainar;
los peces que andan al hondo,
arriba los hace andar;
las aves que van volando,
al mástil vienen posar.
Allí habló el infante Arnaldos,
bien oiréis lo que dirá:
—Por tu vida, el marinero,
dígasme ora ese cantar.
Respondióle el marinero,
tal respuesta le fue a dar:
—Yo no digo mi canción
sino a quien conmigo va.

Cuarta. *Romance de la misa de amor*

Este romance está lleno de lirismo y de afectividad. Para conseguirlos, el juglar se vale de los *diminutivos,* de un *metaforismo* muy popular y de la repetición de *estructuras sintácticas* muy simples, que se corresponden con el carácter afectivo de la composición.

LA MISA DE AMOR

Mañanita de San Juan,
mañanita de primor,
cuando damas y galanes
van a oír misa mayor.
Allá va la mi señora,
entre todas la mejor;
viste saya sobre saya,
mantellín de tornasol,
camisa con oro y perlas
bordada en el **cabezón**[1]*.*
En la su boca muy linda
lleva un poco de **dulzor**[2]*;*
en la su cara tan blanca,
un poquito de **arrebol**[3]*,*
y en los sus ojuelos garzos
lleva un poco de **alcohol**[4]*;*
así entraba por la iglesia
relumbrando como el sol.
Las damas mueren de envidia,
y los galanes de amor.
El que cantaba en el coro,
en el credo se perdió;
el abad que dice misa,
ha trocado la lición;
monacillos que le ayudan,
no aciertan responder, non,
por decir amén, amén,
decían amor, amor.

Quinta. *Romance de la infantina*

El romance pertenece a lo que se denomina *poesía oral,* es decir, ha sido compuesto para ser cantado o recitado y así ha ido pasando de generación en generación a través

[1] Cuello de la camisa.
[2] Pintura de labios.
[3] Colorete.
[4] Polvo para ennegrecer las pestañas.

de los siglos; de ahí su carácter *tradicional.* El pueblo lo memorizaba y lo cantaba, pero cada uno iba introduciendo modificaciones, bien porque no recordaba exactamente su contenido, bien por adaptarlo a su propia sensibilidad. Esta es la causa por la que de un mismo romance nos han llegado diferentes versiones. A veces, cada región española tiene una versión distinta de un mismo romance. Para que pueda comprobarse este hecho, presentamos dos variantes de este romance *novelesco.*

LA INFANTINA ENCANTADA

A cazar va el caballero,
a cazar como solía,
los perros lleva cansados,
el halcón perdido había;
andando, se le hizo noche
en una oscura montiña.
Sentárase al pie de un roble,
el más alto que allí había:
el troncón tenía de oro,
las ramas de plata fina;
levantando más los ojos,
vió cosa de maravilla:
en la más alta rama
viera estar una infantina;
cabellos de su cabeza
con peine de oro partía,
y del lado que los parte,
toda la rama cubrían;
la luz de sus claros ojos
todo el monte esclarecía.
—No te espantes, caballero,
ni tengas tamaña grima;
hija soy del gran rey
y de la reina de Hungría;
hadáronme siete hadas
en brazos de mi madrina,
que quedase por siete años
hadada en esta montiña.
Hoy hace los siete años,

mañana se cumple el día;
espéresme, caballero,
llévesme en tu compañía.
—Esperéisme vos, señora,
hasta mañana, ese día;
madre vieja tengo en casa,
buen consejo me daría.
La niña le despidiera
de enojo y malenconía:
—¡Oh, mal haya el caballero
que al encanto no servía,
vase a tomar buen consejo,
y deja sola la niña!
Ya volvía el caballero,
muy buen consejo traía;
busca la montiña toda,
ni halló roble, ni halló niña;
va corriendo, va llamando,
la niña no respondía
Tendió los ojos al lejos,
vio tan gran caballería,
duques, condes y señores
por aquellos campos iban;
llevaban la linda infanta,
que era ya cumplido el día.
El triste del caballero
por muerto en tierra caía,
y desque en sí hubo tornado,
mano a la espada metía:
"Quien pierde lo que yo pierdo,
¿qué pena no merecía?
¡Yo haré justicia en mí mismo,
aquí acabará mi vida!"

ROMANCE DE LA INFANTINA

A cazar va el caballero,
a cazar como solía;
los perros lleva cansados,
el falcón perdido había,
arrimárase a un roble,
¡alto es a maravilla!,

en una rama más alta,
viera estar una infantina;
cabellos de su cabeza
todo el roble cobrían.
—"No te espantes, caballero,
ni tengas tamaña grima.
Fija soy yo del buen rey
y de la reina de Castilla:
siete fadas me fadaron
en brazos de un ama mía,
que andase los siete años
sola en esta montiña.
Hoy se cumplían los siete años,
o mañana en aquel día;
por Dios te ruego, caballero,
llévesme en tu compañía,
si quisieres por mujer,
si no, sea por amiga."
—"Esperéisme vos, señora,
fasta mañana, aquel día,
iré yo tomar consejo
de una madre que tenía."
La niña le respondiera
y estas palabras decía:
—"¡Oh mal haya el caballero
que sola deja la niña!
El se va a tomar consejo,
y ella queda en la montiña."
Aconsejóle su madre
que la tomase por amiga.
Cuando volvió el caballero
no la hallara en la montiña:
vídola que la llevaban
con muy gran caballería.
El caballero desque la vido
en el suelo se caía;
desque en sí hubo tornado
estas palabras decía:
—"Caballero que tal pierde,
muy gran pena merescía:
yo mesmo seré el alcalde,
yo me seré la justicia:
que le corten pies y manos
y lo arrastren por la villa."

III. COMENTARIO DE TEXTOS

A. *PRESENTACIÓN*

Romance del Cid: «Afrenta de las hijas del Cid»

Uno de los episodios del *Poema de Mio Cid* que calaría más profundamente en la sensibilidad del pueblo es aquel en que los infantes de Carrión demuestran su cobardía maltratando a las hijas del Cid, en represalia por el episodio del león y por otros en los que quedaron ridiculizados ante el héroe y sus hombres. Ofrecemos aquí un romance con el mismo contenido, y el fragmento del *Poema* al que nos referimos, para que puedan apreciarse las diferencias más significativas entre ambos.

B. *TEXTO*

ROMANCE DE LOS CONDES DE CARRIÓN

De concierto están los condes,
hermanos Diego y Fernando;
afrentar quieren al Cid,
muy gran traición han armado.
Quieren volverse a sus tierras;
sus mujeres han demandado,
y luego su suegro el Cid,
se las hubo entregado.
—"Mirad, yernos, que tratedes
como a dueñas hijasdalgo
mis hijas, pues que a vosotros
por mujeres las he dado."
Ellos ambos le prometen
de obedescer su mandado.
Ya cabalgaban los condes,
y el buen Cid ya está a caballo
con todos sus caballeros,

que le van acompañando;
por las huertas y jardines
van riendo y festejando;
por espacio de una legua
el Cid los ha acompañado.
Cuando dellos se despide,
las lágrimas le van saltando
como hombre que ya sospecha
la gran traición que han armado,
manda que vaya tras ellos
Alvarañez su criado.
Vuélvese el Cid y su gente,
y los condes van de largo.
Andando con muy gran priesa,
en un monte habían entrado
muy espeso y muy escuro,
de altos árboles poblado.
Mandan ir toda la gente
adelante muy gran rato;
quédanse con sus mujeres
tan solos Diego y Fernando.
Apéanse de los caballos,
y las riendas han quitado;
sus mujeres que lo ven,
muy gran llanto han levantado.
Apéanlas de las mulas
cada cual para su lado;
como las parió su madre
ambas las han desnudado,
y luego a sendas encinas
las han fuertemente atado.
Cada uno azota la suya,
con riendas de su caballo;
la sangre que dellas corre,
el campo tiene bañado;
mas no contentos con esto,
allí se las han dejado.
Su primo que las fallara,
como hombre muy enojado
a buscar los condes iba
como no los ha fallado,
volviérase para ellas,
muy pensativo y turbado:

en casa de un labrador
allí se las ha dejado.
Vase para el Cid su tío,
y todo se lo ha contado.
Con muy gran caballería,
por ellas ha enviado.
De aquesta tan grande afrenta,
el Cid al rey se ha quejado;
el rey como aquesto vido,
tres Cortes había armado.

124. LOS INFANTES TRAMAN SU VENGANZA

—«Pidamos nuestra mugieres   al Çid Campeador,
»digamos que las llevaremos   a tierras de Carrión,
»enseñar las hemos   do las heredades son.
les enseñaremos dónde están las heredades
»Sacar las hemos de Valençia,   de poder del Campeador;
»después en la carrera   feremos nuestro sabor,
después en el camino haremos lo que queramos
»ante que nos retrayan   lo que cuntió del león.
antes de que nos reprochen lo que ocurrió con el león.
»Nos de natura somos   de condes de Carrión!
Nosotros sonos de linaje
»Averes levaremos grandes   que valen grant valor;
»escarniremos   las fijas del Campeador.»
escarneceremos
—«D'aquestos averes   sienpre seremos ricos onmnes,
Con estas riquezas
»podremos casar con fijas   de reyes o de enperadores,
»ca de natura somos   de condes de Carrión.
»Assí las escarniremos   a fijas del Campeador, (...)
Así las escarneceremos
»Nos' curiara de ser afontado   Çid el Campeador;
No sospechaba ser afrentado
«Darvos he mis fijas   e algo de lo mio;
»vos les diestes villas por arras   en tierras de Carrión,
»yo quiéroles dar axuvar   tres mill marcos de plata;
dar en ajuar
»darvos é mulas e palafrés,   muy gruessos de sazón,
os daré mulas y palafrenes de muy buen clase,
»cavallos pora en diestro   fuertes e corredores,
caballos de armas

»e muchas vestiduras de paños e de çiclatones;
»darvos he dos espadas, a Colada e a Tizón,
»bien lo sabedes vos que las gané a guisa de varón;
como un hombre;
»mios fijos sodes amos, quando mis fijas vos do;
ambos sois mis hijos, puesto que os doy a mis hijas;
»allá me levades las telas del coraçón.
»Que lo sepan en Gallizia e en Castiella e en León,
»con que riqueza enbio mios yernos amos a dos.
a mis dos yernos.
»A mis fijas sirvades, que vuestras mugieres son;
»si bien las servides, yo vos rendré buen galardón.
yo os daré en pago buen galardón.»
Atorgado lo han est los iffantes de Carrión.
Asienten a esto
Aqui reçiben las fijas del Campeador;
compieçan a reçebir lo que el Çid mandó.
Quando son pagados a todo so sabor,
Una vez satisfechos de cuanto les viene en gana,
ya mandavan cargar iffantes de Carrión.
Grandes son las nuevas por Valençia la mayor,
Hay gran actividad
todos prenden armas e cavalgan a vigor,
por que escurren sus fijas del Campeador a tierras de [Carrión.
porque se marchan
Ya quieren cavalgar, en espidimiento son.
están despidiéndose.
Amas hermanas, don Elvira e doña Sol,
fincaron los inojos antel Çid Campeador:
se hincaron de rodillas
«Merçed vos pedimos, padre, sí vos vala el Criador!
»vos nos engendrastes, nuestra madre nos parió;
»delant sodes amos, señora e señor.
»Agora nos enviades a tierras de Carrión,
»debdo nos es a cunplir lo que mandáredes vos.
nos es obligado cumplir
»Assí vos pedimos merçed nos amas a dos,
»que ayades vuestros menssajes en tierras de Carrión.»
Abraçólas mio Çid e saludólas amas a dos.
y las besó a ambas.

125. DESPEDIDA DEL CID Y DE DOÑA JIMENA

El fizo aquesto, la madre lo doblava;
la madre hizo lo mismo;
«Andad, fijas d' aquí el Criador vos vala!
»de mí e de vuestro padre, bien avedes nuestra graçia.
»Id a Carrión do sodes heredadas,
donde están vuestras heredades,
»assí commno yo tengo, bien vos he casadas.»
Al padre e a la madre las manos les besavan;
amos las bendixieron e diéronles su graçia.
Mio Çid e los otros de cavalgar penssavan,
comienzan a cabalgar,
a grandes guarnimientos, a cavallos e armas.
muy bien ataviados,
Ya salien los infantes de Valençia la clara,
espi[d]iéndos' de las dueñas e de todas sus compañas.
Por la huerta de Valençia teniendo salien armas;
alegre va mio Çid con todas sus compañas.
Violo en los avueros el que en buen ora cinxo espada,
Lo vio en los augurios
que estos casamientos non serién sin alguna tacha.
Nos' puede repentir, que casadas las ha amas. (...)
No se puede arrepentir, porque tiene casadas a ambas.
Allí les tuellen los mantos e los pelliçones,
Les quitan allí los mantos y las túnicas,
páranlas en cuerpos e en camisas e en çiclatones.
las dejan a cuerpo
Espuelas tienen calçadas los malos traydores,
en mano prenden las çinchas fuertes e duradores
Quando esto vieron las dueñas, fablava doña Sol:
«Por Dios vos rogamos, don Diego e don Ferrando,
»dos espadas tenedes fuertes e tajadores,
»al una dizen Colada e al otra Tizón,
»cortandos las cabeças, mártires seremos nos.
cortadnos las cabezas
»Moros e cristianos departirán desta razón,
Todo el mundo hablará de esto,
»que por lo que nos mereçemos no lo prendemos nos.
pues esto no lo merecemos
»Atan malos enssienplos non fagades sobre nos:
No hagáis con nosotras tan mala acción:

»si nos fuéramos majadas, abiltaredes a vos;
Si fuésemos azotadas os afrentaríais vosotros mismos;
»retraer vos lo an en vistas o en cortes.»
os lo reclamarán
Lo que ruegan las dueñas non les ha ningún pro.
no consiguen nada.
Essora les conpieçan a dar los ifantes de Carrión;
con las çinchas corredizas májanlas tan sin sabor;
con las espuelas agudas, don ellas an mal sabor,
ronpien las camisas e las carnes a ellas amas a dos;
limpia salie la sangre sobre los çiclatones.
sobre las túnicas de seda.
Ya lo sienten ellas en los sos coraçones.
¡Quál ventura serie esta, si ploguiesse al Criador,
que assomasse essora el Çid Campeador!
Tanto las majaron que sin cosimente son;
que están sin fuerzas;
sangrientas en las camisas e todos los ciclatones.
Canssados son de ferir ellos amos a dos,
ensayandos' amos quál dará mejores colpes.
esforzándose ambos
Ya non pueden fablar don Elvira e doña Sol,
por muertas las dexaron en el robredo de Corpes.

C. *COMENTARIO*

1. **Género**

Hay una serie de rasgos en nuestro Romancero que demuestran su origen épico. Por ser poemas narrativos pertenecen, igualmente, al género épico. Pero muchos de ellos presentan multitud de elementos líricos que han hecho afirmar el carácter épico-lírico de este tipo de creaciones.

Así, en el romance que comentamos, que parece estar directamente inspirado en el Poema del Cid, apreciamos una serie de matices de gran lirismo. Por ejemplo, la emoción y ternura del Cid, quien, como un padre cualquiera, se preocupa por sus hijas porque adivina la tragedia que se les avecina.

2. Contenido

Si se hace un estudio comparativo entre el contenido del fragmento del *Poema* y el del romance se podrá comprobar que varios elementos del contenido del *Poema* se repiten, casi al pie de la letra, en el romance, y otros, sin embargo, se eliminan. Es lógico que se mantengan justamente aquellos que más profundamente calarían en la sensibilidad del auditorio.

b) *Estructura.* Como puede apreciarse, la disposición del relato es la propia de este tipo de narraciones: una disposición lineal de los elementos narrativos (planteamiento, nudo y desenlace).

3. Técnica y estilo

a) En este romance apreciamos una serie de recursos expresivos muy característicos del género. Así, la *plasticidad* (obsérvese la descripción del castigo que infringen los condes a sus esposas —versos 39 al 52—); las *hipérboles* (versos 51 y 52); la insistencia en los aspectos más emotivos de la acción (la tristeza del Cid, el miedo y la sangre de las mujeres, el enojo de su primo) y en los aspectos descriptivos (los relativos al paisaje, a los gestos que hacen los condes de Carrión, etc.). No podemos encontrar, sin embargo, abundancia de figuras literarias en una creación como ésta, de carácter popular. Por tanto, la parquedad de medios expresivos será otro de sus rasgos característicos.

b) Un recurso técnico importante presente en el texto es el *fragmentarismo* o final inconcluso; con ello se consigue que cada lector preste al romance un distinto desenlace, y el tema central cobra mucha mayor intensidad.

c) Como consecuencia de una mayor *economía de medios,* el romance prescinde de una gran cantidad de elementos a la hora de relatar los hechos o sintetiza éstos al máximo. Puede comprobarse este hecho si se comparan el romance y el fragmento del *Poema* que le corresponde en cuanto al contenido.

4. Lengua

Dice Rafael Lapesa que los romances responden a un estado de lengua propio del siglo XV, a pesar de habernos llegado en pliegos sueltos o colecciones que datan del siglo XVI. Las características lingüísticas que presenta este romance responden a un ideal lingüístico claramente medieval:

—Alternancia de las antiguas formas verbales en *-ades, -edes, -ides,* con las más modernas *-ais, -eis, -is.*
—Se conservan todavía las antiguas formas pronominales, por ejemplo, *connusco* ('con nosotros').
—Uso enclítico del pronombre átono después de pausa: *apéanlas.*
—Régimen antepuesto: *dentro del monte han entrado;* etc.

5. Actitud crítica

a) El Romancero es algo característico del espíritu español, y todo hombre preocupado por la cultura de su pueblo debe hacer lo posible para que no se olvide y siga teniendo vigencia. Hoy parece que hay un vivo deseo de revitalizar la cultura popular, y es relativamente frecuente oír en la radio, televisión, o en directo a algún cantante o a algún grupo que cante romances. Ello demuestra la vitalidad y el arraigo de esta tradición cultural.

b) Hay tres hechos importantes que nos hablan de la pervivencia de nuestro Romancero: la multitud de versiones que de un mismo romance podemos oír a lo largo de nuestra geografía y la asimilación de nuestros romances en Hispanoamérica. A estas dos realidades se une una tercera de extraordinaria importancia: la pervivencia de muchos romances en su estado primitivo entre los judíos sefarditas —verdadero documento viviente de nuestra cultura popular—.

IV. RECAPITULACIÓN

1. *La obra y su época.*
2. *Género literario.*—Su relación con el 'cantar de gesta'.
   —Su carácter épico-lírico.
3. *Poesía tradicional* de carácter oral. Relación con la poesía lírica tradicional.
4. *Los temas* y su entronque en las raíces populares.
5. *El lenguaje y la técnica.*
6. *Significación* del Romancero en la vida del pueblo y en la literatura culta posterior.

V. BIBLIOGRAFÍA BÁSICA

Ediciones

Poesía tradicional. Lírica y Romancero. Edición de Alfonso Berlanga. Clásicos Alce, Madrid, 1978.

El Romancero. Edición de Giuseppe di Stefano. Madrid, Narcea, 1973.

El Romancero viejo. Edición de Mercedes Díaz Roig. Madrid, Cátedra, 1976.

Estudios

Además de los prólogos de las ediciones anteriormente apuntadas, pueden consultarse:

BÉNICHOU, Paul: *Creación poética en el Romancero tradicional.* Madrid, Gredos, 1968.

CATALÁN, Diego: *Siete siglos de Romancero.* Madrid, Gredos, 1969.

MENÉNDEZ PIDAL, Ramón: *Estudios sobre el Romancero.* Madrid, Espasa-Calpe, 1970 (*Obras completas,* vol. XI).
SZERTICS, Joseph: *Tiempo y verbo en el Romancero viejo.* Madrid, Gredos, 1967.

IV. EL MESTER DE CLERECÍA: Gonzalo de Berceo (XIII) Arcipreste de Hita (XIV)

A) EL MESTER DE CLERECÍA DURANTE EL SIGLO XIII: GONZALO DE BERCEO

I. INTRODUCCIÓN

En el siglo XII se produce en Europa un verdadero resurgimiento de la cultura en todos sus aspectos (Literatura, Arte, Filosofía, etc.). Pero en España, que como ya señaló Menéndez Pidal ha ido siempre con retraso respecto a Europa, no se manifiesta esa expansión cultural hasta el siglo XIII. Las causas del retraso en este momento histórico determinado son muy variadas; baste decir que las luchas internas entre los reinos cristianos y la guerra de la Reconquista fueron duras y encarnizadas durante el siglo XII y no permitieron las actividades culturales. Sin embargo, en el siglo siguiente se vive en un clima de paz y tolerancia entre los cristianos y entre éstos y los musulmanes. Tales circunstancias favorecen el desarrollo social y económico en los reinos de España y permiten la expansión de la vida cultural.

Algunas manifestaciones que dan muestra de esta expansión son:

—Creación de las primeras Universidades: Palencia, Salamanca y Valladolid.
—Introducción y desarrollo del estilo gótico en la Península.
—En el aspecto literario, hay que destacar:

- Gran brillantez de la *lírica gallego-portuguesa.*
- Aparición de una importante escuela literaria erudita y clerical: el *Mester de Clerecía.*
- Alfonso X el Sabio desarrolla una importantísima labor científica apoyado por la Escuela de Traductores de Toledo, que le permite acometer la *creación de la prosa castellana.*

II. LECTURA REFLEXIVA

Los Milagros de Nuestra Señora, de Berceo

La producción de poesía narrativa es muy rica en la Edad Media. Los cantares de gesta compuestos por los juglares son, como ya hemos visto, poemas épicos (pertenecen, pues, al género narrativo) *populares.* Pues bien, en el siglo XIII aparecen en España poemas narrativos *cultos,* compuestos por poetas eruditos que por primera vez utilizan el romance castellano para una creación literaria escrita y *culta.* Estos poetas se muestran conscientes y orgullosos de su sabiduría (que les diferencia de los juglares) y, dado que en esta época los Monasterios eran el reducto casi exclusivo de la cultura (los caballeros eran guerreros y la plebe no tenía acceso a ella), suelen ser clérigos. Por eso se llama *Mester de Clerecía, mester* ('oficio') de *clérigos,* a esta escuela literaria, frente al *mester de juglaría,* que alude al oficio juglaresco.

Del Mester de Clerecía han llegado a nosotros varias obras, pero la única no anónima y la que nos parece más interesante, es la de Gonzalo de Berceo. Él es, por lo tanto, el primer autor de nombre conocido de la literatura española.

Gonzalo de Berceo era un clérigo que trabajaba en el Monasterio de San Millán de la Cogolla (en La Rioja), que en aquel tiempo era un centro importante de romerías y peregrinaciones. Escribió muchas obras, todas ellas de contenido religioso, con las que pretendía realizar una labor evangelizadora y moralizadora. Para ello utiliza la lengua romance, y no el latín, que hasta entonces se había utilizado como única lengua escrita (recuérdese que los cantares de gesta no se escribieron, que sepamos, hasta el siglo XIV, aunque existían oralmente desde mucho antes).

El fragmento que hemos seleccionado pertenece a la obra más significativa de Berceo, los *Milagros de Nuestra Señora.* En ella nos cuenta 25 milagros que la Virgen realiza para favorecer a sus devotos. Proceden en su mayor parte de un manuscrito latino muy conocido en los Monasterios europeos.

Nos damos cuenta del carácter culto de la obra no sólo por el lenguaje, más cuidado y rico que el de los cantares de gesta, sino también por la métrica: la estrofa utilizada es la propia de la escuela del Mester de Clerecía: consta de cuatro versos alejandrinos (de 14 sílabas), monorrimos (los cuatro riman entre sí); se llama *cuaderna vía,* o tetrástrofo monorrimo, de origen francés o quizá latino. Obsérvese que esta estrofa supone una técnica más elaborada y difícil que la del verso épico.

Podemos apreciar el prurito de escritor culto de este autor en el cuidado que pone, en cada uno de los Milagros, en demostrar que él ha leído antes todo lo que está narrando, y que no inventa nada (*el lugar no lo leo…* por lo tanto no lo sé decir). También consigue de este modo dar mayor veracidad a su narración ante un público iletrado e inculto que concede un enorme valor a lo escrito (que resulta por otra parte inaccesible para ellos). Este valor de lo escrito lo recalca Berceo, por ejemplo, cuando dice *escrito es que el omne…*

Junto al carácter culto de los Milagros advertimos, ya desde el primer momento, la actitud juglaresca del autor. Muy conocida es su petición de «un vaso de buen vino» como premio a su labor, lo cual le asemeja a los juglares, que al final de sus recitaciones pedían algo a cambio. En los primeros versos de este Milagro también observamos la postura de Berceo al dirigirse directamente a sus oyentes (*Amigos…*) con gran sencillez y humildad (*si quisiéssedes...*) para ganarse su simpatía y captar su atención. Berceo conoce el éxito que los juglares tienen entre el pueblo y por eso acude a recursos juglarescos (éstos y otros que advertimos en los versos siguientes): dramatizaciones, uso del diálogo entre los personajes, detalles humorísticos, etc.

En principio resulta curioso, para nuestra mentalidad actual, que un hombre como Gonzalo de Berceo, que debía tener una sólida formación teológica, presente los hechos de modo tan infantil. Por ejemplo, en este texto, los ángeles y los demonios se pelean por llevarse el alma del monje; la Gloriosa consigue astutamente que no se la lleven y que el fraile sea resucitado para darle una oportunidad de arrepentirse y salvarse. Pero no tenemos que pensar en un Berceo ingenuo e infantil, sino en que esos detalles responden una vez más al afán didáctico del autor, que conoce perfectamente las limitaciones de sus oyentes. Así consigue llegar a ellos con facilidad y puede inculcarles con llaneza, sin complejidades teológicas, la devoción mariana.

Milagro III.

EL SACRISTÁN FORNICARIO

Amigos, si quisiéssedes un pocco esperar,
aun otro miraclo vos qerría contar,
qe por Sancta María dennó Dios demostrar,
de cuya lege[1] *quiso con su boca mamar.*

Un monge beneíto fue en una mongía,
(un monje bendito hubo en un convento)
el logar no lo leo, decir no lo sabría,
qerié de corazón bien a sancta María,
facié a la su statua el enclín cada día.
(hacía a su imagen una reverencia todos los días)

Facié a la su statua el enclín cada día,
fincava los enojos, dicié: «Ave María»;
(se hincaba de rodillas, decía: «Ave María»)
el abbat de la casa dio'l la sacristanía[2]*,*

---

[1] *Lege* = leche.
[2] *Dio'l la sacristanía* = le nombró sacristán.

ca teniélo por cuerdo   e quito de follía.
(pues lo tenía por cuerdo y exento de locura)

El enemigo malo,   de Belzebud vicario,
que siempre fue e éslo   de los buenos contrario,
tanto pudió bullir   el sotil aversario
que corrompió al monge,   fízolo fornicario.

Priso[3] *un uso*[4] *malo   el locco peccador,*
de noche quando era   echado el prior,
issié[5] *por la eglesia   fuera del dormitor,*
corrié el entorpado   a la mala lavor.

Siquier a la exida,   siquier a la entrada,
(tanto al salir como al entrar)
delante del altar   li cadié la passada;
(le tocaba pasar);
el enclín e la Ave   teniéla bien usada,
non se li oblidava   en ninguna vegada.[6]

Corrié un río bono   cerca de la mongía,
aviélo de passar   el monge todavía;[7]
do se vinié el loco   de complir su follía,
cadió e enfogóse   fuera de la freiría.
(cayó y se ahogó fuera del monasterio)

Quando vino la ora   de matines cantar,
non avié sacristano   qe podiesse sonar;
levantáronse todos,   quisqe[8] *de su logar,*
fueron a la eglesia   al fraire despertar.

Abrieron la eglesia   como mejor sopieron,
buscaron al clavero,[9] *trobar no lo podieron;*
buscando sus e yuso[10] *atanto andidieron,*[11]

---

[3] *Priso* = tomó, cogió.
[4] *Uso* = costumbre, hábito.
[5] *Issié* = salía (la terminación *ié* de imperfecto de indicativo, evolucionó después a *ie, ía*).
[6] *Vegada* = vez.
[7] *Todavía* = siempre.
[8] *Quisque* = cada uno.
[9] *Clavero* = el que tiene la llave, el sacristán.
[10] *Sus e yuso* = Arriba y abajo.
[11] *Andidieron* = Anduvieron.

do yazié enfogado, allá lo enfirieron.
(donde yacía ahogado, allá lo encontraron)

Que podrié seer esto, no lo podién asmar,[12]
si·s murió o·l mataron, no lo sabién judgar;
era muy grand la basca[13] *e mayor el pesar,*
ca cadié en mal precio por esto el logar.
(pues caía en mala estimación por esto el lugar)

Mientre yazié en vanno el cuerpo en el río,
digamos de la alma en qual pleito se vío:
vinieron de dïablos por ella grand gentío,
por levarla al váratro,[14] *de deleit bien vazío.*

Mientre qe los dïablos la trayén com a pella,
vidiéronla los ángeles, descendieron a ella,
ficieron los dïablos luego muy grand qerella,
qe suya era quita,[15] *qe se partiessen d'ella.*
(que se alejasen de ella)

Non ovieron los ángeles razón de vozealla,
(razón para defenderla)
ca ovo la fin mala e asín fue sin falla;
(porque tuvo mal final y tuvieron que dejarlo sin duda)

tirar no lis podieron valient una agalla,
(no les pudieron sacar nada que valiese una agalla)
ovieron a partirse tristes de la vatalla.
(tuvieron que marcharse)

Acorrió·l la Gloriosa, reína general,
ca tenién los dïablos mientes a todo mal;
mandólis atender, non osaron fer ál,
(mandóles esperar, que no hicieran otra cosa)
moviólis pletesía firme e muy cabdal.
(les llevó a una discusión firme y muy importante)

Propuso la Gloriosa palabra colorada,
(palabras elocuentes)

[12] *Asmar* = pensar.
[13] *Basca* = angustia, ansiedad.
[14] *Váratro* = precipicio (el infierno).
[15] *Qe suya era quita* = Que se la habían arrebatado.

«Con esta alma, locos,   —diz— non avedes nada;
mientre fue en el cuerpo   fue mi acomendada,
agora prendrié tuerto   por ir desamparada.»
(ahora se habrá equivocado)

De la otra partida   recudió el vozero,
(en nombre de los otros, respondió el portavoz)
un sabidor dïablo,   sotil e muy puntero:[16]
«Madre eres de Fijo,   alcalde derechero,
que no·l plaze la fuerza   nin es end plazentero.
(ni ello le agrada)

Escripto es que el omne   allí do es fallado
o en bien o en mal,   por ello es judgado;
si esti tal decreto   por ti fuere falssado,
(fuere transgredido por ti)
el pleit del Evangelio   todo es descuajado.»

«Fablas —diz la Gloriosa—   a guis de cosa necia,
(neciamente)
non te riepto, ca eres   una cativa bestia;
(no te reto, pues eres una mala bestia)
quando ixió[17] *de casa,   de mí priso licencia,*
del peccado qe fizo   yo·l daré penitencia.

Serié en fervos fuerza   non buena parecencia,
(Estaría feo —por ser la Virgen— forzaros a vos, que sois el diablo)
mas apello a Christo,   a la su audïencia,
el qe es poderoso,   pleno de sapïencia,
de la su boca quiero   oír esta sentencia.»

El Reï de los Cielos,   alcalde savidor,
partió[18] *esta contienda,   non vidiestes mejor:*
mandó tornar la alma   al cuerpo el Sennor,
dessent qual mereciesse,   recibrié tal onor.
(después, según lo que mereciese, recibiría el honor adecuado)

Estava el conviento   triste e desarrado,[19]
por esti mal exiemplo   que lis era uviado;[20]

---

[16] *Puntero* = agudo, ingenioso.
[17] *Ixió* = salió.
[18] *Partió* = resolvió, acabó.
[19] *Desarrado* = desconsolado.
[20] *Lis era uviado* = les había ocurrido.

resuscitó el fraire qe era ya passado,
espantáronse todos ca era aguisado.
(porque estaba en buen estado)

Fablólis el buen omne, díssolis: «Companneros,
muerto fui e so vivo, d'esto seet / certeros,
grado[21] *a la Gloriosa qe salva sos obreros,*
que me libró de manos de los malos guerreros.»

Contólis por su lengua toda la ledanía,[22]
qé dizién los diablos e qé sancta María;
(qué decían los diablos, y qué Santa María)
cómo lo quitó ella de su podestadía,
(cómo lo apartó ella del poder de los diablos)
si por ella non fuesse, serié en negro día.[23]

Rendieron a Dios gracias de buena boluntat,
a la santa reína madre de pïadat,
qe fizo tal miraclo por su benignidat,
por qui está más firme toda la christiandat.

Confessóse el monge e fizo penitencia,
mejoróse de toda su mala contenencia,
sirvió a la Gloriosa mientre ovo potencia,
finó quando Dios quiso sin mala repindencia,[24]
requiescat in pace cum divina clemencia.

Muchos tales miraclos e muchos más granados
fizo sancta María sobre sos aclamados;
non serién los millésimos por nul omne contados,
mas de lo qe sopiéremos, seed nuestros pagados.[25]

---

[21] *Grado* = agradezco.
[22] *Ledanía* = letanía, retahíla.
[23] *En negro día* = en la oscuridad, en la desgracia.
[24] *Finó* = murió; *repindencia* = arrepentimiento.
[25] *Seed nuestros pagados* = fiaos de nosotros, estad seguros de que os los contaremos.

Nota: Para la elaboración del texto se ha tomado como base la edición de Brian Tutton, Támesis Book Ld., London, 1971.

PUNTOS DE REFLEXIÓN

a) Desde el punto de vista estilístico, el lenguaje del Mester de Clerecía es más selecto y rico que el de Juglaría. Berceo, en este Milagro, utiliza un léxico muy variado. Puede comprobarse observando todos los adjetivos con los que se refiere al fraile pecador. Igualmente lo observamos en el empleo de palabras y frases del habla familiar (por ejemplo, el prior *era hechado,* 'estaba acostado, echado'; era muy gran *la basca,* 'la furia, la ansiedad', etc.), junto a otras de origen culto; en la sinominia *(cuerdo = quito de follia);* etc.

b) A pesar de pertenecer a la escuela del Mester de Clerecía, Berceo no es un poeta demasiado retórico, pero, dentro de la sencillez del conjunto de su obra, encontraremos algunos rasgos de retoricismo. Por ejemplo, el uso de estrofas encadenadas (la 2.ª y la 3.ª), la antonimia (siquier a la *exida,* siquier a la *entrada*), contraposiciones (el enemigo *malo,* de los *buenos* contrarios), comparaciones (la traien *com a pella,* 'como una pelota'), etc.

c) El estado de lengua que presenta el texto es aún primitivo. Pensemos que es la primera vez que un autor culto emplea el castellano.

d) Los poetas contemporáneos han seguido valorando nuestra literatura medieval. Como ejemplo, podemos presentar este poema que Antonio Machado dedicó a Berceo.

MIS POETAS

El primero es Gonzalo de Berceo llamado,
Gonzalo de Berceo, poeta y peregrino,
que yendo en romería acaeció en un prado,
y a quien los sabios pintan copiando un pergamino.
Trovó a Santo Domingo, trovó a Santa María,
y a San Millán, y a San Lorenzo y a Santa Oria.
Y dijo: mi dictado non es de juglaría,
escrito lo tenemos, es verdadera historia.

Su verso es dulce y grave; monótonas hileras
de chopos invernales en donde nada brilla,
renglones como surcos en pardas sementeras,
y lejos, las montañas azules de Castilla.
Él nos cuenta el repaire del romeo cansado;
leyendo en santorales y libros de oración,
copiando historias viejas, nos dice su dictado,
mientras le sale afuera la luz del corazón

(Antonio Machado, *Campos de Castilla.*)

B) EL MESTER DE CLERECÍA DURANTE EL SIGLO XIV: EL ARCIPRESTE DE HITA

I. INTRODUCCIÓN

Tras el período de calma que supuso el siglo XIII, se produce en el siglo XIV una profunda crisis social y económica. Las sangrientas luchas nobiliarias (en las que se enfrentaban el poder de los grandes señores feudales y el poder real), las epidemias de peste que asolaron Castilla y la consecuente despoblación en los campos producen la pobreza y la miseria.

Sin embargo, la expansión cultural iniciada en el siglo anterior aumenta considerablemente durante esta centuria gracias a una serie de factores:

—labor educativa de la Iglesia; creación de nuevas escuelas y Universidades;

—la burguesía se va afianzando como clase social (artesanos, comerciantes y mercaderes, etc.), y con ello se produce un aumento en la demanda de literatura;

—la importante labor cultural de Alfonso X el Sabio da lugar a que una serie de obras científicas y de entretenimiento, una vez traducidas a la lengua romance, se pongan al alcance de un mayor número de lectores.

En cuanto a la creación literaria, podemos señalar varios fenómenos muy significativos:

- Decadencia del Mester de Clerecía. Ya no se respetan sus normas ni su estilo. Los escritores son innovadores.
- Decadencia de la épica (los ideales caballerescos desaparecen en este siglo, dando paso a un sentido práctico de la vida y a una búsqueda de goces y placeres terrenos) y comienzo del Romancero.
- Surgen relevantes personalidades literarias:

  —el Arcipresta de Hita;
  —el infante don Juan Manuel;
  —el Canciller Ayala; y
  —el rabino Sem Tob,

  muchas de las cuales no pertenecen ya a la clerecía.

En la literatura de este siglo advertimos una profunda crisis de la ideología medieval: como decíamos en su momento, el hombre medieval tenía una visión del mundo totalmente teocéntrica; esta vida era un «valle de lágrimas» al que la muerte daría fin. La verdadera felicidad sólo se conseguiría en la vida eterna. Pero, paulatinamente, observamos una mayor valoración de los placeres de la vida terrena, el ansia de gozar hace temer la llegada de la muerte, cuyo sentido va cambiando profundamente.

Así, el teocentrismo medieval va siendo sustituido por un humanismo incipiente, que alcanzará su plenitud en el siglo XV y en el Renacimiento.

El ideal de vida de esa, cada vez más pujante, clase social (la burguesía) no es ya el heroísmo guerrero o el honor que veíamos exaltados en el *Poema de Mio Cid,* ni la renuncia a los placeres mundanos que los clérigos predicaban, sino el bienestar material y los goces y placeres del mundo terreno. Su visión de la vida es, pues, mucho más realista y práctica.

A esta ideología más burguesa parece responder el *Libro de Buen Amor,* cuyo autor «refleja un espíritu lleno de apetencias vitales y de inagotable humorismo» (Rafael Lapesa).

II. LECTURAS REFLEXIVAS

El «Libro de Buen Amor», del Arcipreste de Hita

Juan Ruiz, Arcipreste de Hita, es uno de los más importantes poetas de la literatura europea medieval. Su única obra, de gran variedad temática y formal, es el *Libro de Buen Amor.*

A través de las lecturas reflexivas que vamos a realizar, podremos descubrir las cualidades de su obra. En ella se manifiesta, en diversos aspectos, la sociedad a la que pertenece este gran escritor.

Primera. *Disputa entre un griego y un romano*

Durante toda la Edad Media, la literatura tiene un carácter didáctico. Por eso no nos extraña que en el comienzo del *Libro,* después de una oración a Dios que sirve de introducción, diga Juan Ruiz que ha escrito su obra para mostrar las *«maneras e maestrías e sotilezas engañosas del loco amor del mundo, que usan algunos para pecar* [...] *e desecharán e aborrescerán las maneras e maestrías malas del loco amor, que faze perder las almas e caer en saña de Dios, apocando la vida e dando mala fama e deshonrra e muchos daños a los cuerpos.»*

Pero no podemos fiarnos sin más de esa aparente intención moralizadora, pues inmediatamente después sigue diciendo: *«Enpero, porque es umanal cosa el pecar, si algunos (lo que non los conssejo) quisieran usar del loco amor, aquí fallarán algunas maneras para ello.»* Este tono desenfadado y jocoso es general en toda la obra, que se nos presenta como una sátira caricaturesca, llena de ironía y humor, de la sociedad de su época. Lo podemos observar en este mismo texto, en el hecho de aplicar lo sagrado (en este caso, la mención de la Trinidad) a lo pagano (aquí, los griegos y romanos, pueblos no cristianos). Con ello se consigue la caricatura.

Esto es muy importante porque supone un cambio respecto a la centuria anterior: los ideales religiosos y morales no son ya el centro de la actividad literaria. Por otra parte, en esa ironía del doble sentido del *Libro* subyace, quizá, una actitud de amargura en el autor, o, al menos, de inseguridad.

Tras el prólogo de carácter misceláneo, Juan Ruiz pone un ejemplo que ha de servir, según el propio autor, para la interpretación correcta de su libro: la «Disputa entre un griego y un romano». Esto de utilizar ejemplos («enxiemplos») para apoyar una determinada tesis era muy frecuente en la Edad Media. El que estamos citando trata de que los romanos, que no tenían leyes, fueron a pedírselas a los griegos. Estos les propusieron una *disputa* (un debate o discusión; una especie de concurso dialéctico), para ver si las merecían. Se elige un griego y un romano para la disputa. Este último contesta satisfactoriamente a las señales mímicas del griego, con lo cual los griegos se convencen de que sus vecinos son dignos de recibir las leyes que les han pedido.

El hecho de citar a estos dos pueblos, griegos y romanos, supone un rasgo de saber culto en Juan Ruiz; el introducir en las obras elementos procedentes de la cultura clásica tenía gran prestigio en la Edad Media. En el *Libro,* en conjunto, alternan estos elementos cultos con otros de tipo popular, o incluso juglaresco.

Obsérvese el fino *humor* del Arcipreste: las señales del griego (el sabio) son mal interpretadas por el romano (el necio), pero, al fin y al cabo, éste consigue llevar a buen fin la disputa y convencer a su oponente. El autor, con ello, nos avisa de la *ambigüedad* intencionada de su Libro. Nos quiere decir que los sabios y los necios pueden tener razón al interpretar su obra, pues ésta admite todas las interpretaciones.

El enxiemplo termina con una moraleja: el refrán de la vieja ingeniosa *(fardida)* que quiere decir que las palabras pueden significar una cosa u otra, según se tomen. Después, el autor aplica este refrán a su obra, y se jacta de que, pese a lo difícil que es decir encubiertamente y con gracia lo feo y lo malo (estrofa 11, último verso), él sí es capaz de hacerlo. Insiste, así, en cómo debe entenderse su Libro.

En el mismo sentido de doble intención se encuentra la burla de los últimos versos (estrofa 10): «si entiendes bien mi libro, conseguirás una mujer hermosa».

Aquí Juan Ruiz utiliza un género muy del gusto medieval: la disputa. Es uno de los muchos subgéneros literarios utilizados en esta obra (que contiene lírica, épica, dramática), lo cual le da gran variedad formal.

DISPUTA ENTRE UN GRIEGO Y UN ROMANO

1 Levantóse el griego, sosegado, de vagar[1]
E mostró sólo un dedo, qu' está çerca el pulgar;
Luego se assentó en ese mismo lugar;
Levantóse el rribaldo[2]*, bravo, de malpagar*[3]*.*
2 Mostró luego tres dedos fasta el griego tendidos,
El pulgar é otros dos, que con él son contenidos
En manera de arpón, los otros dos encogidos
Assentóse el neçio, catando[4] *sus vestidos.*
3 Levantóse el griego, tendió la palma llana,
E assentóse luego con su memoria sana:
Levantóse el bellaco[5] *con fantasía vana,*
Mostró puño çerrado: de porfía a gana.
4 A todos los de Greçia dixo el sabio griego:
"Meresçen los rromanos las leys, non gelas niego".
Levantáronse todos en paz é en sosiego:
Grand onrra ovo Rroma por un vil andariego[6]*.*
5 Preguntaron al griego qué fué lo que dixiera
Por señas al rromano é qué le rrespondiera.
Diz': "Yo dixe qu' es un Dios; el rromano dixo qu'era.
"Uno en tres personas, é tal señal feziera.

---

[1] de vagar = tranquilo.
[2] rribaldo = rival.
[3] de malpagar = de malas pulgas.
[4] catando = mirando.
[5] el vellaco = palurdo
[6] el andariego: se refiere al romano que se enfrenta con el griego.

6 *"Yo dixe que era todo á la su voluntad;*
"Respondió qu'en su poder lo teni' e diz' verdad.
"Desque vi que entendían é creyen la Trinidad,
"Entendí que meresçíen de leyes çertenidad".
7 *Preguntaron al vellaco quál fuera su antojo*[7].
"Dixom' que con su dedo me quebraría el ojo:
"Desto ove grand pesar é tomé gran enojo.
"Rrespondile con saña, con yra é con cordojo[8]
"Qué yo le quebraría, ante todas las gentes,
8 *"Con dos dedos los ojos, con el pulgar los dientes.*
"Díxome empós esto[9] *que le parase mientes*[10],
"Que m' daría gran palmada en los oydos rretenientes.
9 *"Yo le respondí que l' daría tal puñada,*
"Que en tiempo de su vida nunca le viés' vengada.
"Desque vio la pelea tan mal aparejada,
"Dexó de amenazar do non le preçian nada".
10 *Por esto diz' la pastraña de la vieja fardida*[11]:
"Non há mala palabra, si non es á mal tenida";
Verás que bien es dicha, si bien fues' entendida:
Entiende bien mi libro: avrás dueña garrida[12].
11 *La bulrra*[13] *que oyeres, non la tengas por vil;*
La manera del libro entiéndela sotil:
Saber el mal, desir bien, encobierto, doñeguil
Tú non fallarás uno de trobadores mill.

Segunda. *De cómo fue fablar con doña Endrina el Arcipreste*

Ya hemos aludido a la gran *variedad* de esta obra, tanto en la *forma* (diversos géneros literarios, distintas estrofas, etc.), como en *los temas.* Precisamente la diversidad y los contrastes internos son sus características más notables: junto a temas religiosos o ascéticos, o conmo-

[7] su antojo = su modo de entender las señas del contrario.
[8] cordojo = indignación.
[9] enpós esto = tras esto.
[10] parar mientes = atender, prestar atención.
[11] fardida = ingeniosa.
[12] dueña garrida = mujer hermosa.
[13] bulrra = burla.

vedoras composiciones a la Virgen, hay relatos amorosos, burlescos y satíricos en los que se desborda la alegría de vivir. Incluso en este último aspecto notamos contrastes, pues hay fragmentos en los que el autor deja traslucir su dolor, e incluso su desesperación ante la *Muerte,* con una angustiada expresión que creemos muy cercana a la de los hombres de nuestra época.

El *Libro de Buen Amor* está escrito en forma autobiográfica: Juan Ruiz cuenta una serie de aventuras amorosas que, supuestamente, le ocurren como protagonista. Este es el único elemento que da cierta unidad al *Libro.* Los apólogos, cantos, himnos, etc., se van intercalando como veremos en el texto del comentario.

En el fragmento narrativo que ofrecemos, Juan Ruiz nos cuenta cómo conoció a la joven viuda doña Endrina. En la escena se pone de manifiesto la capacidad de observación del Arcipreste. Obśervense los sabrosos detalles que nos da sobre el ambiente de la plaza y sobre las circunstancias de la entrevista.

Advertimos así que es un autor de gran agudeza para captar la realidad. Téngase en cuenta que el *realismo* es una corriente muy importante de la literatura española. A partir ya del *Poema del Cid,* lo encontramos en nuestras obras más significativas, en muchas de ellas, esto también es cierto, alternando con la corriente idealista (como en *La Celestina, El Quijote,* etc.).

Una innovación importante que observamos en este fragmento es que se hace una descripción, no idealizadora, del cuerpo humano. Es decir, se describe a una mujer cualquiera, bella y atractiva, sí, pero de carne y hueso. No ya la 'mujer ideal' que hasta entonces había podido aparecer en la literatura.

Esto es significativo porque refleja el humanismo característico del siglo XIV: interesa *el hombre* —o la mujer— tal como es; interesa el amor humano, los deseos eróticos, los jugueteos del enamoramiento. En ese sentido, el realismo del *Libro de Buen Amor* tiene un matiz innovador también respecto a las obras anteriores.

En el aspecto lingüístico, además de la riqueza de vocabulario que es una valiosa cualidad de Juan Ruiz, tenemos que notar el uso, por primera vez en nuestra literatura, del *diálogo.* Este elemento presta a la narración una gran animación y vivacidad, a la vez que permite la incorporación de un lenguaje popular lleno de frescura y espontaneidad.

En este sentido, el *Libro de Buen Amor* es antecedente de *La Celestina* (siglo XV), en la cual observaremos la misma alternancia de lenguaje popular y lenguaje culto.

AQUÍ DIZE DE CÓMO FUE FABLAR CON DOÑA ENDRINA EL ARCIPRESTE

¡Ay!, ¡quán fermosa viene doñ'Endrina por la plaça!
¡Qué talle, qué donaire, qué alto cuello de garça!
¡Qué cabellos, qué boquilla, qué color, qué buenandança!
Con saetas d'amor fiere, quando los sus ojos alça.
Pero tal lugar no era para fablar en amores:
a mí luego[1] me vinieron muchos miedos e temblores,
los mis pies e las mis manos non eran de sí señores:
perdí seso, perdí fuerça, mudáronse mis colores.
Unas palabras tenía pensadas por le dezir;
el miedo de las compañas[2] me façen al departir.
Apenas me conosçía nin sabía por do ir,
con mi voluntad mis dichos non se podían seguir[3].
Fablar con muger en plaça es cosa muy descubierta:
a veces mal atado el perro tras la puerta.
Bueno es jugar fermoso, echar alguna cobierta[4]:
ado es[5] lugar seguro, es bien fablar, cosa cierta.
«—Señora, la mi sobrina, que en Toledo seía[6],

---

[1] luego = en el momento, en seguida.

[2] compañas = la gente que había en la plaza, que le hacen olvidar las palabras que tenía pensadas.

[3] con mi voluntad..., etc. = significa este verso que ese miedo a la gente le hacía decir cosas que no tenían nada que ver con lo que él quería decirle realmente.

[4] cobierta = disimulo.

[5] Ado es... = este verso significa que donde hay un lugar seguro, hay un bien hablar, esto es lo cierto, es decir, que se habla más tranquilamente.

[6] seía = estaba.

se vos encomienda mucho, mil saludos vos envía,
si oviese lugar e tiempo, por quanto de vos oía,
deseavos mucho ver e conoçervos querría.
Querían mis parientes casarme esta saçon[7]
con una donçella rica, fija de don Pepión;
a todos di por respuesta que la non quería, non;
¡De aquella será mi cuerpo, que tiene mi coraçón!»
Abaxé más la palabra, dixel'[8] *qu'en juego fablava;*
porque tod'aquella gente de la plaça nos miraba;
desde vi que eran idos[9], *que ome y non fincaba*[10],
començel' dezir mi quexa del amor, que m'afincaba.
«En el mundo non es cosa, que yo am' a par de vos;
tiempo es ya pasado de los años más de dos,
que por vuestr'amor me pena: ámovos más que a Dios.
Non oso poner persona, que lo fable entre nos
con la gran pena que paso, vengo vos desir mi quexa:
vuestro amor e deseo, que m'afinca e m'aquexa.
non me tira, non me parte, non me suelta, non me dexa:
tanto me da la muerte, quanto más se me alexa.
Reçelo que non oídes esto que vos he fablado:
fablar mucho con el sordo es mal seso, mal recabdo;
creet que vos amo tanto, que non é[11] *mayor cuidado:*
esto sobre todas cosas me trae más afincado.
Señora, yo non me atrevo a desirvos más rasones,
fasta que me respondades a estos pocos sermones;
desitme vuestro talante, veremos los coraçones.»
Ella dixo: «Vuestros dichos non los preçio dos piñones.
Bien así engañan muchos a otras muchas Endrinas:
El ome es engañoso e engaña sus vesinas;
non cuidedes que so loca por oir vuestras parlinas;
buscat a quien engañedes con vuestras falsas espinas.»

---

[7] saçon = circunstancia.
[8] dixel' = le dije.
[9] eran idos = se habían ido.
[10] que ome y non fincaba = que allí no quedaba nadie.
[11] non é = no tengo (mayor preocupación).

III. COMENTARIO DE TEXTOS

A. *PRESENTACIÓN*

Las traducciones y elaboraciones españolas que se hacen en la corte de Alfonso X el Sabio de cuentos y fábulas orientales enriquecen la tradición de apólogos griegos y romanos existente hasta entonces en la Europa medieval. El Arcipreste toma algunas de estas fábulas, tan conocidas en la época, y las reelabora con gran originalidad, infundiéndoles nueva vida y atractivo con su fuerte personalidad.

Este subgénero literario de la fábula pertenece como es obvio a la literatura didáctica. Una vez más, observemos la preocupación didáctica de Juan Ruiz. Pero adviértase que no se trata de enseñar ideales ascéticos o religiosos, sino que, tanto en los textos anteriores como en éste, objeto del comentario de textos, se trata de enseñanzas prácticas. Una vez más se nos dice maliciosamente: no os dejéis engañar...

Vamos a leer una de estas fábulas: el «enxiemplo de la raposa e del cuervo». Ofrecemos las estrofas inmediatamente anteriores y posteriores para que pueda apreciarse cómo se inserta el apólogo en el hilo narrativo general del *Libro*.

En esta ocasión, Juan Ruiz encarga a la «mensajera» Trotaconventos que consiga para él el amor de la monja doña Garoza. Trotaconventos intenta convencer a la joven; en el diálogo, sabrosísimo, entre las dos mujeres, se intercalan, en boca de las mismas, una serie de apólogos o enxiemplos que una y otra utilizan en la discusión. Hemos elegido uno de los que cuenta la monja, después de decir estas palabras llenas de desconfianza con las que responde a la vieja alcahueta:

Estas buenas palabras, estos dulçes falagos[1]
Non querría que fuesen a mí fiel e amargos

[1] falagos = los halagos que la vieja Trotaconventos le acaba de hacer a doña Garoza.

Como fueron al cuervo los dichos e encargos
De la falsa gulfara[2] *con sus males trasfagos*[3].

B. *TEXTO*

ENXIEMPLO DE LA RAPOSA E DEL CUERVO

1 *"La marfusa un día con la fanbre andava;*
''Vido al cuervo negro qu' en un árbol estaba:
''Grand pedaço de queso en la boca llevava;
''Ella con su lysongia también lo falagava;
2 *'';O, cuervo tan apuesto! de çisne eres pariente*
''En blancura é en dono[4]*, fermoso, rrelusiente;*
''Más que todas las aves cantas muy dulçemente:
''Sy un cantar dixeses, diría por él veynte.
3 *''Mijor que la calandria nin que el papagayo,*
''Mijor gritas que tordo nin rruysynor nin gayo:
''Si agora cantasses, tod' el pesar que trayo
''Me tyrarías en punto[5]*, más que con otro ensayo''*[6].
4 *''Bien se cuydó*[7] *el cuervo que el su grojear*
'Plasíe á tod' el mundo, más que otro cantar:
''Creyó que la su lengua é su mucho gasnar[8]
''Alegrava las gentes, más que otro juglar.
5 *''Començó á cantar, la su boz á erçer*[9]*:*
''El queso de la boca óvosele á caer;
''La gulpeja en punto se lo fué á comer:
''El cuervo con el daño ovo d'entristeçer.
6 *''Falsa onrra é vana gloria é riso*[10] *falso*
''Dan pessar é tristeza é dapño syn traspaso[11]*;*

---

[2] gulfara = raposa
[3] trasfagos = tratos, líos.
[4] dono = donaire, gracia.
[5] en punto = al punto, al instante.
[6] ensayo = empeño, actividad.
[7] cuydó = creyó.
[8] gasnar = graznar.
[9] erçer = alzar.
[10] riso = risa, sonrisa.
[11] traspaso = sin cesar.

''Muchos cuydan que guarda viñadero el paso,
''E es la magadana[12]*, qu' está en el cadahalso*[13]*.*
7 *''Non es cosa segura creer dulçe lisonja:*
''D' aqueste dulçor suele venir amarga lonja;
''Pecar en tal manera non conviene á monja,
''Rreligiosa non casta es podrida toronja''[14]*.*
8 *"Señora", diz 'la vieja', "este miedo non tomedes:*
''El ome, que vos ama, nunca lo esquivedes:
''Todas las otras temen eso que vos temedes,
"El miedo de las liebres las monjas le tenedes.

C. *COMENTARIO*

1. **Género**

a) Las fábulas o apólogos son un subgénero literario. Pertenecen al género épico-narrativo y tienen una serie de características que vemos a continuación:

- La mayoría de los apólogos tienen como protagonistas a animales, que hablan y se comportan cómo personas. Aquí los protagonistas tienen un sentido alegórico que se puede observar a lo largo del relato y en la «moraleja».
- Estos apólogos o fábulas terminan siempre con una «moraleja» o enseñanza que se deriva de su contenido. La moraleja del enxiemplo del Arcipreste está, efectivamente, en la estrofa 7.ª.

b) El tema del apólogo está tomado de la tradición culta. Esto es lógico en un autor como Juan Ruiz, que pertenece al Mester de Clerecía, escuela literaria que, como sabemos, se preciaba de su sabiduría y erudición, de su carácter *culto,* frente al *popularismo* de los juglares.

---

[12] magadana = engaño.

[13] cadahalso = tablado alto, como el que se hacía para ver torneos y fiestas, y para ahorcar al ajusticiado. Desde ahí se vigilan —aún hoy— las viñas.

[14] toronja = pomelo.

Nota: Los textos y notas del Arcipreste de Hita proceden de la edición de Julio Cejador y Franca, Madrid, Espasa-Calpe, 1º.ª ed., 1967.

2. Contenido

a) El didactismo es un rasgo típico de la literatura medieval. También la intención del Arcipreste resulta moralizadora, como acabamos de ver, al menos aparentemente.

b) Pero al ver la utilización del apólogo en esta situación determinada, advertimos la verdadera intención del autor, teniendo en cuenta para qué le cuenta la monja doña Garoza esta fábula a Trotaconventos. Ahora ya no está tan clara su intención de «moralizar».

c) Los animales enumerados por la zorra han sido seleccionados en razón de sus cualidades representativas. Obsérvese la inteligente selección que realiza este astuto animal a la hora de halagar al cuervo.

d) Por medio de las figuras de la marfusa y el cuervo se están denunciando, respectivamente, dos defectos concretos: la adulación y la vanidad.

e) La monja, sin embargo, se sirve del apólogo para aludir después a un pecado distinto y que le concierne personalmente en esta situación: la lujuria. A través de las lisonjas del amante, la mujer halagada puede «caer» en ese pecado. Obsérvese, igualmente, la astuta respuesta de la vieja alcahueta.

f) *Estructura.* La disposición del texto responde al orden lineal que sigue, en general, toda narración: *situación-presentación* (1.ª estrofa), *nudo* (diálogo de los dos protagonistas de la fábula; estrofas 2.ª a 5.ª) y *desenlace* (los consejos en forma de moralejas de las estrofas 6 y 7 y las palabras finales de Trotaconventos a doña Garoza; estrofa 8.ª).

3. Técnica y estilo

a) La formación escolar de Juan Ruiz se nota claramente en la técnica y el estilo: utiliza frecuentemente recursos literarios que requieren cuidada elaboración. Muchos de estos recursos son comunes a otros autores cultos de la época. Los escritores del Mester de Clerecía se mostraban orgullosos de utilizarlos, pues así demostraban sus conocimientos literarios.

He aquí algunos de estos rasgos cultos:

—Uso de la *cuaderna vía* (en otros fragmentos del *Libro* se utilizan estrofas populares).
—Uso de figuras retóricas: hipérbole, personificación, metonimia, etc.; el uso que de ellas hace el autor está en función de su intención expresiva.
—Epítetos: Inmediatamente advertimos el sentido que tiene el que, los que se refieren al cuervo, sean tan numerosos. Al final conseguirán el efecto halagador que perseguían.

b) Muy frecuente en este autor es el uso de *paralelismos* (lo cual denota también su dominio de la técnica literaria). En la moraleja, la construcción es muy cuidada: hay un paralelismo perfecto entre los sustantivos del verso primero (que están acompañados, cada uno, de un adjetivo) y los del segundo. El valor expresivo de tales sustantivos y adjetivos queda realzado, así como toda la estrofa; con ello, la moraleja queda destacada.

c) En la estrofa 7, el paralelismo es cruzado (quiasmo):

«Non es cosa segura creer *dulce* lisonja
de aqueste *dulçor* suele venir amarga lonja.»

También hay un cruce o quiasmo en los otros dos versos de la misma estrofa. Estos procedimientos dan variedad a la narración y aumentan la expresividad.

d) El empleo de *sinónimos* es muy frecuente en todo el *Libro*. Este frecuente uso de la sinonimia supone también un alarde culto, pero, sobre todo, es una muestra más del dominio del lenguaje que tiene Juan Ruiz. Con ello consigue una mayor expresividad, y añade al texto viveza, dinamismo. Si sustituyésemos todos los sinónimos que se usan para nombrar a la zorra por uno de ellos, observaríamos la diferencia: el texto resultaría pesado, falto de vida; así ocurre con otros ejemplos de sinónimos en el texto.

e) Uno de los verbos con que se refiere al canto del cuervo es, justamente, *cantar,* pero utiliza otros más. La intención expresiva (peyorativa, ennoblecedora, irónica...) de cada uno de ellos, se consigue perfectamente en cada caso.

f) *La ironía* es precisamente uno de los rasgos más característicos del *Libro.* Por ejemplo, cuando la zorra dice que el cantar del cuervo acabaría con «todo el pesar que traigo». Esta ironía, basada en el doble sentido, se encuentra igualmente en otros momentos de la narración.

g) El evidente *humor* de esta fábula no se deriva de la situación, sino que está conseguido a través del uso de determinadas palabras. En ejemplos concretos del texto se puede comprobar claramente.

4. **La lengua**

La lengua del Arcipreste de Hita supone una gran aportación al castellano desde el punto de vista literario. En su obra podemos señalar como más significativas las siguientes características lingüísticas:

—En el plano fonético, la lengua de Juan Ruiz responde al sistema fonético y fonológico del español medieval.

—En el plano morfosintáctico, presta a la frase medieval la jugosidad y agilidad necesarias para futuros logros estéticos.

—En el plano léxico-semántico, es de destacar la riqueza de vocabulario, la introducción de modismos y refranes, la especial expresividad del léxico seleccionado, etc.

5. **Actitud crítica**

a) Obsérvese la pericia con que quedan caracterizados los dos personajes que dialogan en este texto (nos referimos a la monja y a la vieja). Los rasgos definidores de cada una de ellas, van surgiendo precisamente del enfrentamiento entre ambas.

b) Podemos hacer una comparación entre la aparición de animales en la literatura medieval y en el arte románico (recordemos la profusión de animales en los relieves de los capiteles románicos). Ambos fenómenos responden a la importancia del didactismo en la ideología medieval.

e) Tras un largo debate con la vieja, la monja doña Garoza acaba por acceder a los deseos de Juan Ruiz, el galanteador. Poco después, muere. La muerte de la monja puede darnos luz sobre la intención del autor del *Libro de Buen Amor.*

IV. RECAPITULACIÓN

1. *El Mester de Clerecía.*

—Características de la Escuela.
—Entronque en la época a que pertenece como ejemplo de la expansión cultural producida en el siglo XIII.

2. *Gonzalo de Berceo,* juglar y poeta culto.

—Significación de su obra en la historia de la literatura española.
—*Los Milagros de Nuestra Señora* en la tradición literaria europea y castellana.

3. *Decadencia del Mester de Clerecía en el siglo XIV:* Surgimiento de grandes personalidades literarias que siguen caminos estéticos originales e individuales: El Arcipreste de Hita.

4. *Juan Ruiz, Arcipreste de Hita,* como hombre de su tiempo. Huellas en su obra de la ideología de la sociedad a la que pertenece.

—Sentido e intención del *Libro de Buen Amor.*
—Estructura de la obra: variedad formal y temática.
—La técnica y el estilo de Juan Ruiz.
—Contrastes de contenido en la obra.
—Juan Ruiz, juglar y poeta culto. Carácter popular de su obra.
—La lengua castellana durante los siglos XIII y XIV.

V. BIBLIOGRAFÍA BÁSICA

Ediciones

Gonzalo de Berceo. *Los Milagros de Nuestra Señora.*
Edición de Antonio Narbona, Madrid, Alce, 1979 (en prensa).
Edición de A. García Solalinde, Espasa-Calpe (Clásicos Castellanos), Madrid, 1922.
Edición de Daniel Devoto, versión modernizada. Colección «Odres Nuevos», Valencia, 1957.
Obras completas, edición de la Excma. Diputación de Logroño. Logroño, 1971.

Arcipreste de Hita. *Libro de Buen Amor.* Edición de Julio Cejador y Frauca, Madrid, Espasa-Calpe (Clásicos Castellanos), 1913.
Edición de Manuel Criado de Val y E. W. Waylor. Madrid, 1965.
Edición de María Brey Mariño, versión modernizada. Colección «Odres Nuevos», Valencia, 1954.

Estudios

Además de los prólogos de las ediciones anteriormente citadas, pueden consultarse:

ARTILES, J.: *Los recursos literarios de Berceo.* Madrid, Gredos, 1964.

GARIANO, Carmelo: *Análisis estilístico de los Milagros de Nuestra Señora de Berceo.* Madrid, Gredos, 1965; y *El mundo poético de Juan Ruiz,* Madrid, 1968.

LIDA DE MALKIEL, María Rosa: *Dos obras maestras españolas. El Libro de Buen Amor y La Celestina.* Buenos Aires, Eudeba, 1966.
MENÉNDEZ PIDAL, Gonzalo: «El Arcipreste de Hita», en *Historia General de las Literaturas hispánicas,* I., Barcelona, Vergara, 1949.

V. LA PROSA MEDIEVAL:
—ALFONSO X EL SABIO
—DON JUAN MANUEL
—ARCIPRESTE DE TALAVERA

I. INTRODUCCION

Hasta el siglo XIII, el romance castellano era una lengua reducida al uso oral, pues para los documentos escritos (notariales, legislativos, de compraventa, etc.) y para la expresión literaria culta, filosófica, etc., se utilizaba el latín exclusivamente. Efectivamente, la lengua latina era el único vehículo de la cultura de la época, con el prestigio, además, que le prestaba el ser la lengua de la liturgia y de la Iglesia.

La literatura castellana, como ya sabemos, era de transmisión oral (lírica tradicional, cantares de gesta...) y de carácter popular.

Los poetas cultos de la corte castellana preferían usar la lengua gallego-portuguesa, que había alcanzado en estos momentos una gran brillantez. El propio rey Alfonso el Sabio de Castilla escribió en gallego sus obras poéticas, entre las que destacan las *Cantigas*, dedicadas a la Virgen María.

Como únicos ejemplares de prosa castellana tenemos, a finales del siglo XII y comienzos del XIII, algunas crónicas navarro-aragonesas y castellanas, una obra didáctico-doctrinal *(Disputa del cristiano y el judío),* la versión castellana de la historia gótica latina del arzobispo Jiménez de Rada, traducciones de la Biblia, etc. Ninguno de ellos tiene intención literaria y son muy pobres aún desde el punto de vista lingüístico.

Por eso, se le considera al rey Alfonso X como el verdadero creador de la prosa castellana.

La España musulmana de entonces tenía un nivel cultural mucho más elevado que sus atrasados vecinos cristianos, y había conservado obras hindúes, persas y grecolatinas que de otro modo se habrían perdido tras la caída del Imperio Romano.

En la Escuela de Traductores de Toledo, creada en el siglo XII por el arzobispo de aquella ciudad, se tradujeron algunas obras árabes al latín. Pues bien, el rey Sabio, al siglo siguiente, impulsa y da nuevo vigor a esta Escuela con la realización de una gran empresa lingüística y cultural: recopilar y traducir, ahora al *castellano,* todas esas obras científicas y culturales árabes y hebreas. Cristianos, moros y judíos (estos últimos conocían bien el árabe) le ayudaron en ello.

Esta labor del rey Alfonso tiene una importancia capital en la historia de la lengua castellana, pues en este momento comienza a ser usada con toda dignidad como medio de expresión de la ciencia y de la cultura, en sustitución del latín.

En el siglo XIV, don Juan Manuel, sobrino de Alfonso X, dotará en sus obras en prosa a la lengua castellana de nuevas posibilidades expresivas.

Durante el siglo XV, el castellano se convierte en un instrumento literario dúctil y maleable en la pluma de don Alfonso Martínez de Toledo, Arcipreste de Talavera, que en su obra en prosa conocida como *El Corbacho* recogerá con maestría y expresividad el lenguaje popular y el lenguaje culto de Castilla.

Así podemos comprender mejor que, a finales de ese mismo siglo, se produzca ya una obra maestra de la literatura española, *La Celestina,* de Fernando de Rojas, en cuya prosa culminará con extraordinaria brillantez el proceso de la creación de la prosa castellana comenzado en el siglo XIII por el rey Sabio.

En las lecturas reflexivas que a continuación presentamos, veremos un ejemplo de la prosa elaborada por los tres escritores citados.

II. LECTURAS REFLEXIVAS

Primera. *Alfonso X el Sabio, creador de la prosa castellana*

El rey Alfonso X (1221-1284) realiza una verdadera revolución lingüística al usar el castellano en lugar del latín para obras científicas y culturales.

Su fuerte nacionalismo parece ser lo que le movió a ello; ya antes de acometer su gran empresa cultural, usaba el castellano (única lengua común a las tres razas de su reino) en la Corte, en la Cancillería y para cualquier documento que tuviera que dirigir a sus súbditos.

Así comprendemos el entusiasmo con que sometió a la lengua castellana, que no disponía ni del vocabulario científico ni de la flexibilidad sintáctica necesaria, al gran esfuerzo que supone convertirla en instrumento expresivo para obras de astronomía (como el *Saber de Astronomía),* jurídicas (el código de las *Siete Partidas),* históricas (la *General Estoria),* de diversión y entretenimiento *(Libro de Ajedrez),* etc.

Vamos a leer un fragmento de una de sus obras históricas, la *Estoria de España* (más conocida como *Crónica General,* como la llamó Menéndez Pidal). Esta obra parte de Moisés y llega hasta la muerte del padre del rey Fernando III el Santo, pasando por la España prerromana y romana, las invasiones germánicas, la España árabe y parte de la Reconquista.

Utiliza fuentes romanas, hispano-romanas, árabes, crónicas castellanas e incluso cantares de gesta hoy perdidos.

La intervención del rey en todas las obras que a él se le adjudican no era absolutamente personal, pero dirigía el equipo de sabios y traductores de manera bastante directa: no sólo seleccionaba las obras árabes, hebreas y latinas que habían de ser, previa su traducción, adaptadas y compiladas, sino que ejercía una labor correctora sobre las redacciones, cuidando de que estuvieran, como él mismo dice en el prólogo del *Libro de la ochava esfera,* en «castellano drecho» (correcto).

Este afán de cuidar la lengua supone una preocupación literaria totalmente nueva en una obra en prosa.

Como obra histórica, la *Estoria de España* presenta la originalidad de adoptar un punto de vista nuevo para los hechos históricos, el de la historiografía árabe de la época. De ello se deriva la novedad de incorporar a la historia hechos sociales y económicos, y el no reducirse a la mera enumeración de batallas y desastres de cada reinado.

Desde el punto de vista lingüístico, el estado de lengua que presenta el texto es aún primitivo. La sintaxis es elemental (predominio de las copulativas, et... et...) y no muy rica en agilidad para la narración; el vocabulario es bastante variado, pero no admite cultismos y latinismos debido a la gran preocupación purista del monarca. El rey prefería, con acierto, acudir a los resortes que le proporcionaba la propia lengua (derivados, palabras compuestas, perífrasis) cuando tenía que crear un neologismo. De todos modos, cuando lo consideró necesario, se sirvió de los cultismos, adaptándolos en lo posible al castellano.

Vamos a observar una serie de aspectos importantes de la lengua del texto:

—fijación de la ortografía, que permanecerá casi sin mutación hasta el siglo XVII;

—el consonantismo responde al sistema que tendrá vigencia durante toda la Edad Media;

—el verbo *haber* conserva aún su valor posesivo de 'tener' *(una hermana que* **avie**), mientras que *ser* conserva el de 'existir' (*don Pelayo, que* **fue** *en la era)* y, por otra parte, contiende con *estar (este don Pelayo* **fuera** *ante Vitiza...);*

—uso de los pronombres enclíticos apocopados: *menbrose, quandol;*

—artículo delante del posesivo: **la** *su faz;*

—hay palabras hoy en desuso: *conquerir, menbrar;*

—en el terreno de la sintaxis, hay, como hemos dicho, cierta elementalidad en la sobreabundancia de copulativas con *et*, y de *que*, pero ya dispone la lengua de algunos elementos subordinantes como *assi como, ca, de guisa que, por que...,* etc.

De cómo el infante don Pelayo se alço en las Asturias

Andados cuatro annos del sennorio dell infante don Pelayo, que fue en la era de sietecientos et cinquanta et cinco, quando andava ell anno de la Encarnación en sietecientos et dizesiete, e el dell imperio de Leo en cuatro, estando toda Espanna cuetada et crebantada[1] de los muchos males et crebantos que vinieran sobrella assi como avemos dicho, Dios, poderoso de todas las cosas, pero que[2] era ya yrado contra ella, non quiso oblidar[3] la su misericordia, et menbrose[4] de la su merced, et quiso por ende[5] guardar all infante don Pelayo pora ante la su faz, assi como una pequeña centella de que se levantasse despues lumbre en la tierra[6]. Este don Pelayo fuera ante Vitiza quandol quisiera cegar[7], asi como dixiemos antes desto, pero que era su escudero yl[8] traye la espada; et

[1] *cuetada et crebantada* = apenada y quebrantada.
[2] *pero que* = a pesar de que.
[3] *oblidar* = olvidar.
[4] *menbrose* = se acordó.
[5] *por ende* = por ello, por lo tanto.
[6] *pora ante la su faz... en la tierra* = delante de la faz de Dios, como una pequeña centella de la cual se levantara después luz (la del Cristianismo) en la tierra.
[7] Don Pelayo había estado ante Vitiza, como escudero, cuando Don Rodrigo cegó a este último.
[8] *yl* = y + le.

acogierase a Cantabria et amparosse y[9]. E quando oyo que los cristianos eran vençudos et toda la cavalleria perduda, tomo una hermana que avie[10], et fuesse con ella pora[11] las Asturias que siquier entre las estrechuras de las montannas pudiesse guardar alguna lumbrera pora la cristiandad a que se acogiesse, ca los moros avien ya conquerida[12] todo lo mas de Espanna, assi como avemos dicho, e crebantaron el poder de los godos de guisa que[13] non avie y ninguno que se les deffendiese[14], sinon[15] unos pocos que fincaran et se alçaran otrossi[16] en las Asturias et en Vizcaya et en Alava et en Guipuzcoa por que son muy grandes montannas, et en los montes Rucones et en Aragón. E a estos quiso los Dios guardar por que[17] la lumbre de la cristiandad et de los sus siervos non se amatasse de tod[18] en Espanna.

(Primera Crónica General de España, edición de R. Menéndez Pidal.)

Segunda. *Don Juan Manuel: «Libro de Patronio y el Conde Lucanor» (siglo XIV)*

La lengua castellana, dignificada y enriquecida por Alfonso X, se desarrolla considerablemente en la prosa de su sobrino don Juan Manuel (1282-1348), preocupadísimo por lograr un estilo elegante y personal. Su actividad literaria didáctica y moralizadora, como corresponde a un hombre de su tiempo, se refleja claramente en una de sus obras más importantes: el *Libro de Patronio y el Conde Lucanor.* Esa obra recoge una serie de cuentos y apó-

---

9 *y* = allí.
10 *avie* = tenía (uso posesivo del verbo haber).
11 *pora* = para.
12 *conquerida* = conquistada.
13 *de guisa que* = de manera que.
14 *se les deffendiesse* = se defendiera de ellos (de los moros).
15 *sinon* = excepto.
16 *otrossi* = también.
17 *por que* = para que.
18 *non se amatasse de tod* = no muriese del todo.

logos bajo un artificio unificador muy sencillo: Patronio, el ayo, da consejos al Conde Lucanor y se los aclara por medio del *enxiemplo* correspondiente.

Los enxiemplos ('ejemplos') suelen ser fábulas y apólogos. Muchos, de origen oriental (persa, hindú o árabe), de los traducidos y recopilados por Alfonso X. Otros, de procedencia española, cristiana o árabe, de la tradición sermonaria de la Iglesia (sermones o pláticas) o de origen greco-latino. El ejemplo que se desarrolla en el texto que hemos seleccionado es del fabulista romano Fedro.

Un escritor contemporáneo de don Juan Manuel, Juan Ruiz, Arcipreste de Hita, incluye también *ejemplos* en su obra, pero el resultado artístico es totalmente distinto. Hemos elegido, precisamente, una fábula que ambos tratan, la de la zorra y el cuervo, para que sea más fácil considerar las diferencias.

El tono de la fábula del infante don Juan Manuel es serio, digno y docto; la intención, claramente didáctica: no hay que fiarse de los aduladores, pues suelen ser falsos y mentirosos.

El de Juan Ruiz es jocoso, burlesco; la intención, satírica. Quizá sea también didáctica: «no hay que fiarse de los aduladores», pero a través de la risa y la caricatura.

En el ejemplo del infante don Juan Manuel el raposo halaga al cuervo por medio de **verdades.** Pero las conclusiones que saca el astuto animal de esas afirmaciones son totalmente falsas, y es en ellas donde está la adulación. Por ejemplo, es verdad que las plumas del cuervo son negras. Incluso puede serlo que tengan reflejos azules. Pero de ahí pasa la zorra a compararlo (sin decirlo claramente) con el bellísimo pavo real, lo cual halagará al cuervo, que ha visto que las frases anteriores eran verdaderas. El procedimiento es intelectual: la «verdad engañosa».

Por el contrario, en el caso de la fábula tratada por Juan Ruiz, lo que hace caer en la trampa al cuervo es una desmesurada exageración, una **falsedad.** De ahí el tono *caricaturesco* y *grotesco* que le imprime su autor: el cuervo del Arcipreste es intencionadamente mucho más *ridículo.*

Una característica importante del estilo de don Juan Manuel es el afán de claridad: de ahí que se esfuerce en expresarse con la máxima pulcritud y cuidado. También en este aspecto es distinto del Arcipreste, que utilizará una expresión mucho más directa, más dinámica y sugerente, mientras que el ritmo en la prosa del infante resulta discursivo y lento.

Por ejemplo, un solo verso de Juan Ruiz corresponde a todo un período (o más) en don Juan Manuel. Este alarga los períodos con coordinaciones y subordinaciones, como si nunca estuviera satisfecho de haber sido claro. Le preocupan los malentendidos y hace constar paso a paso el proceso que llevará al cuervo a cantar.

Otra característica que debemos observar es la sobriedad de su estilo: no utiliza muchas figuras literarias ni recursos embellecedores; quiere ser claro, sí, pero también conciso y austero.

Desde el punto de vista lingüístico, podemos advertir en este texto el avance que supone respecto a la prosa de su tío, el rey Alfonso. La fonética no ha cambiado sustancialmente, pero la sintaxis es mucho más compleja. Por ejemplo, las coordinadas copulativas no son tan abundantes, y se utiliza ya una variada serie de locuciones subordinantes *(por ende, como quier, para que, porque, desque, agora que, tan... como,* etc.).

EXEMPLO QUINTO

De lo que conteşçió a un raposo con un cuervo que tenie un pedaço de queso en el pico.

Otra vez fablava el conde Lucanor con Patronio, su consejero, et dixol assí:

—Patronio, un omne que da a entender que es mi amigo, me començó a loar mucho, dándome a entender que avía en mí muchos complimientos[1] de onrra et de poder [et] de muchas vondades. Et de que con estas razones me falagó quanto pudo, movióme un pleito[2], que en la primera vista, segund lo que yo puedo entender, que paresçe que es mi pro.

Et contó el conde a Patronio cuál era el pleito quel movía; et commo quier que paresçía el pleito aprovechoso, Patronio entendió el engaño que yazía ascondido so[2] las palabras fremosas[4]. Et por ende dixo el conde:

—Señor conde Lucanor, sabet que este omne vos quiere engañar, dándovos a entender que el vuestro poder et el vuestro estado es mayor de quanto es la verdat. Et para que vos podades guardar deste engaño que vos quiere fazer, plazerme ýa que sopiésedes lo que contesçió a un cuervo con un raposo.

Et el conde le preguntó cómmo fuera aquello.

—Señor conde Lucanor —dixo Patronio—, el cuervo falló una vegada un grant pedaço de queso et subió en un árbol porque pudiese comer el queso más a su guisa et sin reçelo et sin enbargo[5] de ninguno. Et en quanto el cuervo assí estava, passó el raposo por el pie del árbol, et desque vio el queso que el cuervo tenía, començó a cuydar en cuál manera lo podría levar dél[6]. Et por ende començó a fablar con él en esta guisa:

—Don Cuervo, muy gran tiempo ha que oy fablar de vós et de la vuestra nobleza, et de la vuestra apostura. Et commo quiera que vos mucho busqué, non fue la voluntad de Dios, nin la mi ventura, que vos pudiesse fallar fasta agora, et agora que vos veo, entiendo que a mucho más bien en vós de quanto me dizián. Et porque veades que non vos lo digo por lesonia[7], también commo vos diré las apostura que en vós entiendo, tan[bien] vos diré las cosas en que las gentes tienen que non sodes[8] tan apuesto. Todas las gentes tienen que la color de las vues-

---

[1] *complimientos* = perfecciones, ornatos.
[2] *pleito* = negocio (*moviome* = propuso).
[3] *so* = bajo.
[4] *fremosas* = hermosas.
[5] *enbargo* = impedimento, molestia.
[6] *levar del* = quitárselo.
[7] *lesonia* = lisonja.
[8] *sodes* = sois.

tras péñolas[9] et de los ojos et del pico, et de los pies et de las uñas, que todo es prieto[10] et [por] que la cosa prieta non es tan apuesta commo la de otro color, et vos sodes todo prieto, tienen[11] las gentes que es mengua de vuestra apostura, et non entienden cómmo yerran en ello muchos; ca commo quier que las vuestras péñolas son prietas, tan prieta e tan luzia[12] es aquella pretura, que torna en india[13], commo péñolas de pavón[14], que es la más fremosa ave del mundo; et commo quier que los vuestros ojos son prietos, quanto para oios[15], mucho son más fremosos que otros ojos ningunos, ca la propriedat del ojo non es sinon ver, et porque toda cosa prieta conorta[16] el viso[17], para los ojos, los prietos son los mejores, et por ende son más loados los ojos de la ganzela,[18] que son más prietos que de ninguna otra animalia. Otrosí, el vuestro pico et las vuestras manos et uñas son fuertes más que de ninguna ave tanmaña commo vós. Otrosí, en l' vuestro buelo avedes tan grant ligereza, que vos non enbarga[19] el viento de yr contra él por rezio que sea, lo que otra ave non puede fazer tan ligeramente como vós. Et bien tengo que, pues Dios todas las cosas faze con razón, que non consintría que, pues en todo sodes tan complido, que oviese en vos mengua de non cantar mejor que ninguna otra ave. Et pues Dios me fizo tanta merçet que veo vos et sé que ha en vós más bien de quanto nunca de vós oý, si yo pudiese oyr de vós el vuestro canto, para siempre me ternía[20] por de buena ventura.

Et, señor conde Lucanor, parat mientes que maguer que[21] la entención del raposo era para engañar al cuervo,

---

[9] *péñola* = pluma.
[10] *prieto* = negro.
[11] *tienen* = piensan, creen.
[12] *luzia* = brillante, tersa.
[13] *india* = color añil.
[14] *pavón* = pavo real.
[15] *oios* = ojos.
[16] *conorta* = conforta, consuela.
[17] *viso* = rostro.
[18] *ganzela* = gacela.
[19] *enbarga* = impide.
[20] *ternía* = tendría; me tendría por hombre feliz, me consideraría feliz.
[21] *maguer que* = aunque.

que siempre la sus razones fueron con verdat. Et set çierto que los engaños et damños mortales siempre son los que se dizen con verdat engañosa.

Et desque[22] el cuervo vio [en] quantas maneras el raposo le alabava, et cómmo le dizía verdat en todas, creó[23] que asil[24] dizía verdat en todo lo al[25], et tovo que era su amigo, et non sospechó que lo fazía por levar dél el queso que tenía en el pico, et por las muchas buenas razones quel avía oydo, et por los falagos et ruegos quel fiziera porque cantase, avrió el pico para cantar. Et desque el pico fue avierto para cantar, cayó el queso en tierra, et tomólo el raposo et fuese con él; et así finco[26] engañado el cuervo del raposo, creyendo que avía en sí más apostura et más complimiento de quanto era la verdad.

Et vós, señor conde Lucanor, commo quier que Dios vos fizo assaz merçet en todo, pues beedes[27] que aquel omne vos quiere fazer entender que avedes mayor poder et mayor onra o más vondades de quanto vós sabedes que es la verdat, entendet que lo faze por vos engañar, et guardat vos dél et faredes commo omne de buen recabdo.

Al conde plogo[28] mucho de lo que Patronio le dixo, et fízolo assí. Et con su consejo fue él guardado de yerro.

Et porque entendió don Johan que este exiemplo era muy bueno, fízolo escribir en este libro, et fizo estos viessos,[29] en que se entiende avreviadamente la entençión [de] todo este exiemplo. Et los viessos dizen asy:

Qui te alaba con lo que non es en ti,
sabe que quiere levar lo que as de ti.

---

[22] *desque* = después que.
[23] *creó* = creyó.
[24] *asil* = así le.
[25] *al* = lo demás.
[26] *fincó* = quedó.
[27] *beedes* = veis.
[28] *plogo* = gustó.
[29] *viessos* = versos.

III. COMENTARIO DE TEXTOS

El Corbacho del Arcipreste de Talavera

A. *PRESENTACIÓN*

Alfonso Martínez de Toledo, que fue capellán del rey Juan II de Castilla, y Arcipreste de Talavera, dio su propio nombre a su libro en prosa *Arcipreste de Talavera,* que es el exponente más importante de la prosa castellana de la primera mitad del siglo XV. Vivió de c. 1398 a c. 1470.

Sin embargo, es más conocido bajo el nombre de *El Corbacho,* título de una obra misógina del escritor italiano Boccaccio (siglo XIII), porque se la consideró también como una obra en contra de las mujeres.

En realidad, la intención de Alfonso Martínez no es propiamente hacer una diatriba contra las mujeres, sino demostrar los daños que a hombres y mujeres puede causar el pecado de la lujuria. Pero lo cierto es que una gran parte del libro trata de los defectos femeninos.

Como vemos, *El Corbacho* se inserta en la corriente didáctica y moralizadora, característica de la Edad Media. El autor se propone apartar a los hombres del amor mundano y acercarlos al amor divino.

Utiliza, para ello, recursos propios de los sermones, como el intercalar *ejemplos* (artificio típicamente medieval) y el reflejar el habla popular para acercarse más fácilmente al público.

Vamos a comentar un fragmento en el que el autor nos habla de la gran curiosidad que sienten las mujeres ante cualquier secreto. Para descubrirlo, sigue diciendo el Arcipreste, no dudan en mostrarse con doblez, con hipocresía ante el que lo posee y no se lo quiere desvelar.

Pertenece al cap. VI: «Cómo la muger es cara con dos fazes». Utilizamos la edición de J. González Muela; Madrid, Castalia, 1970.

B. *TEXTO*

Por ende[1], cada qual se guarde e aprenda dellas [las mujeres]; que, aunque mucho son parleras, de sus secrectos muy byen son calladas. Pues, usa de su arte, e como dize Catón: "Asý con arte engañarás al que anda con arte, o, a lo menos, con tal arte de sus engaños te podrás de fácile defender"[2].

Que sepas que su deseo de las mugeres non es otro synón secretos poder saber, descobrir, e entender, e asý escarvan en ello como faze la gallina por el gusano, e porfiarán dos oras: "Dezid y dezid; dezídmelo; vos me lo diredes", con abraços, falagos, y besos, quando otra cosa non fallan a que se acorrer[3], diziendo: "¡Yuy, non me dexéys preñada! ¡Non me fagáys mover! ¡Non me dexedes con el trópico en el vientre! ¡Dezídmelo por Dios! ¡O cuytada! ¡O mesquina! ¡O desventurada! ¡Yuy, qué yerto! ¿Cómo soys asý? ¡Yuy, que desdonado![4] ¡Avré que dezir! ¡Dezídmelo, asý gozéys de mí en Dios e mi alma! Pues, pues, en fuena fe sy non me lo dezís, nunca más vos fable[5]. ¿Queréys, queréys, queréys, queréysmelo dezir? A la tercera: ¿non queréys? Agora, pues, dexadme estar".

En esto lança las cejas; asyéntase en tierra; pone la mano en la mexilla; comiença de pensar e aun a llorar de malenconía[6], bermeja[7] como grana; suda como trabajada[8], sáltale el coraçón como a leona; muérdese los beços[9]; mírale con ojos bravos. Sy la llama, non responde; sy della trava[10], rebuélvese con grand saña: "Quitáos allá; dexadme. Bien sé quánto me queréys. En este punto lo vi;

---

1 *por ende* = por lo tanto.
2 *«Asy con arte engañarás...»* = Aconseja al lector que aprenda las artes o mañas de las mujeres para que así no se deje engañar por ellas.
3 *a que se acorrer* = a qué acogerse, en qué apoyarse.
4 *desdonado* = falto de dones, sin donaire, sin gracia.
5 *nunca mas vos fable* = nunca más os hablaré.
6 *malenconía* = melancolía.
7 *bermeja* = roja.
8 *trabajada* = apenada (trabajo = pena).
9 *beços* = bezos, labios gruesos.
10 *della trava* = la agarra.

toda via lo sentí". Luego faze que sospira, aunque lo non ha gana.

E a las vezes contesce qu'el triste del hachachas[11], a las vezes, como es mugereja, dize: "Non te ensañes; que yo te lo diré". Dízele todo el secreto; ella face que ge lo non prescia[12], nin le plaze oyrlo, pues non ge lo dixo quando ella quería e le venía de gana; mas presta tyene la oreja, aunque buelve el rostro. E quando byen ha dicho el cuytado, e contada su razón, responde la doctora: "¿Ése es el secreto? ¿Esto es lo que me avíedes de dezir? Pues, quanto eso yo me lo sabýa. ¡Allá, allá con ese lazo a tomar otro tordo! ¿Pensáys quiçá que soy nescia? Vía a tronpar donde justan[13]; a las otras, que a mí non; ca, guay de mí, ¡veréys, que vos vala Dios! ¡Qué secreto tan grande! ¡Qué poridad[14] tan cierta, para esta que Dios aquí me puso! E miradme byen; que yo non digo más." E con estas e otras maneras saben fazer sus fechos ellas, teniendo una en el coraçón e otra en la obra o en la lengua.

Do se concluye ser la muger doble de coraçón. Pues, a la tal entiéndala Dios que puede, e pueda con ella aquel que poder tyene.

C. *COMENTARIO*

1. **Contenido**

a) El contenido del fragmento es una significativa muestra de la obra del Arcipreste de Talavera. Podíamos destacar algunas notas del mismo que son representativas del espíritu y de la intención del conjunto:

- como vemos, se trata de una fuerte diatriba contra las mujeres, llena de apasionamiento;

---

[11] *hachachas* = bobo, papanatas.

[12] *ge lo non prescia* = no se lo aprecia (obsérvese el orden de los pronombres).

[13] *via, a tronpar donde justan* = fuera, a engañar a los concursos (las justas).

[14] *poridat* = secreto.

- el autor ha elegido en este caso un defecto concreto, la curiosidad, que supone propio del sexo femenino;
- pero, en relación con éste, va señalando otros defectos igualmente «femeninos»: la adulación, la testarudez, la falsedad y la doblez de corazón;
- por otra parte, es interesante observar la descripción de los tipos y costumbres de la época que se contienen en la obra.

b) Estructura del texto: Comienza con un primer fragmento discursivo, muy breve, que le sirve para entrar directamente en el tema (sólo el primer párrafo); hay después un largo fragmento en el que se describe con multitud de detalles la «actuación» de la mujer para descubrir el secreto. En la tercera parte (desde «e a las vezes, contesce qu'el triste del hachachas...), consigue lo que se proponía, y reacciona con desprecio mostrando su falsedad. El texto acaba con una conclusión brevemente expuesta. Podemos decir que la exagerada verbosidad hace perder el hilo expositivo al autor.

2. **Técnica y estilo**

a) Desde el punto de vista estilístico, la característica más sobresaliente de esta obra es la mezcla de estilos: uno *culto,* otro *popular.*

En el texto del comentario, el primer párrafo es culto, mientras que el resto es fundamentalmente popular. Veremos algunos rasgos de uno y otro:

- en el primero («Por ende...») el estilo es culto, es decir, predomina el tono discursivo, expositivo, con abundancia de concatenaciones expresadas sintácticamente *(por ende, aunque, pues, e como,* etc., son ejemplos de la presencia de oraciones consecutivas y concesivas); hay una cita culta: la de Catón, con la cual se pretende dar autoridad a lo que se afirma de las mujeres;
- el que llamamos estilo *popular* está fundamentalmente conseguido por medio de multitud de expresiones popu-

lares, tomadas, seguramente, del habla coloquial: exclamaciones populares *(¡Yuy, non me dexéys preñada!, ¡O cuytada! ¡O mesquina!...,* etc.), recogidas con extraordinaria abundancia; frases hechas *(¡Dezídmelo, asý gocéys de mí en Dios e mi alma!, ¡Allá, allá con ese lazo a tomar otro tordo!, ¡Veréys, que vos vala Dios!...),* insultos propios del habla popular *(¡Yuy, qué yerto!, ¡Yuy, qué desdonado!...),* refranes, etc.

b) Pero lo más destacable en cuanto al estilo del texto es justamente la gran expresividad que se desprende de todo él, la viveza, el dinamismo y la espontaneidad con que van desgranándose las expresiones exaltadas de la mujer que supuestamente habla; surgen a borbotones, primero las palabras suplicantes, después los gritos de rabia, y finalmente los de despecho.

Esa expresividad no sólo está conseguida por el popularismo del lenguaje utilizado, sino también por otros recursos expresivos utilizados con gran eficacia:

- comparaciones sencillas, de tipo popular: *bermeja como grana; suda como trabajada; sáltale el coraçón como a leona,* etc.;
- repeticiones y paralelismos: *Non me fagáys mover, Non me dedes mala cena, Non me... Non me...; Queréys, queréys, queréys...;* etc.;
- rapidez de las expresiones, brevedad de las oraciones: *«en esto lança las cejas; / asyéntase en tierra, / pone la mano en la mexilla ... /* dando una enorme agilidad al conjunto;
- la selección del vocabulario es igualmente eficaz: si observamos, por ejemplo, la descripción de la cólera de la mujer, advertimos la expresividad de los sustantivos y adjetivos utilizados (*saña, leona, malenconía..., bermeja, bravos...*);
- contraste entre la fiereza femenina y la actitud pasiva y complaciente, llena de ingenuidad, del marido *(el triste del hachachas...).*

3. La lengua

a) *El Arcipreste de Talavera* es un antecedente de *La Celestina* en la incorporación del habla popular de la época a su obra. Ya hemos analizado muchos de los rasgos de dicha habla popular; ahora hemos de insistir en la importancia de esta obra como documento lingüístico que nos proporciona una rica muestra del habla popular medieval.

b) Paralelamente a la existencia de dos estilos, el culto y el popular, apreciamos, pues, en la obra *dos niveles de lengua* correspondientes a cada uno de ellos. En el nivel *culto,* observamos diferencias muy marcadas en cuanto al ritmo sintáctico (lento y pausado, frente al dinamismo del nivel popular), tipo de oraciones utilizadas (predominio de la subordinación, frente a la ausencia de relaciones sintácticas, o, al menos, a la sencillez y elementalidad de las mismas, en el nivel popular), vocabulario más rebuscado y selecto, etc.

c) En cuanto al estado de lengua que presenta el texto, podemos observar la evolución que el castellano ha sufrido si lo comparamos con la prosa de Alfonso X o de don Juan Manuel. Lo más destacable es, precisamente, la expresividad conseguida en toda la obra, como ya hemos puesto de manifiesto anteriormente.

4. Actitud crítica

a) La literatura misógina constituye toda una corriente temática en la Europa Medieval. Recuérdese que Eva, una mujer, tuvo la culpa de que el hombre fuera expulsado del Paraíso bíblico. Esta «razón» bastaría en la teocrática Edad Media para explicar la misoginia literaria si no fuera ya suficiente explicación de la misma la situación totalmente secundaria de la mujer en la sociedad medieval. La actitud del autor del *Corbacho* ante la mujer le ha acarreado la consideración de autor misógino.

b) No debemos olvidar, no obstante, la intención moralizadora y didáctica de la obra, pues el autor se propuso hacer un tratado contra la lujuria. Al intentar que el hombre se aleje de la mujer como objeto de esa lujuria hace una sátira tremenda contra los vicios «femeninos», que es lo que ha dado fama a la obra y lo más conseguido e interesante desde el punto de vista artístico de todo el libro.

c) Como en el caso del Arcipreste de Hita, el resultado conseguido por el autor de *El Corbacho* dista mucho del propósito con que la obra fue concebida. Todo el conjunto de observaciones sobre los defectos de las mujeres, y la descripción de costumbres y maneras de vivir de la época no tienen nada que ver con el objetivo doctrinal y oratorio.

IV. RECAPITULACIÓN

La prosa medieval castellana

1. Creación de la prosa castellana: Siglo XIII. Alfonso X el Sabio. Su labor cultural y su labor lingüística. Precedentes en el siglo XII.
2. La prosa en el siglo XIV: el infante don Juan Manuel. Cualidades de su prosa: claridad, concisión y austeridad. Intención didáctica de sus obras. El *Libro de Patronio y el Conde Lucanor,* colección de *exempla.* Avance que la lengua castellana experimenta gracias a su pluma.
3. La prosa en el siglo XV (primera mitad): don Alfonso Martínez de Toledo, Arcipreste de Talavera. Intención y temática de su obra. Los dos estilos presentes en ella: la lengua culta y la lengua popular. Moralidad y misoginia en *El Corbacho.*

V. BIBLIOGRAFÍA BÁSICA

Ediciones

Antología de Alfonso el Sabio. Edición de A. García Solalinde, 4.ª ed., Madrid, Espasa-Calpe (Austral), 1960.

Primera Crónica General. Edición de R. Menéndez Pidal, Madrid, 1955 (2.ª ed.).

El Conde Lucanor. Edición de José Manuel Blecua, Madrid, Castalia, 1969.

El Arcipreste de Talavera. Edición de J. González Muela y Mario Penna, Madrid, Castalia, 1970.

Estudios

Además de los prólogos de las ediciones anteriormente citadas, se pueden consultar:

RICO, Francisco: *Alfonso el Sabio y la «General Estoria». Tres lecciones.* Barcelona, 1972.

BARCIA, Pedro L.: *Análisis de El Conde Lucanor.* Enciclopedia literaria, 27, Buenos Aires, 1968.

PIERO, Raúl A. del: *Dos escritores de la Baja Edad Media castellana (Pedro de Veragüe y el Arcipreste de Talavera, cronista real).* BRAE, XXIII. Madrid, 1971.

VI. LA POESÍA DE CANCIONERO DEL SIGLO XV. EL MARQUÉS DE SANTILLANA Y JUAN DE MENA

I. INTRODUCCIÓN

Al llegar el siglo XV se produce entre la nobleza un refinamiento aristocrático que se manifiesta en los gustos por las fiestas palaciegas y por el cultivo del arte y de la literatura. Los nobles, que antes eran unos guerreros rudos y que se desinteresaban casi totalmente por la literatura —salvo contadas excepciones: don Juan Manuel, el canciller Ayala, etc.—, se concentran en torno al rey y dan lugar a una intensa vida cortesana.

Este gusto por las artes y, especialmente, por la poesía, origina una proliferación de poetas que demuestran en la Corte su habilidad y destreza técnicas (de ahí, el nombre de *poesía cortesana*). La mayor parte de estas composiciones se recoge en Cancioneros —es decir, colecciones de poesía— (de ahí, el nombre de *poesía de Cancionero*). Esta poesía se cultiva durante todo el siglo XVI. De entre los Cancioneros conservados destacan dos: el de *Baena* y el de *Stúñiga*.

La poesía de Cancionero recibe fundamentalmente dos influencias: la de la poesía provenzal y la de la poesía italiana. De la primera recoge principalmente los temas amorosos y de la segunda los temas alegóricos y didácticos.

Sin duda alguna, el tema más tratado y más importante de la poesía cancioneril es el amoroso, inspirado en la ideología del «amor cortés», procedente de la poesía trovadoresca provenzal. El amor se concibe como un vasallaje que el caballero rinde a su dama; aquél suele ser rechazado y acepta voluntariamente su destino, llegando incluso a gozar de su dolor. Aunque a veces el sentimiento del poeta es sincero, en general se convierte en un pretexto para demostrar así su ingenio. Por todo ello, muchos de estos poemas nos resultan hoy convencionales, fríos e intrascendentes.

Desde el punto de vista formal, abundan los recursos conceptistas *(antítesis, paradojas, juegos de palabras,* etc.) que sirven para expresar la turbación y la zozobra internas del enamorado. El tipo de verso más frecuente es el octosílabo; pero también aparecen versos de arte mayor, con los que se intenta tímidamente incorporar la métrica italiana a la poesía castellana.

Si bien la poesía de Cancionero no tiene un gran valor literario, salvo en contadas ocasiones, sí es cierto que prepara el camino hacia la poesía renacentista, y en ella, sobre todo en los aspectos métricos y en el tratamiento idealizado del amor, está el germen de nuestra gran poesía del siglo XVI (de ahí que al siglo XV se le haya denominado con el nombre de *Prerrenacimiento*).

II. LECTURAS REFLEXIVAS

Primera. *Acabo de mis dolores* (Lope de Stúñiga)

El texto que presentamos pertenece al Cancionero de Stúñiga, en el que se recogen diversas composiciones hechas en torno a la Corte de Alfonso V el Magnánimo. El poeta que encabeza este Cancionero es Lope de Stúñiga (c. 1415-c. 1465), del cual ofrecemos a continuación un poema.

El poema, de tema amoroso, es un claro ejemplo de la

poesía cortesana. Mediante una serie de sutilezas amorosas —en las que generalmente no aparece la belleza física de la mujer— y de artificiosos conceptos, el poeta se dirige a su dama, de la que se queja por su desdén hacia él y a la que manifiesta sus sentimientos llenos de dolor. Obsérvese cómo al amante desea la muerte y también cómo concibe el amor como un vasallaje (*pones con ira mortal / en mi libertad* **cadena;** *pues con muerte cessaras / el mi dolor, / mas tú, que nunca cobraras / tal* **servidor**).

Todo el sentimiento íntimo del poeta y su estado de desasosiego están expresados mediante diversos recursos conceptistas. Veamos cuáles son los principales:

—*Repeticiones sinonímicas:* acabo-fin; dolores-cruesas; principio-cominço, etc. Sirven para prolongar e intensificar la expresión del sentimiento.

—*Antítesis:* fin-principio; cruesas-amores; penar-placer; etc. Con este recurso, se ponen de manifiesto la angustia interna del poeta, lo inexplicable de su amor y también su habilidad técnica; además, los términos que entran en la oposición adquieren mayor relieve significativo.

—*Paradojas: que* **vida será mi muerte.** Se expresa la irracionalidad de la pasión amorosa.

—*Pleonasmo: Tanto terrible fuerte / es mi* **pena dolorida.** Esta reiteración significativa sirve para acentuar el valor significativo de la primera palabra.

—*Políptoton:* adviértase, por ejemplo, cómo en las dos últimas estrofas se repiten insistentemente los verbos «querer» y «nasçer» con distintas formas (quieres-quiero-querido; nasçer-soy nascido-nasciera). Con esta acumulación machacona de formas que giran en torno a un mismo significado se consigue realzar los valores expresivos de los dos verbos mencionados.

—*Similicadencia:* «et *vida* que non *olvida*». Recurso fonético que sirve de elemento rítmico al poema y con el que se logra sonoridad. Además, igual que en los juegos de palabras antes citados, el poeta muestra su destreza técnica.

Métricamente, el poema está formado por *coplas* de

pie quebrado, de versos octosilábicos y tetrasilábicos, que aquí adoptan la forma de octavas. Obsérvese que los versos de pie quebrado, que cortan y retienen bruscamente el ritmo poético, están en la parte final de cada estrofa, en la que se concluye lo expresado antes y en la que se contiene en mayor medida el sentimiento del poeta.

ACABO DE MIS DOLORES,
***fin de largas cruesas*[1],**
principio de mis amores,
cominço de mis tristesas,
ayas piedat et mesura
contra mí,
que de tu sola figura
me vencí.
De ti me viene pesar
et desigual padescer,
tú fuelgas*[2] *con mi penar
et penas con mi placer.
¡Oh sennor, cuál enemigo
haber pudiera
que más danno del que digo
me fisiera!
Tanto terrible fuerte
es mi pena dolorida,
que vida será mi muerte,
et muerte será mi vida;
que los mis tristes gemidos
no son tales
para sin muerte sofridos
ser sus males.
De ti es preçiado mi mal
et querida la mi pena,
pones con ira mortal
en mi libertad cadena.
¡Oh cuitado pecador

---

[1] *cruesas* = crueldades.
[2] *fuelgas* = te alegras, disfrutas.

de mí, que só
tan firme, cual amador
nunca nació!
Oh vida, que la tu vida
es vida con la qual muero,
et vida que non olvida
la contra de lo que quiero;
non quieras dolor tan fuerte
que me fiera,
porque mi querida muerte
non me quiera.
Tú quieres lo que non quiero,
quiero lo que tú fisieres,
quieres la muerte que muero,
yo quiero, pues tú la quieres;
et quiero ser bien querido
yo de ti.
¿Quieres tú, triste perdido
ver a mí?
Non sé si meior me fuera
nasçer como soy nascido,
o que iamas non nasciera
para te haber conoscido;
pues con muerte cessaras
el mi dolor,
mas tú, que nunca cobraras
tal servidor.

(Lope de Stúñiga)

Segunda. *Fragmento del Laberinto de Fortuna (Juan de Mena)*

Juan de Mena, cordobés, nacido en 1411 y muerto en 1456, representa la cima de la literatura culta del siglo XV. Poeta de la Corte del rey Juan II de Castilla, encarna en su persona el prototipo del intelectual puro. En este sentido, Mena es a su siglo lo que Fernando de Herrera sería al XVI y Luis de Góngora al XVII.

Su obra más importante es el extenso poema alegórico *El laberinto de Fortuna* o *Las trescientas* (llamado así también porque son casi 300 —concretamente 297— las estrofas de que se compone el poema). La obra, alegórica —a imitación de la *Divina Comedia* de Dante—, tiene un marcado carácter épico-nacional, ya que se hace una apología del rey castellano y de su valido don Alvaro de Luna, a los que está encomendada —según el poeta— la gran tarea de la unión nacional. Junto a los elementos alegóricos y épicos aparecen también motivos históricos, morales y mitológicos.

El *argumento* es el siguiente: el poeta es guiado por la Providencia al palacio de Fortuna. Allí contempla las tres ruedas de la historia, que corresponden al pasado, al presente y al futuro. La primera y la última están quietas; la segunda está en movimiento. Cada una de ellas consta de siete círculos, influidos por los siete planetas. En las ruedas del pasado y del presente aparecen distintos personajes mitológicos e históricos; al aparecer la rueda del futuro, la visión se desvanece.

El fragmento que presentamos corresponde al momento en que el poeta, al llegar al palacio de Fortuna, ve las tres grandes ruedas del tiempo. Allí dialoga con la Providencia y se dispone a ver la rueda del pasado.

En el aspecto formal destacan los recursos expresivos empleados por el poeta. El humanismo incipiente de Juan de Mena, el gran conocimiento que tenía de los escritores clásicos latinos y la intención de crear un lenguaje poético nuevo, distinto del vulgar, hacen que su poesía adquiera un fuerte carácter latinizante. Los hipérbatos, perífrasis, cultismos y una sintaxis complicada conforman una obra minoritaria e inaccesible a muchos. Podemos decir que su lengua poética, artificiosa y barroca, es un claro precedente de la que Góngora, en el siglo XVII, llevará a su más alta calidad.

Obsérvense en el texto:

—cultismos *(inmotas, túrbido, corruscos, propinco,* etc.).
—hipérbatos, a la manera latina («**ocupa** *su rueda cada qual* **e tiene**», etc.).
—colocación del verbo al final de frase imitando la

sintaxis latina (*«mas la de en medio boltar non* **cesava**»; *«con túrbido velo su mote* **cobría**»; etc.
—perífrasis (*«aquel que los fuegos corruscos esgrime»*, por Júpiter).

En lo que se refiere a la métrica, el tipo de estrofa empleado es la copla de arte mayor, y el verso, el dodecasílabo.

DE LAS TRES RUEDAS QUE VIDO EN LA CASA DE LA FORTUNA

Bolviendo los ojos a do me mandava,
vi más adentro muy grandes tres ruedas:
las dos eran firmes, inmotas e quedas,
mas la de en medio boltar non çesava;
e vi que debaxo de todas estava
caída por tierra gran gente infinita,
que avía en la fruente cada qual escripta
el nombre e la suerte por donde passava,

Pregunta el auctor a la Providencia

aunque la una que no se movía,
la gente que en ella havía de ser
e la que debaxo esperava caer
con turbido velo su mote cobría.
Yo que de aquesto muy poco sentía
fiz de mi dubda complida palabra,
a mi guiadora rogando que abra
esta figura que non entendía.

Respuesta

La qual me repuso: «Saber te conviene
que de tres edades te quiero dezir:
passadas, presentes e de porvenir;
ocupa su rueda cada qual e tiene.
Las dos que son quedas, la una contiene
la gente passada y la otra futura;
la que se buelve en el medio procura
la que en el siglo presente detiene.

Prosigue la Providencia

»Así que conosce tú que la terçera
contiene las formas e las simulacras
de muchas personas profanas e sacras
de gente que al mundo sera venidera,
e por ende cubierta de tal velo era
su faç, aunque formas tú viesses de hombres,
porque sus vidas aun nin sus nombres
saberse por seso mortal non podiera.

Razón de la Providencia porque los ombres no pueden saber lo porvenir

»El umano seso se çiega e oprime
en las baxas artes que le da Minerva;
pues vee que faría en las que reserva
aquél que los fuegos corruscos esgrime.
Por eso ninguno non piense ni estime
prestigïando poder ser sçiente
de lo conçebido en la divina mente,
por mucho que en ello trasçenda ni rime.

Amonestación de la Providencia

»Mas esto dexado, ven, ven tú comigo,
e faste a la rueda propinco ya quanto
de los passados, si quieres ver espanto,
mas sey bien atento en lo que te digo:
que por amigo nin por enemigo,
nin por buen amor de tierra nin gloria,
nin finjas lo falso nin furtes istoria,
mas di lo que oviere cada qual consigo.»

(*Laberinto de Fortuna,* Juan de Mena)

III. COMENTARIO DE TEXTOS

A. *PRESENTACIÓN*

Don Iñigo López de Mendoza, marqués de Santillana (1398-1458), representa al aristócrata influido por el humanismo, que cultiva las letras. Es el prototipo de hombre de armas y letras que también veremos en Jorge Manrique y en Garcilaso de la Vega. Participa en las luchas nobiliarias de su época, unas veces ayudando a su señor, el rey Juan II de Castilla, otras contra él. Su enemigo acérrimo es el valido don Alvaro de Luna, contra el que siempre luchará y al que irá dirigido su *Doctrinal de Privados.*

Su producción literaria es importante y variada. Dejando a un lado los escritos en prosa, Santillana recoge en su obra poética las principales corrientes de su época: la poesía alegórica *(El infierno de los enamorados, La comedieta de Ponza),* la poesía didáctico-moral *(Diálogo de Bías contra Fortuna, Los Proverbios,* etc.) y la galaico-provenzal *(canciones, decires, serranillas).* Incluso intenta, sin conseguirlo, adaptar los metros italianos a la poesía castellana en sus *Sonetos fechos al itálico modo.*

El poema que comentamos pertenece a la influencia galaico-provenzal. Es un claro ejemplo de la incorporación de la lírica popular a la lírica culta; en efecto, en él podemos comprobar la simbiosis de la frescura de la lírica popular con las exquisiteces de la lírica culta.

B. *TEXTO*

VILLANCICO QUE HIZO EL MARQUÉS A TRES HIJAS SUYAS

Por una gentil floresta
de lindas flores [e] rosas,
vide tres damas fermosas
que de amores han requesta.
Yo con voluntad muy presta
me llegué a conoscellas.
Començó la una dellas
esta canción tan honesta:

Aguardan a mí:
nunca tales guardas vi.

Por mirar su fermosura
destas tres gentiles damas,
yo cobríme con las ramas,
metíme so la verdura.
La otra con gran tristura
començó de sospirar
[e] dezir este cantar
con muy honesta mesura:

La niña que amores ha
sola, ¿cómo dormirá?

Por no les fazer turbança
non quise yr más adelante
a las que con ordenança
cantaban tan consonante.
La otra con buen semblante
dixo: "Señoras de estado,
pues las dos aveys cantado,
a mí conviene que cante:

Dexadlo al villano pene:
vénguеme Dios dele."

Desque huvieron cantado
estas señoras que digo,
yo salí desconsolado,
como hombre sin abrigo.
Ellas dixeron: "Amigo
non soys vos el que buscamos,
mas cantad, pues que cantamos."
Dixe este cantar antiguo:

Sospirando yva la niña
e non por mí,
que yo bien ge lo entendí.

(Marqués de Santillana).

C. *COMENTARIO*

1. **Género**

a) Este poema pertenece a lo que llamamos *poesía lírica.* Rafael Lapesa dice que la poesía lírica es «la que expresa los sentimientos, imaginaciones y pensamientos del autor» y que «el poeta se inspira en la emoción que han producido en su alma objetos o hechos externos». Teniendo en cuenta estas afirmaciones, el carácter lírico del texto está claro. Pero también podríamos señalar elementos narrativos (la pequeña anécdota que se cuenta) que nos permiten afirmar el carácter épico-lírico del mismo. Coincide así, desde el punto de vista del género, con la poesía popular del Romancero.

2. **Contenido**

a) Adviértase que la anécdota que se narra en esta composición es un puro pretexto para crear el marco literario adecuado a las cancioncillas populares, que es justamente lo que le interesa al autor.

b) El poema se compone de cuatro estrofas, cada una de las cuales va rematada por una cancioncilla tradicional. Estas cuatro estrofas determinan *la estructura formal* del poema, que se divide así en cuatro partes, coincidiendo, además, con la *estructura temática* o de contenido.

3. **Técnica y estilo**

a) *Análisis métrico:*

—Aunque el título del poema lleva el nombre de *villancico,* no se le puede considerar como tal, puesto que no se dan en él las características que definen a este tipo de composición; en realidad, se trata de un *decir* con estribillo, forma estrófica muy usual en la época para incorporar los villancicos tradicionales a las composiciones cultas.

Obsérvese, además, la independencia métrica de las cancioncillas tradicionales incorporadas (metro, rima y estrofa).

b) *Recursos técnicos y expresivos:*

—En el texto hay elementos narrativos y descriptivos, e incluso elementos dramáticos, puesto que hay diálogo. La combinación de estos elementos responde a una distinta intención comunicativa del autor, según los diferentes momentos del contenido.

—El marco natural y paisajístico del poema, bello y convencional, se adecua perfectamente a las cualidades idealizadas y al comportamiento refinado de los personajes.

—La armonía y elegancia que se desprenden del poema están determinadas no sólo por la belleza del marco escénico sino también por el carácter cantable de las cancioncillas introducidas. A ello ayudan, además, los valores rítmicos e, incluso, la especial selección del vocabulario.

4. La lengua

Entre los rasgos propios de la lengua de la época, podemos apreciar los siguientes:

a) En el siglo XV todavía se conserva en la escritura la *f* inicial, que posteriormente pasaría a *H* perdiendo, en casi toda la península, su realización fonética. Esta permanencia sólo se daba en palabras que empezasen en latín por *f*.

b) En la actualidad, el verbo «haber» sólo se utiliza como auxiliar; tiene, por tanto, un valor meramente gramatical y no léxico. En la época de Santillana, este verbo se podía utilizar como auxiliar y también como predicativo.

c) La colocación de las formas pronominales átonas (lo, la, los, etc.) en el siglo XV era diferente a la actual.

5. **Actitud crítica**

a) Ya ha podido apreciarse la importancia que tiene en el poema el marco ambiental en que se desarrolla la acción. Es una constante literaria la importancia del elemento natural en toda nuestra lírica y concretamente en la poesía tradicional.

b) Uno de los medios de difusión de la lírica tradicional ha sido la poesía culta. Desde la Edad Media hasta nuestros días son muchos los poetas que han incorporado a sus composiciones temas y canciones tradicionales. En el siglo XX, escritores tan importantes como Antonio Machado, Federico García Lorca y Rafael Alberti, entre otros, recogen canciones y temas de la lírica tradicional. Así, la canción popular cuenta con otro medio importante de pervivencia, además de la tradición popular que le es connatural.

IV. RECAPITULACIÓN

1. La poesía de Cancionero.

   —Influencias literarias.
   —Temas.
   —Técnica y estilo: métrica y recursos expresivos.

2. Juan de Mena.
3. El marqués de Santillana.

V. BIBLIOGRAFÍA BÁSICA

Ediciones

Antología de la literatura española de los siglos XI al XVI. Edición de German Bleiberg. Madrid, Alianza, 1976.

Marqués de Santillana. Poesías completas I. Edición de Manuel Durán. Madrid, Castalia, 1975.
Juan de Mena. Laberinto de Fortuna. Edición de J. G. Cummins. Salamanca, Anaya, 1968.

Estudios

Además de los prólogos de las ediciones anteriormente citadas, pueden consultarse los siguientes estudios:

LAPESA, Rafael: «Poesía de cancionero y poesía italianizante», en *De la Edad Media a nuestros días.* Madrid, Gredos, 1971.
LAPESA, Rafael: *La obra literaria del Marqués de Santillana.* Madrid, Ínsula, 1957.
LIDA, María R.: *Juan de Mena, poeta del prerrenacimiento español.* México, 1950.

VII. JORGE MANRIQUE

I. INTRODUCCIÓN

Hay autores que, con una sola obra, ocupan un lugar destacadísimo en nuestra historia literaria. Jorge Manrique, gracias a las *Coplas por la muerte de su padre,* es uno de los casos más significativos. La actividad literaria de Manrique refleja fielmente el mundo que le tocó vivir. Por un lado, la centuria cuatrocentista supone, desde el punto de vista histórico, un período de transición entre el reinado de Juan II y los primeros años del reinado de los Reyes Católicos, con un intermedio marcado por el reinado de Enrique IV; todos ellos se caracterizan por las luchas contra la nobleza hasta conseguir la unidad española. Por otro lado, desde el punto de vista familiar, Manrique nace en el seno de una familia numerosa y noble cuya economía está al servicio de la guerra y cuyo ambiente está dominado por el lujo y la inmoralidad. Ambos motivos, el mundo guerrero medieval y el mundo fastuoso de la nobleza, constituyen dos de las grandes constantes de su obra cumbre. Vivió de 1440 a 1479.

En la producción de Jorge Manrique pueden distinguirse dos tipos de obras:

a) *Obras menores,* en la línea de la poesía cortesana del momento y de temática fundamentalmente amorosa.
b) Las *Coplas por la muerte de su padre,* que constituyen uno de los hitos de la poesía medieval.

II. LECTURAS REFLEXIVAS

Primera. *La poesía amorosa*

La poesía amorosa ocupa la mayor parte de la producción de Manrique; junto a ella encontramos unos cuantos poemas de tono burlesco de escaso valor, y su gran poema de carácter didáctico-moral, *Las Coplas.*

El poema que ofrecemos es bastante representativo de la tendencia estética que dominaba en estos momentos en las cortes medievales. Se trata de un tipo de poesía centrada fundamentalmente en el juego formal, de ahí la gran cantidad de contrastes, aliteraciones y juegos de conceptos que la caracterizan.

Entre los rasgos formales más sobresalientes de este texto pueden apreciarse:

—*onomatopeyas.* La repetición de los fonemas *f* y *r* en la primera parte del texto quieren hacernos ver la fuerza del sentimiento amoroso.

—*juegos de conceptos* que pretenden poner de manifiesto la incertidumbre amorosa:

> ***una* porfía forçosa**
> ***que no se puede vencer,***
> ***cuya* fuerza porfiosa»...**

—*contrastes* por medio de los cuales el autor quiere marcar la constante lucha que supone el amor:

> ***Es* plazer *en que hay* dolores,**
> **dolor *en que hay* alegría...**

DIZIENDO QUE COSA ES AMOR

Es amor fuerça, tan fuerte,
que fuerça toda razón;
una fuerça de tal suerte,
que todo seso convierte
en su fuerça y afición;
una porfía forçosa
que no se puede vencer,
cuya fuerça porfiosa
hazemos más poderosa
queriéndonos defender.

Es plazer en que hay dolores,
dolor en que hay alegría,
un pesar en que hay dulçores
un esfuerço en que hay temores,
temor en que hay osadía;
un plazer en que hay enojos,
una gloria en que hay pasión,
una fe en que hay antojos,
fuerça que hazen los ojos
al seso y al coraçón.

Es una catividad
sin parescer las prisiones;
un robo de libertad,
un forzar de voluntad
donde no valen razones;
una sospecha celosa
causada por el querer,
una rabia deseosa
que no sabe qué es la cosa
que desea tanto ver.

Es un modo de locura
con las mudanças que haze:
una vez pone tristura,
otra vez causa holgura:
como lo quiere y le plaze.
Un deseo que al ausente,
trabaja, pena y fatiga;

un recelo que al presente
haze callar lo que siente,
temiendo pena que diga.

FIN

Todas estas propiedades
tiene el verdadero amor.
El falso, mil falsedades,
mil mentiras, mil maldades,
como fengido traidor.
El toque para tocar
cuál amor es bien forjado,
es sofrir el desamar,
que no puede comportar
el falso sobredorado.

III. COMENTARIO DE TEXTOS

A. *PRESENTACIÓN*

La obra que presentamos encierra una gran dificultad de comprensión a pesar de la aparente facilidad de su mensaje. Este poema, aunque recoge una enorme cantidad de tópicos medievales *—el menosprecio del mundo, el tiempo, la fortuna, la muerte,* etc.—, es portador de una absoluta originalidad en el tratamiento de los mismos.

Debe tenerse en cuenta que las *Coplas* son un fiel reflejo de su época. En ellas nos encontramos con la visión de la Corte: las personas que la forman, el lujo, los juegos, etcétera. Está presente también la ciudad-fortaleza medieval, la jerarquía de las clases sociales, los ideales del caballero medieval, la importancia de la Reconquista, etc.

Por otro lado, la *estructuración del contenido* de este poema es perfecta. Todas sus estrofas se apoyan perfectamente una en otra hasta llegar a la última, que constituye la condensación climática del tema. Quiere ello decir que, aunque se aprecian distintas partes en su estructura, no hay una independencia total entre ellas, sino que cada una está en función de la siguiente y así, concatenándose, se llega a la última, en la que reside la esencia de la intención de Jorge Manrique.

Desde el punto de vista lingüístico, esta composición supone la depuración del elemento latinizante característico de la lengua literaria del siglo XV. Está ausente el retoricismo típico de la poesía de cancionero. La estructura estrófica se adapta perfectamente al tono solemne y reposado de la elegía. Hay una verdadera sensibilidad prerrenacentista en la selección del léxico y del material estilístico. Todo ello no hace sino acentuar el grado de originalidad de las *Coplas*.

B. *TEXTO*

[COPLAS] DE DON JORGE MANRIQUE POR LA MUERTE DE SU PADRE

[I]

Recuerde el alma dormida,
avive el seso e despierte,
contemplando
como se passa la vida;
cómo se viene la muerte
tan callando;
cuán presto se va el plazer;
cómo, después de acordado,
da dolor;
cómo, a nuestro parescer,
cualquiera tiempo passado
fue mejor.

[II]

Pues si vemos lo presente,
cómo en un punto s'es ido
e acabado,
si juzgamos sabiamente,

daremos lo non venido
por passado.
Non se engañe nadi, no,
pensando que ha de durar
lo que espera
más que duró lo que vio,
pues que todo ha de passar
por tal manera.

[III]

Nuestras vidas son los ríos
que van a dar en la mar,
qu'es el morir;
allí van los señoríos
derechos a se acabar
e consumir;
allí los ríos caudales,
allí los otros medianos
e más chicos,
allegados, son iguales
los que viven por sus manos
e los ricos.

INVOCACIÓN

[IV]

Dexo las invocaciones
de los famosos poetas
y oradores;
non curo de sus ficciones,
que traen yerbas secretas
sus sabores.
Aquél sólo m'encomiendo,
Aquél sólo invoco yo
de verdad,
que en este mundo viviendo,
el mundo non conoció
su deidad.

[V]

Este mundo es el camino
para el otro, qu'es morada
sin pesar;
mas cumple tener buen tino
para andar esta jornada
sin errar.
Partimos cuando nascemos,
andamos mientra vivimos,
e llegamos
al tiempo que feneçemos;
assí que cuando morimos
descansamos.

[VI]

Este mundo bueno fue
si bien usásemos dél
como debemos,
porque, segund nuestra fe,
es para ganar aquél
que atendemos.

Aun aquel fijo de Dios
para sobirnos al cielo
descendió
a nascer acá entre nos,
y a vivir en este suelo
do murió.

[VII]

Si fuesse en nuestro poder
hazer la cara hermosa
corporal,
como podemos hazer
el alma tan gloriosa
angelical,
¡qué diligencia tan viva
toviéramos toda hora,
e tan presta,
en componer la cativa,

dexándonos la señora
descompuesta.

[VIII]

Ved de cuán poco valor
son las cosas tras que andamos
y corremos,
que, en este mundo traidor,
aun primero que muramos
las perdemos.
Dellas deshaze la edad,
dellas casos desastrados
que acaeçen,
dellas, por su calidad,
en los más altos estados
desfallescen.

[IX]

Dezidme: La hermosura,
la gentil frescura y tez
de la cara,
la color e la blancura,
cuando viene la vejez,
¿cuál se pára?
Las mañas e ligereza
e la fuerça corporal
de juventud,
todo se torna graveza
cuando llega el arrabal
de senectud.

[X]

Pues la sangre de los godos[1]*,*
y el linaje e la nobleza
tan crecida,
¡por cuántas vías e modos
se pierde su grand alteza
en esta vida!

---

[1] Los godos han sido siempre considerados como el origen de la más limpia y antigua nobleza.

Unos, por poco valer,
por cuán baxos e abatidos
que los tienen;
otros que, por non tener,
con oficios non debidos
se mantienen.

[XI]

Los estados e riqueza,
que nos dexan a deshora
¿quién lo duda?,
non les pidamos firmeza,
pues que son d'una señora;
que se muda,
que bienes son de Fortuna
que revuelven con su rueda
presurosa,
la cual non puede ser una
ni estar estable ni queda
en una cosa.

[XII]

Pero digo c'acompañen
e lleguen fasta la fuessa
con su dueño:
por esso non nos engañen,
pues se va la vida apriessa
como sueño,
e los deleites d'acá
son, en que nos deleitamos,
temporales,
e los tormentos d'allá,
que por ellos esperamos,
eternales.

[XIII]

Los plazeres e dulçores
desta vida trabajada
que tenemos,

non son sino corredores,
e la muerte, la çelada
en que caemos.
Non mirando a nuestro daño,
corremos a rienda suelta
sin parar;
desque vemos el engaño
y queremos dar la vuelta
no hay lugar.

[XIV]

Esos reyes poderosos
que vemos por escripturas
ya passadas
con casos tristes, llorosos,
fueron sus buenas venturas
trastornadas;
assí, que no ay cosa fuerte,
que a papas y emperadores
e perlados,
assí los trata la muerte
como a los pobres pastores
de ganados.

[XV]

Dexemos a los troyanos,
que sus males non los vimos,
ni sus glorias;
dexemos a los romanos,
aunque oimos e leimos
sus hestorias;
non curemos de saber
lo d'aquel siglo passado
qué fue d'ello;
vengamos a lo d'ayer,
que también es olvidado
como aquello.

[XVI]

¿Qué se hizo el rey don Joan?

Los Infantes d'Aragón[2]
¿qué se hizieron?
¿Qué fue de tanto galán,
¿qué de tanta inuinción
que truxeron?
¿Fueron sino devaneos,
qué fueron sino verduras
de las eras,
las justas e los torneos,
paramentos[3]*, bordaduras*
e çimeras?[4]

[XVII]

¿Qué se hizieron las damas,
sus tocados e vestidos
sus olores?
¿Qué se hizieron las llamas
de los fuegos encendidos
d'amadores?
¿Qué se hizo aquel trovar,
las músicas acordadas
que tañían?
¿Qué se hizo aquel dançar,
aquellas ropas chapadas
que traían?

[XVIII]

Pues el otro, su heredero
don Anrique, ¡qué poderes
alcançaba!
¡Cuánd blando, cuánd halaguero
el mundo con sus plazeres
se le daba!
Mas verás cuánd enemigo,
cuánd contrario, cuánd cruel
se le mostró;

---

2 Se trata de los hijos de don Fernando de Antequera, rey de Aragón.
3 'Atavíos ricos con que se cubrían los corceles en los torneos'.
4 'Penachos o adornos de plumas en que remataban los yelmos'.

habiéndole sido amigo,
¡cuánd poco duró con él
lo que le dio!

[XIX]

Las dádivas desmedidas,
los edeficios reales
llenos d'oro,
las vaxillas tan fabridas[5]
los enriques e reales[6]
del tesoro,
los jaezes[7], *los caballos*
de sus gentes e atavíos
tan sobrados
¿dónde iremos a buscallos?;
¿qué fueron sino rocíos
de los prados?

[XX]

Pues su hermano el innocente[8]
qu'en su vida sucessor
se llamó
¡qué corte tan excellente
tuvo, e cuánto grand señor
le siguió.
Mas, como fuesse mortal,
metióle la Muerte luego
en su fragua.
¡Oh jüicio divinal!,
cuando más ardía el fuego,
echaste agua.

[XXI]

Pues aquel gran Condestable[9]

---

5 'Trabajadas con primor'.
6 'Monedas de curso legal en la época'.
7 'Adornos que se ponen a los caballos'.
8 Se trata de don Alfonso, quien todavía niño fue proclamado rey en Ávila (1465) por el partido en el que figuraban los Manrique, adverso a Enrique IV, mientras destronaban a éste en efigie.
9 Es el Condestable don Alvaro de Luna que asumió todo el poder en tiempos de Juan II y acabó decapitado en Valladolid (1453).

maestre que conoscimos
tan privado,
non cumple que dél se hable,
mas sólo cómo lo vimos
degollado.
Sus infinitos tesoros,
sus villas e sus lugares,
su mandar,
¿qué le fueron sino lloros?,
¿qué fueron sino pesares
al dexar?

[XXII]

E los otros dos hermanos,[10]
maestres tan prosperados
como reyes,
c'a los grandes e medianos
truxieron tan sojuzgados
a sus leyes;
aquella prosperidad
qu'en tan alto fue subida
y ensalzada,
¿qué fue sino claridad
que cuando más encendida
fue amatada?

[XXIII]

Tantos duques excelentes,
tantos marqueses e condes
e varones
como vimos tan potentes,
dí, Muerte, ¿dó los escondes,
e traspones?
E las sus claras hazañas
que hizieron en las guerras
y en las pazes,
cuando tú, cruda, t'ensañas,
con tu fuerça las atierras
e desfazes.

[10] El marqués de Villena, don Juan Pacheco, maestre de Santiago, y su hermano don Pedro Girón, maestre de Calatrava.

[XXIV]

Las huestes inumerables,
los pendones, estandartes
e banderas,
los castillos impugnables,
los muros e balüartes
e barreras,
la cava honda, chapada,
o cualquier otro reparo,
¿qué aprovecha?
Cuando tú vienes airada,
todo lo passas de claro
con tu flecha.

[XXV]

Aquel de buenos abrigo.
amado, por virtuoso,
de la gente,
el maestre don Rodrigo
Manrique, tanto famoso
e tan valiente;
sus hechos grandes e claros
non cumple que los alabe,
pues los vieron;
ni los quiero hazer caros,
pues qu'el mundo todo sabe
cuáles fueron.

[XXVI]

Amigo de sus amigos,
¡qué señor para criados
e parientes!
¡Qué enemigo d'enemigos!
¡Qué maestro d'esforçados
e valientes!
¡Qué seso para discretos!
¡Qué gracia para donosos!
¡Qué razón!
¡Qué benino a los sujetos!
¡A los bravos e dañosos,
qué león!

[XXVII]

En ventura, Octavïano;
Julio César en vencer
e batallar;
en la virtud, Africano;
Aníbal en el saber
e trabajar;
en la bondad, un Trajano;
Tito en liberalidad
con alegría;
en su braço, Aureliano;
Marco Atilio en la verdad
que prometía.

[XXVIII]

Antoño Pío en clemencia;
Marco Aurelio en igualdad
del semblante;
Adriano en la elocuencia;
Teodosio en humanidad
e buen talante.
Aurelio Alexandre fue
en deciplina e rigor
de la guerra;
un Constantino en la fe,
Camilo en el grand amor
de su tierra.

[XXIX]

Non dexó grandes tesoros,
ni alcançó muchas riquezas
ni vaxillas;
mas fizo guerra a los moros
ganando sus fortalezas
e sus villas;
y en las lides que venció,
cuántos moros e cavallos
se perdieron;
y en este oficio ganó
las rentas e los vasallos
que le dieron.

[XXX]

Pues por su honra y estado,
en otros tiempos pasados
¿cómo s'hubo?
Quedando desamparado,
con hermanos e criados
se sostuvo,
Después que fechos famosos
fizo en esta misma guerra
que hazía,
fizo tratos tan honrosos
que le dieron aun más tierra
que tenía.

[XXXI]

Estas sus viejas hestorias
que con su braço pintó
en joventud,
con otras nuevas victorias
agora las renovó
en senectud.
Por su gran habilidad,
por méritos e ancianía
bien gastada,
alcançó la dignidad
de la grand Caballería
dell Espada[11].

[XXXII]

E sus villas e sus tierra,
ocupadas de tiranos
las halló;
mas por çercos e por guerras
e por fuerça de sus manos
las cobró.
Pues nuestro rey natural,
si de las obras que obró
fue servido,

[11] Se trata de la Orden de Santiago.

dígalo el de Portogal,
y, en Castilla, quien siguió
su partido.

[XXXIII]

Después de puesta la vida
tantas vezes por su ley
al tablero[12]*;*
después de tan bien servida
la corona de su rey
verdadero;
después de tanta hazaña
a que non puede bastar
cuenta cierta,
en la su villa d'Ocaña
vino la Muerte a llamar
a su puerta.

[XXXIV]

diziendo: «Buen caballero,
dexad el mundo engañoso
e su halago;
vuestro corazón d'azero
muestre su esfuerço famoso
en este trago;
e pues de vida e salud
fezistes tan poca cuenta
por la fama;
esfuércese la virtud
para sofrir esta afruenta
que vos llama.»

[XXXV]

«Non se vos haga tan amarga
la batalla temerosa
qu'esperáis,
pues otra vida más larga

[12] Expuso o se jugó la vida en la guerra en tablero de ajedrez.

de la fama gloriïosa
acá dexáis.
Aunqu'esta vida d'honor
tampoco no es eternal
ni verdadera;
mas, con todo, es muy mejor
que la otra temporal,
peresçedera.»

[XXXVI]

«El vivir qu'es perdurable
non se gana con estados
mundanales,
ni con vida delectable
donde moran los pecados
infernales;
mas los buenos religiosos
gánanlo con oraciones
e con lloros;
los caballeros famosos,
con trabajos e aflicciones
contra moros.»

[XXXVII]

«E pues vos, claro varón,
tanta sangre derramastes
de paganos,
esperad el galardón
que en este mundo ganastes
por las manos;
e con esta confiança
e con la fe tan entera
que tenéis,
partid con buena esperança,
qu'estotra vida tercera
ganaréis.»

[Responde el Maestre:]

[XXXVIII]

«Non tengamos tiempo ya
en esta vida mesquina

por tal modo,
que mi voluntad está
conforme con la divina
para todo;
e consiento en mi morir
con voluntad plazentera,
clara e pura,
que querer hombre vivir
cuando Dios quiere que muera,
es locura.»

[Del Maestre a Jesús:]

[XXXIX]

«Tú que, por nuestra maldad,
tomaste forma servil
e baxo nombre:
tú, que a tu divinidad
juntaste cosa tan vil
como es el hombre;
tú, que tan grandes tormentos
sofriste sin resistencia
en tu persona,
non por mis merescimientos,
mas por tu sola clemencia
me perdona».

FIN

[XL]

Assí, con tal entender,
todos sentidos humanos
conservados,
cercado de su mujer
y de sus hijos e hermanos
e criados,
dio el alma a quien gela dio
(el cual la ponga en el cielo
en su gloria),
que aunque la vida perdió,
déxonos harto consuelo
su memoria.

(Ed. de Jesús-Manuel Alda Tesán, Ed. Cátedra).

C. *COMENTARIO*

1. **Contenido**

A) *Elementos del contenido*

Si leemos detenidamente los diferentes apartados que componen el contenido de la composición, podremos apreciar lo siguiente:

Versos 1-36:

a) En esta parte introductoria están presentes una serie de tópicos medievales que Manrique va a desarrollar a lo largo de la obra.

b) En la Edad Media todo se somete a un orden jerárquico. En estos versos el autor, valiéndose de una imagen, nos insinúa la jerarquía social de la época.

c) Ya podemos apreciar aquí lo que será una constante de Manrique a lo largo de toda la obra: la visión de la muerte como consuelo (objetivo final de la composición).

Versos 37-180:

a) Invocar a la divinidad al comienzo de la obra es otro tópico medieval. En el Renacimiento se invocará a los poetas clásicos. La obra de Jorge Manrique está a las puertas del Renacimiento; sin embargo, su invocación responde claramente a la mentalidad cristiana medieval, no a la pagana renacentista.

b) El menosprecio del mundo es una constante ideológica del hombre medieval. En estas estrofas, sin embargo, hay una valoración del mundo y posteriormente un menosprecio. Esto es propio del carácter didáctico-moral de la obra.

c) Los elementos del mundo, dignos de ser menospreciados por Manrique, son los mismos que en el siglo VI expuso Boecio en sus *Consolaciones:* la belleza, las riquezas, la nobleza y los placeres.

Versos 181-288:

a) Otro de los tópicos de la literatura medieval es el empleo del *ejemplo* con fines didácticos o moralizantes. Manrique lo utiliza aquí con el fin de demostrar la poca importancia de las cosas materiales. Se entronca así Manrique en una corriente literaria propiamente medieval que tiene en el *ejemplo* una de sus formas más significativas.

b) Jorge Manrique presenta los contenidos valiéndose de un tema también tópico y que seguirá cultivándose en la literatura posterior hasta nuestros días: el *ubi sunt?*. De él se vale el autor para preguntarse sobre una serie de personas y hechos presentes en el poema y demostrar su caducidad.

c) En estos versos, además, el autor nos ofrece un verdadero retrato de la Corte. Personas, usos y costumbres están claramente reflejados.

d) Ya hemos dicho que en la Edad Media todo se somete a una jerarquía. Los personajes a los que se refiere Manrique en estos versos van apareciendo por orden jerárquico: el Rey, los Infantes; los herederos, la nobleza (duques, condes...).

e) En la última *Copla* de este apartado el autor nos ofrece una perfecta visión del castillo medieval, con lo que Manrique demuestra, una vez más, su fuerte arraigo en la tradición medieval.

f) Recuérdese que hemos dicho que al comienzo de la composición aparece la muerte en abstracto. Aquí la visión de la muerte es más directa; el autor, incluso, se dirige a ella y la increpa.

Versos 289-final:

a) Después de pasar revista a todas las personas nobles de la época, Jorge Manrique se centra en su padre, don Rodrigo. Describe sus virtudes más importantes y entre ellas destaca la de ser un gran guerrero contra los moros, una de las que mejor hablan de la grandeza y la nobleza del hombre medieval.

b) En la *Copla* XXXIII comienza la Muerte a hablar

con don Rodrigo. Contrasta la visión de la muerte en este momento con las dos actitudes que hemos apreciado. Hemos llegado a un tercer grado de evolución en la presencia de la Muerte.

c) En la Edad Media es normal ver la Muerte desde dos perspectivas muy claras: como algo terrorífico o como algo jocoso y desagradable *(La danza de la muerte).* El carácter del poema responde, evidentemente, a la primera, aunque su visión es mucho más reposada.

d) Al final, don Rodrigo acepta morir. Esta manera serena de aceptar la muerte responde claramente a la tradición cristiana. No podría ser de otra forma, teniendo en cuenta el carácter de la composición.

e) La última *Copla* es la condensación temática de la composición y el punto al que le interesaba llegar a Manrique. Se ha llegado así, tras un encadenamiento perfecto de los contenidos, al final esperado.

B) *Estructuración de la obra*

La disposición del poema se conforma a partir, al menos, de tres elementos importantes:

1. Desarrollo tonal del poema; es decir, cómo se van ensartando las coplas hasta llegar a la última, donde se condensa el objetivo que persigue el poeta.
2. Partes en que puede dividirse la obra de acuerdo con su contenido.
3. Estructura formal de la composición. El autor cambia de técnica según la parte de que se trate. Así utilizará, entre otros: el tono exhortativo, el estilo expositivo, la interrogación retórica, etc.

2. **Técnica y estilo**

A) *Análisis métrico*

Todos los recursos métricos que utiliza el autor (estrofa, rima, combinación de versos octosílabos y tetrasílabos, valores rítmicos, encabalgamientos, etc.) están en función del tono solemne, reposado y monocorde de la composición. Si leemos una estrofa cualquiera, nos daremos cuenta de que el ritmo que nos marca su lectura sugiere justamente el tono que señalamos. Se trata de otro de los grandes aciertos de Manrique: la perfecta adecuación de la métrica al contenido de la composición.

B) *El estilo*

De acuerdo con el carácter general de la composición, el plano estilístico de este poema debe ser estudiado teniendo en cuenta lo siguiente:

a) Utilización de una serie de recursos por repetición (paralelismo, anáfora, etc.) en función de la insistencia en el núcleo del contenido: la muerte.

b) Equilibrio y precisión en la utilización del elemento estético (imagen, símil, etc.) para adecuarlo al carácter abstracto del tema.

c) Ausencia casi general de adjetivación (eliminación de epítetos embellecedores, adjetivos superfluos, etc.) de acuerdo con el tono solemne de la elegía.

d) Eliminación del retoricismo imperante en la poesía de «Cancionero» del siglo XV (juegos conceptistas, perífrasis innecesarias, etc.) porque la trascendencia y seriedad del tema no lo permite.

e) Uso de las formas no personales del verbo (infinitivo, gerundio y participio) con especiales valores estilísticos, para marcar los distintos matices que el *tiempo* juega en la obra. Así, el gerundio («contemplando»), que tiene carácter durativo, sirve para prolongar y acentuar su valor significativo.

f) Perfecto paralelismo sintáctico y fraseológico en función del equilibrio y el tono reposado y sentencioso del poema.

Tras la reflexión sobre cada uno de estos aspectos, puede llegarse a la siguiente conclusión:

«Jorge Manrique demuestra una sensibilidad casi renacentista en la selección del material estilístico, ya que en sus *Coplas* predominan las notas de naturalidad, armonía y mesura.»

3. La lengua

Desde el punto de vista lingüístico, podemos localizar las *Coplas* de Manrique dentro del español preclásico. En esta época se depura el tono latinizante característico de la lengua del siglo XV. Efectivamente, la admiración por la antigüedad llevó en muchas ocasiones a los autores del XV a intentar escribir como los escritores latinos. En esta época, aunque se sigue admirando el mundo clásico, los autores llegan a asimilarlo y a depurar gran cantidad de los elementos lingüísticos que, un tanto caóticamente, habían introducido en sus obras los escritores de la época anterior (hipérbaton innecesario, exceso de cultismos, latinismos, etc.). Teniendo en cuenta esta observación ofrecemos las características más importantes del estado de lengua que presentan las *Coplas:*

—Equilibrio y perfección en la utilización estética del elemento latinizante: hipérbaton, cultismos, latinismos, construcciones sintácticas de infinitivo o participio presente a la manera latina, etc.

—Aunque la lengua todavía no está fijada, procura desprenderse de las vacilaciones medievales:

- Uso casi general de H- (inicial) en lugar de F- («*h*ermosura») en la ortografía.
- Se regula el uso de -D (final), que antes alternaba con -T («verda*d*»).
- Continúan, no obstante, las vacilaciones en el timbre de las vocales («s*o*birnos», por «s*u*birnos»).
- Las terminaciones verbales -ADES, -EDES, -IDES han dado paso a las actuales -ais, -is («esper*áis*»), aunque todavía alternan con formas intermedias: «derramast*es*», por «derramast*eis*».
- Es normal la reducción de los grupos consonánticos en los cultismos: «ben*ino*, d*ic*iplina, etc.» (algunos de los cuales se han repuesto hoy).

- Es anormal ya la intercalación del posesivo entre el artículo y el sustantivo: la *tu* casa, etc.
- Todavía predomina la forma VOS en posición proclítica, pero ya empieza a sustituirse por OS: «que *vos* llama».
- Léxico y fraseología: formas poco usadas: «cava», etc.
  formas desaparecidas: «enrique», etc.
  fraseología: «poner la vida al tablero», etc.

4. **Actitud crítica**

a) Quizá ahora el lector estará en condiciones de emitir un *juicio crítico general* de *Las Coplas* de Manrique y reflexionar sobre su *contenido,* su *estructuración temática y formal* y su *técnica.*

b) *Tradición y originalidad de Manrique.* El escritor Pedro Salinas estudia la obra de Manrique en función de dos aspectos fundamentales: lo que tiene de tradicional y lo que aporta el autor, en lo que reside su originalidad. Efectivamente, si tenemos en cuenta el tratamiento de los tópicos medievales y la sensibilidad prerrenacentista de la obra, la creación de Manrique, a pesar de responder a una convención literaria eminentemente medieval, se aparta en muchos aspectos de lo que hubiera sido normal en el momento en que se escribe.

c) *La visión de la muerte.* Aunque en la obra la muerte se presenta con los más variados matices, la visión que le interesa al autor es la que aparece al final de la composición: *la muerte serena.* Contrasta la aceptación serena de la muerte tal y como aparece en las *Coplas* con la visión que se tenía de la misma en la sociedad medieval y en sus manifestaciones literarias.

d) *Las Coplas, poema consolatorio.* Tras apreciar el proceso que ha seguido Manrique en el tratamiento del tema, desde el principio hasta el final, podemos afirmar que esta obra es un *poema consolatorio.*

e) *El tema de la muerte* es una constante de cualquier manifestación artística de todas las épocas; no obstante, los artistas y la sociedad de cada época tienen una visión distinta del mismo. Piénsese en la diferencia de la visión de Manrique (Edad Media) con la que tienen otros autores (literatos, pintores, etc.) de otros movimientos artísticos (Renacimiento, Barroco, etc.).

f) Conclusión: Jorge Manrique y su visión del mundo medieval. Ello se manifiesta en:

—Los aspectos (históricos, sociológicos, culturales) que recoge en su obra.
—El tratamiento que da a cada uno de ellos.
—Qué es lo que más le interesa del mundo medieval y por qué.
—En su obra presenta un cuadro de costumbres de la Edad Media.
—Su actitud crítica ante la sociedad medieval.

g) *Actualidad de las Coplas.* El paso del tiempo no ha hecho sino acentuar el valor de este poema. Puede decirse que es una obra eterna. Su actualidad es aún mucho más patente desde el momento que algunos de nuestros cantautores (Paco Ibáñez, etc.) le han puesto música. Ello es debido, evidentemente, no sólo a sus valores literarios, sino a la importancia que tienen en la concepción general de la composición el elemento sociológico, crítico, humano, cristiano, etc.

IV. RECAPITULACIÓN

1. *La época* de Jorge Manrique.

1.1. *Organización política:*

—La Monarquía. Poder del Rey.
—Las Cortes.

1.2. *Organización militar:*

—La Reconquista, ideal militar de la época.
—Planificación de las ciudades atendiendo a las necesidades militares. El castillo.

1.3. *Organización social:*

—La crisis de la sociedad feudal.
—Jerarquía de las clases sociales:

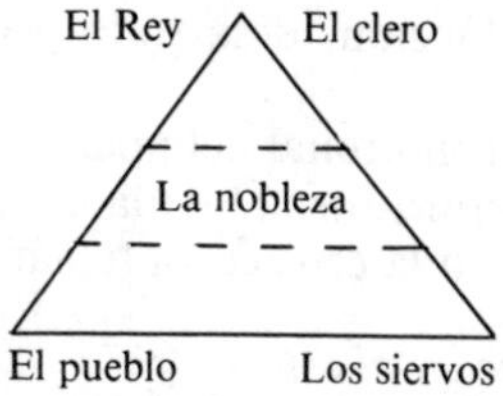

1.4. *Aspecto ideológico:*

—La divinidad dirige los destinos del hombre.
—Menosprecio del mundo. La vida es un paso para la muerte.
—La vida de la Corte.
—El caballero medieval. Sus ideales.

1.5. *Aspecto cultural:*

—La literatura en el siglo XV.
—El Prerrenacimiento.
—Las Universidades.
—El estilo gótico.
—La influencia de Italia.

2. *La obra*

2.1. *La obra y la época:*

—Los tópicos literarios.
—La presencia de la sociedad medieval.
—El ideal del caballero.
—La organización política y militar.

2.2. *Elementos del contenido:*

—El asunto de la obra.
—Análisis de los distintos contenidos.

—Precisión del tema central.
—La intención del autor.

2.3. *Estructura de la obra:*

—Introducción, desarrollo y clímax de la composición.
—Desarrollo tonal del poema.
—Estructura formal de la composición. Su relación con la estructura temática.

2.4. *La técnica y el estilo:*

—Análisis de la métrica.
—Estado de lengua que presenta el poema.
—Ausencia de retoricismo.
—Equilibrio y precisión en la utilización del elemento estético.
—Valor estilístico de los elementos gramaticales.

2.5. *Trascendencia y significación:*

—El tratamiento del tema.
—Originalidad y actualidad de la obra.
—La obra en la época y en la Historia de la Literatura y el Arte.

V. BIBLIOGRAFÍA BÁSICA

Ediciones

Antología de los Manriques. Edición de Joaquín de Entrambasaguas. Zaragoza, Clásicos Ebro, 1966.
Obra completa de Jorge Manrique. Edición de Miguel de Santiago. Barcelona, Ediciones 29, 1978.
Poesía de Jorge Manrique. Edición de Jesús-Manuel Alda Tesán, Madrid, Ediciones Cátedra, 1977.
Poesías completas de Jorge Manrique. Edición de Enrique Azcoaga. Madrid, Ed. Edaf.

Estudios

Además de los prólogos de las anteriores ediciones, pueden consultarse:

LÓPEZ ESTRADA, Francisco: *Introducción a la literatura medieval*. Madrid, Ed. Gredos, 1962.

SALINAS, Pedro: *Jorge Manrique o tradición y originalidad*. Barcelona, Seix Barral, 1974 (1.ª ed., Buenos Aires, Editorial Suramericana, 1947).

SERRANO DE HARO, Antonio: *Personalidad y destino de Jorge Manrique*. Madrid, Gredos, 1975.

VIII. EL TEATRO ANTERIOR A LOPE DE VEGA

—Auto de los Reyes Magos
—Juan del Encina
—Gil Vicente

I. INTRODUCCIÓN

El teatro medieval europeo tiene su origen en las festividades religiosas y formaba parte de los actos litúrgicos. Las incipientes piezas teatrales se representaban fundamentalmente en las grandes solemnidades religiosas cristianas: *La Navidad, La Resurrección* y *La Epifanía.*

Al lado de este teatro religioso se fue desarrollando un teatro profano que tendría sus orígenes en los juegos burlescos de algunos juglares y en la incorporación, cada vez más abundante, de elementos cómicos en las obras religiosas.

Ambos tipos de teatro fueron cultivados en los países de la Europa medieval. Por lo que a España se refiere, conservamos textos y documentos que acreditan una intensa actividad teatral en el *Reino de Aragón* (Aragón, Cataluña, Valencia y Baleares), pero parece que en Castilla el teatro fue muy escasamente cultivado. Esta diferencia entre los dos grandes reinos peninsulares podría estar justificada por circunstancias económicas, sociales y culturales. El Reino de Aragón estaba más en contacto con la cultura europea y poseía, en ese tiempo, un nivel económico y un desarrollo social superior al de Castilla. La sociedad castellana, austera y cerrada sobre sí misma, era poco propicia al cultivo y desarrollo de espectáculos fastuosos.

De toda la producción dramática escrita en lengua castellana sólo conservamos *El Auto de los Reyes Magos* (siglo XII) y dos piezas teatrales de Gómez Manrique (siglo XV).

Durante *El Renacimiento,* la actividad teatral fue mucho más intensa en Castilla. En el reinado del emperador Carlos I destacan una serie de dramaturgos que crearán un teatro de calidad indiscutible. Aunque algunos temas y técnicas teatrales proceden de la tradición medieval, estos dramaturgos —llamados **«primitivos»** por algunos historiadores de la Literatura— estaban enraizados en el tiempo en que vivieron y supieron dar forma teatral a preocupaciones e inquietudes que compartían con sus contemporáneos. Entre estos dramaturgos de la primera mitad del siglo XVI destacan: Juan del Encina, Lucas Fernández, Gil Vicente y Torres Naharro.

En la segunda mitad del siglo, la actividad teatral es cada vez más intensa. El teatro se convierte en un espectáculo ampliamente demandado tanto por la corte como por el pueblo, lo que explica el auge que tendrá en el siglo siguiente como espectáculo colectivo. Muchas de las fórmulas dramáticas del teatro nacional español del *Siglo de Oro* están ya en embrión en el teatro del siglo XVI. Lope de Vega cultivaría el género teatral en un momento propicio, en el que todo estaba preparado por el esfuerzo de generaciones de dramaturgos anteriores. Entre los autores teatrales de esta época destacan: Juan de la Cueva, Lope de Rueda y Miguel de Cervantes.

II. LECTURAS REFLEXIVAS

Primera. El *Auto de los Reyes Magos* *

Como ya hemos indicado, el teatro medieval europeo tiene un orgien litúrgico. Sus antecedentes parecen estar en **los tropos,** breves textos cantados que se interpolaban en un texto litúrgico. Estos tropos estaban escritos en latín, que era la lengua de la Iglesia. Muy pronto debieron ser interpretados alternativamente por dos secciones de un coro, estableciéndose así un diálogo, primer embrión de una representación dramática. Poco a poco se fueron dialogando —siempre acompañados de música— pasajes más amplios del Evangelio, leídos y declamados por los propios sacerdotes.

A partir del siglo XIII se tienen noticias de rudimentarias representaciones que escenificaban pasajes de la vida de ciertos santos.

Estos dramas religiosos se desarrollaban siempre dentro de la iglesia y formaban parte de los actos del culto.

Hacia el siglo XII, algunas de estas representaciones se hacían ya en lengua vulgar y, a demanda del público, se iban introduciendo en ellas elementos cómicos y profanos. Por eso, a finales del siglo, se consideró que estas representaciones no eran aptas para ser desarrolladas en el interior de los templos y comenzaron a representarse en el pórtico o claustro de los mismos. A partir de aquí el teatro adquiere cada vez más importancia como acto de diversión colectiva, siempre en relación con celebraciones populares de carácter tanto religioso como profano.

En Castilla, como ya hemos indicado, son muy escasos los textos conservados. Recientemente se han descubierto algunos **tropos** en latín, que datan de los si-

(*) El texto y las notas están tomados de *El teatro anterior a Lope de Vega* de W. Hese y Juan O. Valencia, Madrid. Ed. Alcalá, 1971.

glos XI y XII, todos ellos muy primitivos y arcaicos para su tiempo. Se tiene noticia también de algunas representaciones de la catedral de Toledo que tenían lugar en *la Nochebuena.* En esta catedral debieron representarse además obritas teatrales referentes a la adoración de *Los Reyes Magos,* en el contexto de la celebración litúrgica de *La Epifanía.* El primer texto de teatro medieval conservado, escrito en castellano, está precisamente relacionado con esta festividad religiosa. Se trata del llamado *Auto de los Reyes Magos.*

El texto consta tan sólo de 147 versos y es evidente que se trata de un fragmento de un drama litúrgico de mayor extensión.

El fragmento conservado está dividido en cuatro cuadros o escenas. La primera está constituida por sucesivos monólogos de los tres reyes. Estos que, como sabemos, eran astrólogos acaban de descubrir en el cielo una nueva estrella y piensan si será la que, según las profecías, anuncia el nacimiento de Cristo.

En la segunda escena, como puede observarse, los reyes dialogan entre sí para comunicarse el descubrimiento de la estrella. Entre los tres toman la decisión de ponerse en camino para ir a adorar al recién nacido al que ofrecerán *oro, incienso* y *mirra* con la intención de descubrir su naturaleza humana o divina.

En la escena tercera se entrevistan con Herodes. La escena cuarta está constituida por un breve monólogo del rey de Judea. En la escena quinta —final del fragmento conservado— Herodes pide información a los sabios intérpretes de las *Sagradas Escrituras* acerca del nacimiento anunciado por los Reyes Magos. Los sabios discuten entre sí sin ponerse de acuerdo.

Los 147 versos que componen el fragmento son polimétricos, con predominio de los alejandrinos, eneasílabos y heptasílabos. La rima es muy simple: pareados asonantados. Obsérvese la utilización de los versos más cortos en los momentos de mayor tensión dramática.

Aunque la *técnica teatral* de esta obrita es muy rudimentaria, debemos observar una cierta tensión dramática en el conflicto que se desarrolla en el interior del personaje de Herodes. La angustia que éste revela sufrir en el monólogo de la escena cuarta, contrasta vivamente con sus engañosas palabras de la escena tercera. El monólogo constituye además el momento cumbre o *climax* del fragmento.

El anónimo autor contaba de antemano con el interés del público, puesto que los hechos que dramatiza son de todos conocidos. Por eso, puede limitarse a la sola sugerencia de los mismos.

ESCENA II

CASPAR A BALTHASAR.
Dios vos[1] salve, senior, ¿sodes[2] vos strelero?
dezidme la verdad, de vez sabelo quiro[3].
¿Vedes tal maravilla?
nacida es una strela.

BALTHASAR.
Nacido es el Criador,
que de las gentes es senior;
iré, lo aoraré.

CASPAR.
Io otrosi rogar lo e[4].

MELCHIOR.
(A los otros dos.)
Seniores, ¿a quál tirra, ó queredes[5] andar?
Queredes ir conmigo al Criador rogar[6]
¿Avedes lo veido? io lo vo aorar[7].

CASPAR.
Nos imos otrosi, si.l podremos falar[8].
Andemos tras el strela, veremos el logar.

MELCHIOR.
¿Cúmo podremos provar si es home mortal
o si es rei de terra o si celestrial?

BALTHASAR.
¿Queredes bine saber cúmo lo sabremos?
oro, mira i acenso[9] a él ofreceremos;
si fure[10] rei de terra, el oro querá;

---

1. *vos:* os.
2. *sodes:* sois.
3. *quiro:* quiero.
4. yo también le rezaré.
5. *queredes:* queréis.
6. *rogar:* rezar.
7. *avedes lo veido:* lo habéis visto; *vo*: voy; *aorar:* adorar.
8. nosotros vamos también a ver si le podemos hallar.
9. *mira:* mirra; *acenso:* incienso.
10. *fure:* fuere.

si fure omne mortal, la mira tomará;
si rei celestrial[11]*, estos dos dexará,*
tomará el encenso que.l[12] *pertenecerá.*

CASPAR Y MELCHIOR. ***Andemos i así lo fagamos.***

ESCENA III

CASPAR. **(Y los otros dos Reyes a Herodes.)**
Salve te el Criador, Dios te curie*[13] *de mal!
Un poco te dizeremos, non te queremos al*[14]*,
Dios te dé longa vita i te curie de mal;
imos*[15] *in romería aquel rei adorar
que es nacido en tirra, no.l*[16] *podemos fallar.

HERODES. ***¿Qué decides, ó ides*[17]*, a quin ides buscar?***
¿De quál terra venides, ó queredes andar?
Decidme vostros nombres, no.m los quera-
[des celar*[18]*.

CASPAR. ***A mi dizen Caspar,***
est otro Melchior, ad achest*[19] *Balthasar.
Rei, un rei es nacido que es senior de tirra,
que mandará el seclo en gran pace sines
[gera*[20]*.

HERODES. ***¿Es así por verdad?***

CASPAR. ***Sí, rei, por caridad.***

HERODES. ***¿I cúmo lo sabedes?***
¿la provado*[21] *lo avedes?

CASPAR. ***Rei, vertad te dizremos***
que provado lo avemos.

MELCHIOR. ***Esto es grand maravila*[22]*,***
un strela es nacida.

---

11. *celestrial:* celestial.
12. *que.l:* que a él.
13. *curie: guarde.*
14. *dizremos:* diremos; *al:* otra cosa.
15. *imos:* vamos.
16. *no.l:* no le.
17. *ó ides:* y a dónde vais.
18. *celar:* ocultar.
19. *ad achest:* a este.
20. *seclo:* siglo; *sines gera:* sin guerra.
21. *provado:* probado.
22. *maravila:* maravilla.

BALTHASAR. *Sennal face que es nacido*
i in carne humana venido.

HERODES. *¿Quánto i a*[23] *que la vistes*
i que la percibistis?

CASPAR. *Tredze*[24] *días a,*
i mais[25] *non averá,*
que la avemos veída[26]
i bine percibida.

HERODES. *Pus andad i buscad*
i a él adorad, i por aquí tornad.
Io alá oré i adoralo e.

ESCENA IV

HERODES. **(Solo.)**

¡Quin[27] *vio numquas tal mal,*
sobre rei otro tal!
Aún non so io morto[28]*,*
ni so la terra pusto![29]
¿Rei otro sobre mí?
Numquas atal non vi!
El seglo va a çaga[30]*,*
ia non sé qué me faga;
por vertad no lo creo
ata[31] *que io lo veo.*
Venga mio maiordoma
qui mios averes[32] *toma.*

(Sale el mayordomo.)

Idme por mios abades
i por mios podestades
i por mios scribanos

23. *i a:* hace.
24. *tredze:* trece.
25. *mais:* mas.
26. *veída:* vista.
27. *quin:* quien; *numquas:* nunca.
28. *so:* soy; *morto:* muerto.
29. ni bajo la tierra puesto (enterrado).
30. *va a çaga:* va para atrás.
31. *ata:* hasta.
32. *averes:* cuidados.

i por mios gramatgos[33]
i por mios streleros
y por mios retóricos;
dezir m'an la vertad, si iace in escripto
o si lo saben elos o si lo an sabido.

ESCENA V

(Salen los sabios de la corte.)

LOS SABIOS. *Rei, ¿qué te plaze? he nos venidos*[34].
HERODES. *¿Il traedes vostros escriptos?*
LOS SABIOS. *Rei, sí, traemos,*
los mejores que nos avemos[35].
HERODES. *Pus catad*[36],
dezid me la vertad,
si es aquel omne nacido
que estos tres rees m'an dicho.
Di, rabí la vertad, si tú lo as sabido.
EL RABÍ. *Por veras vo lo digo*
que no lo fallo escripto.
OTRO RABÍ AL 1.° *Hamihala*[37], *¡cúmo eres enartado!*
?Por qué eres rabí clamado?[38]
Non entendes las profecías,
las que nos dixo Ieremias.
¿Par mi lei[39], *nos somos erados!*
¿Por qué non somos acordados?[40]
¿Por qué non dezimos vertad?
RABÍ 1.° *Io non la sé, por caridad.*
RABÍ 2.° *Por que no la avemos usada,*
ni en nostras vocas es falada.

---

33. *gramatgos:* gramáticos.
34. *he nos venidos:* aquí estamos.
35. *avemos:* tenemos.
36. *catad:* mirad.
37. *Hamihala:* ¡Dios me ayude!; *enartado:* engañado.
38. *clamado:* llamado.
39. *lei:* fe; *nos somos erados:* estamos equivocados.
40. *somos acordados:* ponemos de acuerdo.

Segunda. *Égloga de Fileno, Zambardo y Cardonio* de Juan del Encina (*)

Juan del Encina (1469-1529) nació y se formó en Salamanca, ciudad en la que florecía el *Renacimiento.* Estudió leyes y música, se ordenó de menores y adquirió temprana fama de músico y poeta. Los duques de Alba lo tomaron a su servicio para que organizase los festejos de su castillo-palacio en Alba de Tormes. En este ambiente cortesano desarrollará su actividad dramática.

Encina compuso sus obras en una época de transición entre la Edad Media y el Renacimiento, por lo que encontramos en ellas elementos medievales y elementos renacentistas. Sus primeras piezas teatrales tratan los temas medievales de *La Navidad* y de *La Pasión.* Muchos de sus personajes son pastores, pero el interés de Encina por lo pastoril es más renacentista que medieval. En efecto, el Renacimiento concedía extraordinaria importancia a todo lo espontáneo y natural y los pastores son hombres sencillos y en contacto con la naturaleza. Por la misma razón de valoración de lo espontáneo, el Renacimiento se interesaba por el lenguaje llano y popular; el lenguaje rústico de los pastores de Encina —el sayagués— está, pues, dentro de la estética renacentista. Por otra parte, el uso de este lenguaje constituye un antecedente del **lenguaje villanesco** del teatro del *Barroco.*

En la producción dramática de Juan del Encina suelen distinguirse **dos épocas.** A la primera pertenecen obras de asunto profano y religioso, más o menos emparentadas con la tradición medieval. A la segunda, sus tres piezas más importantes: *Égloga de Fileno, Zambardo y Cardonio, Égloga de Cristino y Febea* y *Égloga de Plácida y Victoriano,* en las que los elementos renacentistas son mucho más evidentes.

(*) El texto y las notas están tomados de *El teatro anterior a Lope de Vega.* Madrid, Ed. Alcalá, 1971. Para la interpretación del texto hemos tenido muy en cuenta las conclusiones a las que llega Francisco Ruiz Ramón en *Historia del teatro español.*

Vamos a leer un fragmento de la primera de estas églogas. Se trata del monólogo que Fileno sostiene antes de proceder a su suicidio.

En esta pieza teatral los personajes son pastores —como ocurre en las catorce que de este autor conocemos—, pero el lenguaje en que se expresan no es ya el sayagués —dialecto que Encina utiliza, a veces con intención cómica, para acentuar el carácter rústico de los personajes—, sino un lenguaje culto, relacionado con el habla cortesana de la corte ducal de Alba.

Es en estas tres obras mayores donde Encina se manifiesta como el verdadero creador del teatro castellano del Renacimiento. El lenguaje, la intensidad dramática, la estructura de la obra y la concepción de los personajes van a influir decisivamente en el desarrollo del teatro posterior.

La trama argumental de esta égloga es la siguiente:

Fileno está enamorado de Céfira, que no le corresponde. Incapaz de liberarse de su pasión, decide darse muerte. Antes de hacerlo comunica su desgarramiento interior a otros dos pastores: Zambardo *—que personifica a la* Naturaleza *—y* Cardonio— *que encarna a la* Razón—. *Ni uno ni otro le sirven para solucionar su conflicto.*

Lo que interesa al dramaturgo es poner de manifiesto el conflicto interior del personaje, abandonado a sus solas fuerzas. El punto culminante de la tensión dramática está en el monólogo que precede a la muerte voluntaria del protagonista.

Obsérvese que comienza con una invocación a la muerte. A continuación el personaje duda de que ésta atienda su demanda, por lo que decide asumir la responsabilidad de darse muerte por sí mismo, rechazando toda consideración moral sobre el hecho: «*Por donde delibro sin más reposar, / Ni menos pensar* **a bien o mal hecho,** / *El ánima triste del cuerpo arrancar*». Es esto lo que confiere novedad y carácter renacentista a la obra; la decisión **personal** de darse muerte, sin tener en cuenta las leyes éticas imperantes, era impensable en la concepción medieval de la vida.

Antes de consumar su acto, Fileno maldice al amor, primero en términos generales, luego refiriéndose a su caso concreto. Al final se maldice a sí mismo. Obsérvese que un sentimiento de ternura invade el alma del personaje que va destruyendo, en una patética escena, todos los objetos que posee y que no le han servido para hacerle feliz. Por un momento parece que vacila en su decisión, pero vuelve a su determinación primera y se quita la vida en la escena.

En este patético monólogo —uno de los más bellos del teatro español y que preludia otros semejantes del teatro del *Barroco*— las palabras sirven para comunicar al espectador las angustias, vacilaciones y la decisión final del personaje que las pronuncia, pero debe observarse que junto a **la palabra** está **el gesto** —no olvidemos que el teatro es espectáculo—. Durante todo el monólogo, Fileno sostiene en su mano un **cuchillo,** objeto que debió monopolizar la atención visual del espectador, contribuyendo de manera eficaz a crear el clima de tragedia de la escena.

CARDONIO. ***PUES ¿QUÉ ES LO QUE PIENSAS, FILENO, HACER?***
FILENO. ***¿Qué es lo que pienso? Yo me lo sé.***
CARDONIO. ***¿Yo no lo puedo, Fileno, saber?***
FILENO. ***Sí, sólo aquesto, y tenlo por fe:***
Que sola una cosa tan congojado
Me tiene, y me pone el cuchillo en la mano:
En haberme Céfira por otro trocado,
Y haber tanto tiempo servídola en vano.
Que puedes, Cardonio, de cierto creer
Que aunque Céfira jamás me mirára,
Si claro no viera mudar el querer
Sobre otra persona, jamás me quejára.
Mas véte, Cardonio, como has prometido;
Que yo te prometo que yo haga de suerte
Que este trocarme no quede en olvido,
Si bien por memoria quedase mi muerte.

(Ido Cardonio, dice FILENO.)

Muy claro conozco, jamás reposar
Mientra le fuere subjeto á Cupido.
Muerte, no cures de más engorrar[1]*;*
Vén prestamente, que alegre te pido.
No hagas que siempre te llame yo en vano;
Hazme, pues puedes, tan gran beneficio;
Mas guarda no tardes, porque mi mano
Delibra de hacer muy presto el oficio.
Alegre te espero: ¿cómo no vienes?
Tan justa demanda ¿por qué me la niegas?
Muda conmigo la usanza que tienes
De entristecer do quier que tú llegas.
Mas ¡ay! que he temor de tu condición,
Do siempre se vio crueldad conoscida;
Que a quien te demanda con grave pasión
Le aluengas y doblas su mísera vida.
Por donde delibro sin más reposar,
Ni menos pensar a bien o mal hecho,
El ánima triste del cuerpo arrancar,
Con este cuchillo hiriendo mi pecho.
¡Oh ciego traidor, que tú me has traído
A tan cruda muerte en joven edad!
¡Oh malo, perverso, desagradecido,
Do nunca jamás se vio piedad!
Mas siempre te plugo á tus enemigos,
Porque te huían, dar mil favores,
Y duros tormentos aquellos amigos
Que más te procuran de ser servidores.
Y aquellos prometes dar buen galardón,
Porque soporten tu pena tan huerte,
Dasles después tan cruda pasión,
Que siempre dan voces llamando la muerte.
Maldigo aquel día, el mes y aún el año
Que á mí fue principio de tantos enojos.
Maldigo aquel ciego, el cual con engaño
Me ha sido guía a quebrarme los ojos.
Maldigo a mí mesmo, pues mi juventud
Sirviendo á una hembra he toda expendida.
Maldigo a Céfira e su ingratitud,
Pues ella es la causa que pierdo la vida.

---

[1] *engorrar:* molestar.

Haz presto, mano, el último oficio.
Saca aquesta alma de tanta fatiga,
Y harás que reciba aqueste servicio
Aquélla que siempre te ha sido enemiga.
Tú, alma, no pienses ni tengas temor
Que andando al infierno ternás mayor pena;
Mas piensa, sin duda, tenerla menor
Do quier que te halles sin esta cadena.
E tú, mi rabé[2]*, pues nunca podiste*
Un punto mover aquella enemiga,
Ni menos jamás tan dulce tañiste
Que el alma aliviases de alguna fatiga,
En treinta pedazos aquí quedarás
Por sola memoria de mi mala suerte;
E quizá que rompido a Céfira podrás
Mover a piedad de mi cruda muerte.
¿Qué es lo que queda en aqueste zurrón?
No me ha de quedar, salvo el cuchillo,
Pedernal terrena, yesca, eslabón...
Que vos en dos partes iréis, caramillo[3].
¿Queda otra cosa, si bien la cuchar?[4]
Zaticos[5] *de pan ten tú venturado.*
Pues el zurrón no me ha de quedar.
Ni vos en mal hora tampoco, cayado.
Sólo el partir de tu compañía
Me causa pasión, ¡oh pobre ganado!
·Más place á Cupido que quedes sin guía,
Al cual obedezco a mal de mi grado.
Sé que los lobos hambrientos contino,
Por ver si me parto, están asechando.
¡Ay triste de mí, que fuera de tino
La lumbre a mis ojos se va ya quitando!
Siendo la hora que a muerte me tira
Do de lloros e penas espero salir,
Llegada es la hora en la cual Céfira
Contenta haré con crudo morir.
Por ende, vos, brazo, el boto cuchillo
Con tanta destreza, por Dios, gobernad,

---

2 *rabé:* instrumento musical.
3 *caramillo:* flauta pequeña.
4 *cuchar:* cuchara.
5 *zaticos:* mendruguillos.

Que nada no yerre por medio de abrillo
El vil corazón sin ninguna piedad.
El cual so[6] *los miembros procura asconderse*
Tremando[7] *atordido con tanto temor,*
Pensando del golpe poder defenderse
Que al mísero cuerpo ha doblado el dolor.
¡Oh Júpiter magno, oh eterno poder!
Pues claro conosces que muero viviendo,
La innocente alma no dejes perder,
La cual en tus manos desde agora encomiendo.
¿Qué haces, mano? No tengas temor.
¡Oh débil brazo, oh fuerzas perdidas,
Sacadme, por Dios, de tanto dolor!
Y ¿dó sois agora del todo huídas?
Mas pues que llamaros es pena perdida,
Según claro muestra vuestra pereza,
Quiero yo triste, por darme la vida,
Sacar esta fuerza de vuestra flaqueza.

III. COMENTARIO DE TEXTOS

Auto de la Sibila Casandra de Gil Vicente (*)

A. *PRESENTACIÓN*

Gil Vicente (1465-1536), portugués de origen, es uno de los máximos representantes del teatro castellano del siglo XVI. Conocemos cuarenta y cuatro obras de este escritor, once de las cuales están escritas en castellano, quince en portugués y las restantes en ambas lenguas. Se han señalado tres causas para justificar el hecho de

[6] *so:* bajo.
[7] *tremando:* temblando.
(*) El texto y gran parte de las notas están tomados de *Obras dramáticas castellanas* de Gil Vicente. Edición de T. R. Hart. Madrid, Espasa Calpe, 1962.

que un escritor portugués utilice con frecuencia la lengua castellana como vehículo de expresión:

1. *La tradición literaria:* el dramaturgo portugués tenía como modelos las obras de los salmantinos Juan del Encina y Lucas Fernández.
2. *La verosimilitud:* en las piezas teatrales aparecen personajes españoles y portugueses que utilizan su lengua respectiva.
3. *La jerarquía de las dos lenguas:* el castellano gozaba en el siglo XVI de mayor prestigio literario que el portugués.

Gil Vicente fue el dramaturgo oficial de la corte portuguesa y —como Encina en la corte ducal de Alba— se encargó de organizar los festejos palaciegos para los cuales escribió muchas de sus obras.

En su teatro se aúnan de manera equilibrada la técnica dramática y la lírica popular. En este sentido, Vicente constituye un claro antecedente del teatro de Lope de Vega.

La temática vicentina es muy variada: temas religiosos, caballerescos, fantásticos, alegóricos y costumbristas. En cuanto a la técnica teatral hay que destacar sus aportaciones al progreso de la misma en un triple aspecto: la intriga, las situaciones y los caracteres.

Vamos a comentar unas escenas del *Auto de la Sibila Casandra.* La trama argumental es la siguiente:

La joven Casandra no quiere casarse porque, al parecer, está convencida de que el matrimonio es para la mujer una forma de esclavitud. El joven pastor Salomón la requiere en casamiento, pero es rechazado por la muchacha. Ante la imposibilidad de convencerla, Salomón pide ayuda a tres tías de Casandra, las sibilas Erutea, Peresica y Cimeria, que tampoco consiguen que su sobrina cambie de opinión. Entonces, el muchacho solicita la intervención de sus tres tíos, los profetas Moisés, Abrahán e Isaías. Casandra acaba confesando que no se casa porque sabe que el *Mesías* nacerá de una Virgen. Los demás personajes se escandalizan de su pretensión y van exponiendo uno a uno lo que saben sobre las profecías del Nacimiento de Cristo. La última profecía que exponen es la del Juicio Final. Cuando acaban sus exposiciones, se abren las cortinas del fondo de la escena y aparecen *La Virgen* y *El Niño*. Todos los presentes los adoran, menos Casandra. Al final, ésta se acercará también y pedirá perdón por su orgullo.

B. *TEXTO*

[Vase SALOMÓN **y] vuelve en seguida con** ISAÍAS, MOISÉS **y** ABRAHÁN, **bailando los cuatro una folía y cantando la cantiga siguiente:**

¡Sañosa está la niña!
¡Ay Dios!, ¿quién le hablaría?

VOLTA

En la sierra anda la niña
su ganado a repastar,
hermosa como las flores,
sañosa como la mar.
Sañosa como la mar
está la niña.
¡Ay Dios!, ¿quién la hablaría?

ABRAHÁN. *¡Digo que estéis norabuena!*
Por estrena
toma estas dos manijas.
MOISÉS. *Y yo te doy estas sortijas*
de mis hijas.
ISAÍAS. *Yo te doy esta cadena.*
SALOMÓN. *Dart' hía*[1] *yo bien sé qué,*
mas no sé
quánto puede aprovechar.
ERUTEA. *Muchas cosas haze el dar,*
como contino se ve.
CASANDRA. *¿Téngome de captivar*

[1] *dart'hía:* te daría (construcción arcaica en esta época).

por el dar?
No me engaño yo ansí:
yo digo que prometí
sólo de mí
que no tengo de casar.

MOISÉS. *Blasfemas, que el casamiento*
es sacramento,
y el primero que fue.
Yo, Moysén, te lo diré,
y contaré
dónde huvo fundamiento.
En el principio crio[2]
y formó
Dios el cielo y la tierra
con quanto en ello se encierra;
mar y sierra
de nada lo edificó;
era vacua y vazía
y no havía
cosa per quien fuesse amado;
el spirito[3] *no criado*
sobre las aguas luzía.
Fiat *luz, luego fue hecha*[4]
muy prehecha,
sol y luna y las estrellas,
criadas claras y bellas
todas ellas
per regla justa y derecha.
Al sol diole compañera
por pracera[5]*,*
de una luz dambos guarnidos,
dominados y medidos,
cada uno en su carrera.
Hagamos más —dixo el Señor[6]
criador—
hombre a nuestra semejança,
angélico en la esperança

---

2 Toda la tirada que sigue es una paráfrasis del *Génesis.*
3 *spirito:* espíritu.
4 Los 11 versos siguientes son una paráfrasis del *Génesis.*
5 *pracera*: parcera, compañera.
6 Paráfrasis del *Génesis.*

y en liança,
y de lo terrestre señor.
Luego le dio compañera,
en tal manera
de una gracia ambos liados,
como s'ambos uno fuera.
El mismo que los crio
los casó
y trató el casamiento,
y por su ordenamiento
es sacramento
que al mundo stabaleció[7]*;*
y pues fue casamentero
él primero
y es ley determinada
¿cómo estás tú embirrada[8]*,*
diziendo que es captivero?

CASANDRA. *¿Qué? Quando Dios los hazía*
y componía,
en essos tales no hablo;
mas 'n aquellos que el diablo
en su retablo
haze y ordena cadaldía[9]*.*
Por cobdicia los ayunta
y no pregunta
por otra virtud alguna;
y después que la fortuna
los enfuna[10]*,*
toda gloria le es defunta.
Si yo me casasse ahora,
dende[11] *a una hora*
no querría ser nacida.
No tengo más de una vida
y, sometida,
dix' «Casandra, tirte afuera».

---

[7] *Stabalecio:* estableció.
[8] *embirrada:* obstinada. Es un lusismo.
[9] *cadaldía:* frecuente en la lengua medieval, pero es una expresión rústica en el tiempo de Gil Vicente.
[10] *enfuna:* enfunda, hinche. Port. *enfunar* (lusismo).
[11] *dende:* de allí (expresión que desaparece en castellano a lo largo del siglo XVI).

Marido, ni aun soñado,
ni pintado:
no curéis de profiar,
porque para bien casar
no es tiempo concertado.

ABRAHÁN. *¡Y si cobras buen marido*
comedido
y nunca apassionado?

CASANDRA. *¿Nunca? Estáis muy errado,*
padre honrado,
porque esso nunca se vido.
¿Cómo puede sin passión
y alteración
conserva[r]se el casamiento?
Múdase el contentamiento
en un movimiento
en contraria división.
Sólo Dios es perfeción
sin razón,
si verdad queréis que hable;
que el hombre todo es mudable
y variable
por humanal comprissión[12].
Pero yo quiero dezir
y descobrir
por qué virgen quiero estar:
sé que Dios ha de encarnar,
sin dudar,
y una virgen ha de parir.

ERUTEA. *Esso bien me lo sé yo*
y cierta so
que 'n un presepe[13] *ha de estar,*
y la madre ha de quedar
tan virgen como nació;
también sé que de pastores
labradores
será visto y de la gente,
y le traerán presente

---

[12] *Comprissión:* temperamento. Del lat. complexus, de donde procede complexión. En la forma en que aparece en el texto es un rusticismo, procedente del dial. leonés.

[13] *Presepe:* pesebre. Es lusismo.

de Oriente
grandes reys[14] *y sabedores.*

CIMERIA. *Yo días ha que he soñado*
y barruntado
que vía[15] *una virgen dar*
a su hijo de mamar
y que era Dios humanado;
y aun depués[16] *me parecía*
que la vía
entre más de mil donzellas;
con su corona de estrellas
mucho bellas[17],
como el sol resplandecía.

Nunca tan glorificada
y acatada
donzella se puso asmar
como esta virgen vi estar;
ni su par
no fue ni será criada.
Del sol estava guarnida,
percebida,
contra Lucifer armada,
con virgen arnés guardada,
ataviada
de malla de sancta vida.

Con leda cara y guerrera,
plazentera,
el resplandor piadoso
el yelmo todo humildoso
y mater Dei *por cimera;*
y el niño Dios estava
y la llamava
«madre, madre» a boca llena;

---

[14] *reys:* reyes. Como en portugués *reis.*
[15] *vía:* veía. Frecuente en el castellano del XVI.
[16] *depués:* después. Es lusismo.
[17] *mucho bellas:* 'muy bellas'. Ambas construcciones existen en el castellano de principios del siglo XVI, aunque la primera es mucho menos frecuente, como lo es también en el castellano vicentino. Nótese, sin embargo, que Gil Vicente la emplea mucho más que los escritores españoles contemporáneos, sin duda porque las dos construcciones estaban todavía muy vivas en portugués.

los ángeles, gratia plena,
muy serena;
y cada uno la adorava,
Diziendo «rosa florida,
esclarecida,
madre de quin nos crío,
loado aquel que nos dio
reina tan sancta nacida».

ERUTEA. *Peresica, tú nos dezías*
que sabías
de esta virgen y su parto.

PERESICA. *Mi fe, de ello sé bien harto*
y reharto:
llena estoy de profecías.
Empero, son de dolor:
que el Señor,
estando a vezes mamando,
tal vía de quando en quando
que no mamava a sabor:
una cruz le aparecía
que él temía,
y llorava y sospirava;
la madre lo halagava
y no pensava
los tromientos[18] *que él vía.*
Y començando a dormir,
veía venir
los açotes con denuedo:
estremecía de miedo,
y no puedo
por ahora más dezir.

CASANDRA. *Yo tengo en mi fantasía*[19]
y juraría
que de mí ha de nascer,
que otra de mi merescer
no puede haver
en bondad ni hidalguía.

ABRAHÁN. *Ya Casandra desvaría.*

ISAÍAS. *Yo dería*[20]

---

[18] *Tromientos:* tormentos.
[19] *fantasía:* aquí significa probablemente 'presunción'.
[20] *dería:* diría.

que está muy cerca de loca
y su cordura es muy poca,
pues que toca,
tal alta descortesía.

SALOMÓN. *¡El diablo ha d'acertar*
a casar!
Por mi alma y por mi vida,
que quien la viera sabida
y tan leída,
que se pudiera engañar.
Casandra, según que muestra
essa repuesta
tan fuera de conclusión,
tú loca, yo Salamón,
dame razón:
¿qué vida fora la nuestra?

CASANDRA. *Aún en mi seso estó:*
que soy yo.

ISAÍAS. *Cállate, loca perdida,*
que de essa madre escogida
otra cosa se escrevió.
Tú eres de ella al revés
si bien ves,
porque tú eres humosa[21]*,*
sobervia, y presumptuosa,
que es la cosa
que más desviada es.
La madre de Dios sin par,
es de notar
que humildosa ha de nascer,
y humildosa concebir,
y humildosa ha de criar.
Las riberas y verduras
y frescuras
pregonan su hermosura;
la nieve, la su blancura,
limpia y pura
más que todas criaturas;
lirios, flores y rosas
muy preciosas
procuran de semejalla,

[21] *humosa:* orgullosa (que tiene muchos humos).

y en el cielo no se halla
estrella más lumiosa[22].
Antes sancta que engendrada,
preservada,
antes reina que nacida,
eternalmente escogida,
muy querida,
por madre de Dios guardada,
por vertud reina radiosa,
generosa,
per gracia emperadora,
per humildad gran señora,
y hasta ahora
no se vio tan alta cosa.

ISAÍAS. *El su nombre es María,*
que desvía
de ser tú la madre de él;
y del hijo, Emanuel:
manteca y miel
comerá, como yo dezía.

C. *COMENTARIO*

1. Género

a) El *Auto de la Sibila Casandra* trata del tema del *Nacimiento de Cristo;* por eso puede entroncarse dentro de la tradición medieval de los *Autos de Navidad,* representaciones que tenían lugar en la Nochebuena para conmemorar la venida de Dios al mundo.

Gil Vicente trata este tema tradicional de una manera completamente nueva, ya que no escenifica pasajes del Nacimiento —como ocurría en los *Autos de Navidad* medievales—, sino que logra introducir una intriga dramática humana, a propósito de la cual se da ocasión para que las profecías sobre *El Nacimiento* sean expuestas.

b) Los personajes son pastores, pero, al mismo tiempo, son figuras del Antiguo Testamento. Teniendo en cuenta

---

[22] *lumiosa:* luminosa. Es lusismo.

la tradición teatral en la que se inserta Gil Vicente, se justifica el carácter pastoril de la obra, como ha quedado expuesto en la introducción a la segunda lectura.

2. **Contenido**

a) *Comprensión del contenido*

—Además de Casandra y Salomón están en escena las tías y tíos de cada uno de ellos. Las primeras son tres sibilas o profetisas, y los segundos llevan el nombre de tres figuras bíblicas que Gil Vicente presenta como profetas. Piénsese que para el desarrollo de la obra es necesario que estos seis personajes sean precisamente profetas.

—En relación con lo anterior y teniendo en cuenta las notas que aclaran el texto, debe advertirse que muchas de las frases que pronuncian los personajes son adaptaciones de profecías que aparecen en la Biblia. Igualmente se alude a textos bíblicos no proféticos en distintos momentos del diálogo. Pero no están introducidos artificiosamente, sino formando parte del desarrollo de la trama, perfectamente integrados en el diálogo que mantienen los personajes: en la primera parte del texto, los tíos y tías de Casandra tratan de convencerla para que acepte a Salomón como marido. A propósito de ello, hay una serie de textos bíblicos que se utilizan igualmente en los argumentos que Casandra aduce para rechazar tal proposición.

—En la segunda parte, cambia la actitud de los tíos con respecto a Casandra, pues consideran sus últimos razonamientos propios de una loca, soberbia e incluso blasfema.

b) Hemos de insistir en que los textos bíblicos y exposiciones de temas religiosos que se presentan en la obra no son, por sí mismos, el tema fundamental de la misma, sino que es la trama humana (la que gira en torno a Casandra) la que cobra importancia.

3. Técnica y estilo

a) *Análisis métrico*

—El texto está introducido por una cancioncilla lírica de carácter tradicional. De nuevo un rasgo renacentista: el amor a lo natural, a lo propio del pueblo.

—La estructura métrica de los textos del diálogo es *zejelesca.* Es decir, no son propiamente zéjeles, sino estrofas muy próximas a los mismos. Los poetas tradicionales (amantes de la tradición), en cuya corriente se inserta este autor dramático, usaban las formas métricas con gran libertad, adaptándolas en cada caso a sus necesidades expresivas o artísticas.

—Esta misma inserción de Gil Vicente en la tradición lírica popular justifica el hecho de que todos los versos sean de *arte menor.*

b) *Recursos técnicos y estilísticos*

—Toda obra teatral gira en torno a un *conflicto* o, lo que es lo mismo, a un enfrentamiento entre dos posturas o actitudes. Este enfrentamiento constituye la *tensión dramática,* que es un recurso técnico esencial en el género dramático.

—La tensión dramática afecta a la obra teatral en su totalidad, pero dentro de ella se dan momentos de mayor o menor tensión parcial. Uno de ellos lo ha conseguido el autor en esta escena, con gran eficacia técnica.

—Un recurso técnico característico del teatro vicentino es su *intenso lirismo.* Este lirismo viene dado, entre otras cosas, por la inclusión de cancioncillas líricas dentro de los textos dramáticos. Aquí aparece una hermosa canción lírica. La relación que existe entre el contenido del poemita y el contenido de la obra es clara. Pero importa, sobre todo, el valor expresivo que se consigue con esta inclusión: al adelantarnos, con brevedad y emoción, el estado anímico del personaje central de la escena.

—Entre los dramaturgos de su época, Gil Vicente destaca

por la maestría que demuestra en la caracterización de los personajes. En esta obra ha creado un personaje femenino perfectamente caracterizado en la figura de Casandra, como puede advertirse en este fragmento.

—Otro acierto del teatro vicentino es la perfecta correspondencia entre la psicología de los personajes y el desarrollo de la acción. Toda la acción de la obra está subordinada al personaje de Casandra. En este texto, en concreto, podemos apreciar cómo se van produciendo las intervenciones de los personajes, siempre en relación con las reacciones de la protagonista.

4. La lengua

a) Gil Vicente escribió su teatro a finales del siglo XV y comienzos del XVI. En esta época el castellano se impuso como lengua literaria en otros reinos peninsulares: Corona de Aragón (de habla catalana), Galicia y Portugal (de habla galaica). Muchos escritores de esas zonas lingüísticas utilizaron el castellano como vehículo de expresión y contribuyeron con sus escritos a engrandecer la que desde entonces va a considerarse lengua nacional. (Recordemos, por ejemplo, al catalán Juan Boscán, que escribe en castellano.) Aunque Portugal era en ese tiempo reino independiente, sus relaciones con España eran muy estrechas, por eso son muchos los portugueses que escriben igualmente en castellano. Composiciones en esta lengua aparecen en el *Cancionero de Resende* (siglo XV), Gil Vicente la utiliza con frecuencia y también lo hará Francisco Sa de Miranda, figura paralela en Portugal a la de Garcilaso en España. (En los siglos XIII y XIV había ocurrido lo contrario: el gallego-portugués fue la lengua utilizada por poetas castellanos para la poesía lírica). Gil Vicente escribe, pues, en castellano, pero no es ésta su lengua materna; por eso se deslizan en sus textos frecuentes *lusismos* —vocablos portugueses más o menos castellanizados— que podrán apreciarse teniendo en cuenta las notas al fragmento.

b) Aunque Gil Vicente pertenece al primer tercio del

siglo XVI, su castellano presenta algunas características correspondientes al estado de lengua del XV. Este carácter ligeramente arcaico de su castellano se explica por influjo de la tradición teatral medieval en la que este dramaturgo está inserto.

Encontramos en el texto:

—*Arcaísmos* (palabras y construcciones ya en desuso en la época: *asmar* = estimar).

—*Rusticismos* (palabras propias del habla rústica o campesina).

—Conservación de algunos grupos consonánticos latinos: *captivar* (en el siglo XV subsistía aún la vacilación, es decir, a veces, se conservaban, y otras, se reducían o modificaban).

—Alteración en el timbre de las vocales inacentuadas: *sofrir*.

c) Hay en el texto algunas frases latinas. Este hecho se debe a que algunos parlamentos son adaptaciones de textos bíblicos. (Las Biblias que se utilizaban en este tiempo estaban escritas en latín.) Igualmente reflejan el prestigio de la lengua y de la literatura latina en la época, que seguía siendo respetada y estudiada, no obstante la gran revalorización de las lenguas y literaturas romances.

5. **Actitud crítica**

a) Casandra rechaza el matrimonio por dos razones:

1. No quiere someterse a la voluntad de un varón.
2. Tiene la esperanza de ser la madre de Dios.

La primera razón indica en Casandra un carácter femenino independiente, amante de su libertad personal. ¿No sorprende esta actitud en una mujer del siglo XVI? En libros de Historia y en personajes femeninos de las obras literarias de la época podemos descubrir que en este siglo la condición de la mujer había evolucionado bastante en relación a la Edad Media (*).

(*) Recordemos, por ejemplo, que en la corte real había ya mujeres famosas por su cultura y por su conocimiento del latín.

b) Algunos críticos han dado un valor alegórico a la postura de Casandra y han interpretado su oposición al matrimonio como símbolo del rechazo de los desposorios divinos de un alma con Cristo. En este caso, la dureza de Casandra —símbolo del alma humana— se concreta en el pecado más aborrecido por Dios: **la soberbia.** Esta interpretación estaría en relación con el sentido que tiene en la Biblia el pecado de soberbia.

c) El *Auto de la Sibila Casandra* fue escrito para ser representado en la noche de Navidad. Como se sabe, esta festividad religiosa se mantiene en nuestros días. Si comparamos cómo se conmemora en la actualidad esta efemérides, comprobaremos en qué medida se sigue conservando el primitivo carácter religioso.

IV. RECAPITULACIÓN

1. *El teatro en la Edad Media.*

—Los orígenes religiosos.
—Los temas.
—Manifestaciones teatrales en la Europa Medieval.
—La pobreza teatral de Castilla.

2. *El teatro medieval castellano: El Auto de los Reyes Magos.*

—Sus características temáticas y formales.

3. *Otras piezas teatrales medievales castellanas.*

4. *El teatro en Castilla durante el Renacimiento.*

—Juan del Encina, padre del teatro castellano.
—Lo medieval y lo renacentista en el teatro de Encina.
—La creación del lenguaje villanesco.

5. *Otros dramaturgos de la época.*

6. *Gil Vicente.*

—Características temáticas y técnicas del teatro vicentino:
- Los elementos líricos.
- La tradición medieval.
- La intriga y la creación de personajes.

7. *Otros dramaturgos del siglo XVI.*

V. BIBLIOGRAFÍA BÁSICA

Ediciones

El teatro anterior a Lope de Vega. Edición de Everett W. Hese y Juan O. Valencia. Madrid, Ed. Alcalá (Aula Magna), 1971.

Obras dramáticas de Juan del Encina. Edición de Rosalie Gimeno. Madrid, Istmo, 1975.

Obras dramáticas castellanas de Gil Vicente. Edición de T. R. Hart. Madrid, Espasa-Calpe (Clásicos Castellanos), 1975 (1.ª ed. en 1962).

Estudios

Además de los prólogos de las ediciones anteriormente citadas pueden consultarse:

LÁZARO CARRETER, Fernando. Estudio preliminar al *Teatro Medieval.* Madrid, Castalia (Odres nuevos), 1976.

RUIZ RAMÓN, Francisco: *Historia del teatro español* (volumen I). Madrid, Alianza Editorial, 1967.

IX. LA TRANSICIÓN AL RENACIMIENTO: *LA CELESTINA*

I. INTRODUCCIÓN

El reinado de los Reyes Católicos (1475-1516) es una época de grandes acontecimientos: descubrimiento de América, unión de las Coronas de Castilla y Aragón, final de la Reconquista, etc. Pero, además, puede decirse que durante este reinado termina la Edad Media y comienza la Edad Moderna en España. Es decir, se trata de un *período de transición* en el que las nuevas formas de vida van fundiéndose con lo tradicional, con la visión medieval del mundo y de la vida. Este mundo medieval va, pues, transformándose paulatinamente y dando lugar a una sociedad distinta.

La protección real a las Artes y a las Letras, junto con la difusión de la imprenta, dan lugar a un gran florecimiento de la cultura.

Las intensas relaciones que España mantiene con Italia hacen posible un mayor contacto con el mundo renacentista italiano, y a través de él con la Antigüedad Clásica. Así se va introduciendo en España la cultura renacentista.

En esta época surge una de las obras más extraordinarias de nuestra literatura, *La Celestina,* del bachiller Fernando de Rojas. Se publicó por primera vez en Burgos, en 1499, anónima. En la 3.ª edición (1501) nos enteramos del nombre del autor, que se forma uniendo las iniciales de unos versos acrósticos añadidos por el editor.

El autor (n. 1541?) estudiante de la Universidad de Salamanca, sigue una práctica corriente en los medios universitarios al escribir esta *obra dialogada para ser leída,* y no para su representación. Pero resulta ser, no un mero ejercicio escolar, sino una obra capital de nuestra literatura.

La Celestina, como obra de transición, refleja una sociedad medieval, pero, como veremos, ya apunta en ella la nueva valoración de la vida terrena propia del Renacimiento.

Es claramente *medieval,* además de la sociedad que describe, la intención moralizadora de la obra: todos los personajes que se considera que han pecado, mueren violentamente sin llegar a disfrutar, por otra parte, del fruto que esperaban de su pecado.

Pero ya hay multitud de elementos *renacentistas,* como se observa también al leer los textos seleccionados: el ansia de los personajes de gozar de la vida, el paganismo de las actitudes del protagonista, que dice no ser cristiano, sino «Melibeo»; el suicidio de su amada, Melibea; la desesperación final de su padre al llorar su muerte, etc. Y, sobre todo, observaremos un elemento fundamentalmente nuevo: la importancia de la vida del propio individuo, con sus preocupaciones e inquietudes; la realización de la persona como tal, todo lo cual ha llegado a España con la difusión del *Humanismo.* Esta doctrina filosófica, inmediatamente anterior al Renacimiento propiamente dicho, sustituye a la ideología teocéntrica medieval, poniendo al *hombre* como centro y medida del conocimiento del mundo y de la vida. Como vimos al estudiar el Arcipreste de Hita, este Humanismo comenzó a gestarse en el siglo XIV.

Argumento de *La Celestina*. Calisto, joven de noble linaje, se enamora de la bellísima Melibea, perteneciente a una rica familia de la ciudad. Pero ella no le corresponde. Entonces, su criado Sempronio aconseja al enamorado utilizar como intermediaria a la vieja Celestina, que se gana la vida como alcahueta. Celestina consigue convencer a la joven para que reciba en su huerto al muchacho y acceda a sus pretensiones amorosas. Calisto, entonces, da en premio una cadena de oro a la vieja. Los criados Sempronio y Pármeno, que habían ayudado a Celestina (al menos, no le habían hecho ver claro a Calisto respecto a la verdadera catadura moral de la vieja alcahueta), van a su casa a reclamarle su parte, y al no conseguir nada de la mujer, la matan. Al huir, caen por la ventana y, medio muertos, son ajusticiados. Calisto va a visitar a Melibea, y salta a su huerto por una escala. Al salir, cae de la escala y muere. Melibea, al darse cuenta, se suicida. La obra acaba con el llanto del padre de la joven, Pleberio.

II. LECTURAS REFLEXIVAS

Primera. *Fragmento del aucto noveno*

En este fragmento Celestina conversa con Elicia y Areusa, amantes de Sempronio y Pármeno. Todo el largo monólogo de Areusa contra las que sirven a señores (y de paso, contra los propios señores) es un claro reflejo de la importancia que en el Renacimiento cobra el *individuo*. Areusa expresa sus inquietudes *personales:* quiere realizarse plenamente como persona, sin subordinar su individualidad a la de ninguna otra, a la de ninguna «señora» que la haga sentirse anulada. Para eso, no le importa ganarse la vida como prostituta, si así se puede sentir más «libre». (Por otra parte, este proyecto de vida libre no podrá conseguirlo; tampoco lo consigue ninguno de los personajes de *La Celestina.* ¿Debemos ver en ello una intención moralizadora, o el pesimismo vital del autor? No podemos saberlo.)

También podemos advertir en este mismo monólogo de Areusa una imitación de *El Corbacho,* del Arcipreste de Talavera, en esa incorporación del lenguaje coloquial y popular, lleno de expresividad.

La gran cultura del autor le permite imitar, asimismo, en otros fragmentos de la obra, varias obras latinas, italianas y españolas, utilizándolas como material al servicio de su intención artística y expresiva.

Desde el punto de vista lingüístico, la obra presenta un doble plano *culto-popular,* que es muy importante para la historia de la lengua española. Así, por ejemplo, Calisto y Melibea utilizan un lenguaje *culto* y Areusa y sus compañeras nos muestran aquí cómo era el castellano *popular* de la época.

Obsérvese, en primer lugar, la riqueza de expresiones populares: refranes, frases hechas, vulgarismos, insultos y palabras groseras, etc. Confróntese, después, con el lenguaje utilizado por Calisto y Melibea en el texto II.

Por otra parte, en cuanto al estilo del fragmento, compruébese la *variedad* y *expresividad* que el autor consigue en la conversación. Para ello, utiliza las frases exclamativas, interrogativas, etc., que van matizando la intervención del personaje; riqueza del vocabulario empleado (uso de multitud de sinónimos, enumeración de pequeños detalles, etc.); uso de abundantes comparaciones, como se suele hacer, realmente, en el lenguaje coloquial; constante variación del tono empleado por el personaje de acuerdo con lo que dice (ironía, burla, etc.); frecuentes repeticiones (*esperan... sacan...*); etc.

ELIC.—Madre, a la puerta llaman. ¡El solaz[1] es derramado!

CEL.—Mira, hija, quién es: por ventura será quien lo acreciente e allegue.

---

[1] *solaz* = recreo, esparcimiento, descanso.

ELIC.—O la boz me engaña o es mí prima Lucrecia[2].

CEL.—Ábrela e entre ella a bueños años[3]. Que avn a ella algo se le entiende desto que aquí hablamos; avnque su mucho encerramiento le impide el gozo de su mocedad.

AREU.—Assí goze de mí, que es verdad, que estas, que siruen a señoras, ni gozan deleyte ni conocen los dulces premios de amor. Nunca tratan con parientes, con yguales a quienes pueden hablar tú por tú, con quien digan: ¿qué cenaste? ¿estás preñada? ¿quántas gallinas crías? llévame a merendar a tu casa; muéstrame tu enamorado; ¿quánto ha que no te vido? ¿cómo te va con él? ¿quién son tus vezinas? e otras cosas de ygualdad semejantes. ¡O tía, y que duro nombre e qué grave e sobervio es señora continuo en la boca! Por esto me viuo sobre mí, desde que me sé conocer. Que jamás me precié de llamarme de otrie[4]; sino mía. Mayormente destas señoras que agora se vsan. Gástase con ellas lo mejor del tiempo, e con una saya[5] rota de las que ellas desechan pagan seruicio de diez años. Denostadas[6], maltratadas las traen, continuo[7] sojuzgadas, que hablar delante dellas no osan. E quando veen cerca el tiempo de la obligación de casallas, leuántanles vn caramillo[8] que se echan[9] con el moço o con el hijo o pídenles celos del marido o que meten hombres en casa o que hurtó la taça o perdió el anillo; danles vn ciento de açotes e échanlas de puerta fuera, las haldas en la cabeça, diziendo: allá yrás, ladrona, puta, no destruyrás mi casa e honra. Assí que esperan galardón, sacan baldón; esperan salir casadas, salen amenguadas; esperan vestidos e joyas de boda, salen desnudas e denostadas. Estos son sus premios, estos son sus beneficios de pagos. Oblíganseles a dar marido, quítanles el vestido. La mejor honra que en sus casa tienen, es andar callejeras, de dueña en dueña, con sus mensajes acuestas. Nunca oyen su nombre propio de la boca dellas; sino puta acá, puta acullá. ¿A

2 *Lucrecia* = criada de Melibea.
3 *bueños años* = buenos años.
4 *otrie* = otro (forma vulgar).
5 *saya* = falda o enagua.
6 *denostadas* = insultadas.
7 *continuo* = continuamente.
8 *caramillo* = invención, achaque.
9 *echan* = acuestan.

dó vas, tiñosa? ¿Qué heziste, vellaca? ¿Por qué comiste eso, golosa? ¿Cómo fregaste la sartén, puerca? ¿Por qué no limpiaste el manto, suzia? ¿Cómo dexiste esto, necia? ¿Quién perdió el plato, desaliñada? ¿Cómo faltó el paño de manos, ladrona? A tu rufian lo aurás[10] dado. Ven acá, mala muger, la gallina hauada[11] no paresce: pues búscala presto; si no, en la primera blanca[12] de tu soldada la contaré. E tras esto mill chapinazos e pellizcos, palos e açotes. No ay quien las sepa contentar, no quien pueda sofrillas. Su plazer es dar bozes, su gloria es reñir. De lo mejor fecho menos contentamiento muestran. Por esto, he quesido[13] más vivir en mi pequeña casa, esenta[14] e señora, que no en sus ricos palacios sojuzgada e catiua.

CEL.—En tu seso has estado, bien sabes lo que hazes. Que los sabios dizen: que vale más vna migaja de pan con paz, que toda la casa llena de viandas con renzilla.

Segunda. *Fragmento del aucto doceno*

Los personajes son llevados a su trágico final por un destino irresistible contra el que nada pueden. Hay, pues, en la obra un sentido trágico de la vida heredado del mundo clásico antiguo, y que estará plenamente vigente en el Renacimiento. Lo advertimos así, por ejemplo, en esta oración de Melibea:

«Tú, Señor, ves mi poco poder, ves cuán cativa ('cautiva') tengo mi libertad, cuán presos mis sentidos de tan poderoso amor.»

La vieja alcahueta ha conseguido, con sus mañas astutas y con ciertos conjuros de brujería, que Melibea acepte una cita con Calisto. Este va a la casa de su amada con los criados Sempronio y Pármeno. Una vez allí, habla

[10] *aurás* = habrás.
[11] *hauada* = pintada, con pintas.
[12] *blanca* = moneda (popular).
[13] *quesido* = querido (vulgar).
[14] *esenta* = libre.

con Melibea a través de las puertas de la casa. Esta será la primera cita (después se volverán a encontrar en el huerto de la joven, donde ella se le entregará y rendirá por completo); el comentario de textos se centrará en este fragmento (lo incluimos ahora para no romper el hilo narrativo de la obra).

> MELIB.—Cesen, señor mío, tus verdaderas querellas: que ni mi coraçon basta para lo sufrir ni mis ojos para lo dissimular. Tú lloras de tristeza, juzgándome cruel; yo lloro de plazer, viéndote tan fiel. ¡O mi señor e mi bien todo! ¡Quánto más alegre me fuera poder ver tu haz[1], que oyr tu voz! Pero, pues no se puede al presente más fazer, toma la firma e sello de las razones que te embié escritas en la lengua de aquella solícita mensajera. Todo lo que te dixo confirmo, todo lo he por bueno. Limpia, señor, tus ojos, ordena de mí a tu voluntad.
>
> CAL.—¡O, señora mía, esperança de mi gloria, descanso e aliuio de mi pena, alegría de mi coraçón! ¿Qué lengua será bastante para te dar yguales gracias a la sobrada e incomparable merced que en este punto de tanta congoxa para mí, me has quesido hazer en querer que vn tan flaco e indigno hombre pueda gozar de tu suauíssimo amor? Del qual, avnque muy desseoso, siempre juzgaua indigno, mirando tu grandeza, considerando tu estado, remirando tu perfección, contemplando tu gentileza, acatando mi poco merescer e tu alto merescimiento, tus estremadas gracias, tus loadas e manifiestas virtudes. Pues, ¡o alto Dios!, ¿cómo te podré ser ingrato, que tan milagrosamente has obrado comigo tus singulares marauillas? ¡O quántos días antes de agora[2] passados me fue venido este pensamiento a mi coraçón e por impossible le rechaçaua de mi memoria, hasta que ya los rayos ylustrantes de tu muy claro gesto dieron luz en mis ojos, encendieron mi coraçón, despertaron mi lengua, entendieron mi merecer, acortaron mi couardía, destorcieron mi encogimiento, doblaron mis fuerças, desadormecieron mis pies e manos, finalmente, me dieron tal osadía, que

---

[1] *haz* = faz (ver 5).
[2] *agora* = ahora.

me han traydo con su mucho poder a este sublimado estado en que agora me veo, oyendo de grado tu suave voz. La qual, si antes de agora no conociese e no sintiesse tus saludables olores, no podría creer que careciessen de engaño tus palabras. Pero como soy cierto de tu limpieza de sangre e fechos, me estoy remirando si soy yo Calisto, a quien tanto bien se le haze.

MELIB.—Señor Calisto, tu mucho merecer, tus estremadas gracias, tu alto nascimiento han obrado que, después que de tí houe entera noticia, ningún momento de mi coraçón te partiesses[3]. E avnque muchos días he pugnado por lo dissimular, no he podido tanto que, en tornándome aquella muger tu dulce nombre a la memoria, no descubriesse mi desseo e viniesse a este lugar e tiempo, donde te suplico ordenes e dispongas de mi persona segund querrás. Las puertas impiden nuestro gozo, las quales yo maldigo e sus fuertes cerrojos e mis flacas fuerças, que ni tú estarías quexoso ni yo descontenta.

CAL.—¿Cómo, señora mía, me mandas que consienta a vn palo[4] impedir nuestro gozo? Nunca yo pensé que, además de tu voluntad, lo pudiera cosa estoruar. ¡O molestas e enojosas puertas! Ruego a Dios que tal huego[5] os abrase, como a mí da guerra: que con la tercia parte seríades en vn punto quemadas.

Tercera. *Fragmento de aucto doceno*

El *idealismo* de Calisto y Melibea contrasta con el *realismo* del duro y corrompido ambiente que les rodea. Ese contraste es un rasgo constante en toda la obra, y podemos afirmar que es también una característica de nuestra literatura. Precisamente en la obra cumbre de la literatura española, *Don Quijote,* se aprecia esta misma dualidad.

Sempronio y Pármeno, los criados de Calisto, han esperado a su amo a una distancia prudencial vigilando la

[3] *partiesses* = fueses.
[4] *un palo* = las puertas serían de madera.
[5] huego. La h sonaba como jota suave: una suave aspiración.

calle mientras él hablaba con Melibea, aislados ambos en el mundo idealizado de su amor, que les parece hermoso y perfecto.

Inmediatamente después de esa entrevista, el autor nos presenta una escena tremendamente realista: los criados se van a casa de Celestina a exigirle parte de la recompensa que Calisto le ha dado. Ahora salen a flote las bajas pasiones de estos personajes: la avaricia, el egoísmo, la mentira. Finalmente, el asesinato. Ante la testarudez de la vieja, que trata de engañarlos para quedarse con todo, Sempronio y Pármeno pierden la paciencia y la matan. Por ello son ajusticiados.

Adviértase la pericia del autor en este diálogo. En las palabras que se cruzan los personajes, nos damos cuenta del carácter de cada uno de ellos: Celestina, astuta, falsa y avariciosa, acude a todo tipo de tretas para defender su cadena y sus monedas de oro, pero cuando se ve perdida, sólo le queda apelar a la compasión de sus asesinos.

Es en ese momento cuando los dos criados se sienten más fuertes frente a ella y la matan: son jactanciosos, cobardes y mezquinos.

Es un gran acierto sicológico del autor: la protagonista Celestina está magistralmente retratada a lo largo de toda la obra como el personaje dominador que maneja a los demás a su antojo (incluso a los dos amantes), y es dueña absoluta de todas las situaciones. Sin embargo, cuando llega la hora de morir se muestra débil —lo cual es un fallo de esta mujer en su línea de conducta general— y los cobardes Sempronio y Pármeno se crecen y la asesinan. Esta situación permite al autor la posibilidad de presentarnos a su personaje mucho más humano, ya que lo hace comportarse como una persona que puede cambiar de actitud, como si fuera de carne y hueso, y no simplemente un personaje literario. Por otra parte, repetimos, la intención moralizadora parece clara: Los que han llevado una vida corrompida acaban su existencia violenta e indignamente. La otra interpretación (como en el caso de Areusa) es que Celestina ha fracasado en su proyecto de vida; es decir, Fernando de Rojas sería, según esto, un hombre pesimista que contempla con desesperanza las posibilidades de la vida humana.

PÁRM.—¿Adónde yremos, Sempronio? ¿A la cama a dormir o a la cozina a almorzar?

SEMP.—Vé tú donde quisieres; que, antes que venga el día, quiero yo yr a Celestina a cobrar mi parte de la cadena[1]. Que es vna puta vieja. No le quiero dar tiempo en que fabrique alguna ruyndad con que nos escluya.

PARM.—Bien dizes. Oluidado lo ouía. Vamos entramos[2] e, si en esso se pone, espantémosla de manera que le pese. Que sobre dinero no ay amistad.

[...]

[AMBOS LLEGAN A LA CASA DE CELESTINA, Y MANTIENEN CON ELLA ESTE DIÁLOGO:]

SEMP.—No es esta la primera vez que yo he dicho quánto en los viejos reyna este vicio de cobdicia. Quando pobre, franca; quando rica, auarienta. Assí que aquiriendo cresce la cobdicia, e la pobreza cobdiciando, e ninguna cosa haze pobre el auariento sino la riqueza. ¡O Dios, e cómo cresce la necesidad con la abundancia! ¡Quién la oyó esta vieja dezir que me lleuasse yo todo el prouecho, si quisiesse, deste negocio, pensando que sería poco! Agora, que lo vee crescido, no quiere dar nada, por complir el refrán de los niños, que dizen: de lo poco, poco; de lo mucho, nada.

PÁRM.—Déte lo que prometió o tomémosselo todo. Harto te dezía yo quién era esta vieja, si tú me creyeras.

CEL.—Si mucho enojo traés[3] con vosotros o con vuestro amo o armas[4], no le quebreys en mí. Que bien sé dónde

[1] *cadena* = Calisto dio a Celestina una cadena de oro y cien monedas, también de oro.
[2] *entramos* = entrambos, los dos.
[3] *traés* = traéis.
[4] *armas* = los dos criados empiezan quejándose de que necesitan dinero para reparar sus armas, que dicen haber estropeado y perdido en defensa de Calisto.

nasce esto, bien sé e barrunto de qué pie coxqueays[5]. No cierto de la necesidad que teneys de lo que pedís, ni avn por la mucha cobdicia que lo teneys, sino pensando que os he de tener toda vuestra vida atados e catiuos con Elicia e Areusa, sin quereros buscar otras, moueysme estas amenazas de dinero, poneysme estos temores de la partición. Pues callá, que quien estas os supo acarrar, os dará otras diez agora, que ay más conoscimiento e más razón e más merecido de vuestra parte. E si sé cumplir lo que prometo en este caso, dígalo Pármeno.

SEMP.—Yo dígole que se vaya y abáxasse las bragas[6]: no ando por lo que piensas. No entremetas burlas a nuestra demanda, que con esse galgo no tomarás, si yo puedo, más liebres[7]. Déxate comigo de razones. A perro viejo no cuz cuz. Danos las dos partes por cuenta de quanto de Calisto has recibido, no quieras que se descubra quién tú eres. A los otros, a los otros, con essos halagos, vieja.

CEL.—¿Quién só yo, Sempronio? ¿Quitásteme de la putería? Calla tu lengua, no amengües mis canas, que soy vna vieja qual Dios me hizo, no peor que todas. Viuo de mi oficio, como cada qual oficial del suyo, muy limpiamente. A quien no me quiere no le busco. De mi casa me vienen a sacar, en mi casa me ruegan. Si bien o mal viuo, Dios es el testigo de mi coraçón. E no pienses con tu yra maltratarme, que justicia ay para todos: a todos es ygual. Tan bien seré oyda, avnque muger, como vosotros, muy peynados. Dexame en mi casa con mi fortuna. E tú, Pármeno, no pienses que soy tu cautiua por saber mis secretos e mi passada vida e los casos que nos acaescieron a mí e a la desdichada de tu madre[8]. E avn assí me trataua ella, quando Dios quería.

PÁRM.—No me hinches las narizes[9] con esas memorias; si no, embiart'e con nueuas a ella[10], donde mejor te puedas quexar.

---

[5] *coxqueays* = cojeáis.

[6] *dígole que se vaya... bragas* = eso no tiene nada que ver con lo que venimos a pedir.

[7] *con esse galgo... liebres* = con eso no me engañarás.

[8] Celestina había conocido y tratado a la madre de Pármeno, el cual se avergonzaba de ello.

[9] *hinchar las narizes* = enojar.

[10] *ella* = la madre de Pármeno (murió hace tiempo)

CEL.—¡Elicia! ¡Elicia! Leuántate dessa cama, daca mi manto presto que por los sanctos de Dios para aquella justicia me vaya bramando como vna loca. ¿Qué es esto? ¿Qué quieren dezir amenazas en mi casa? ¿Con una oueja mansa tenés vosotros manos e braueza? ¿Con vna gallina atada? ¿Con vna vieja de sesenta años? ¡Allá, allá, con los hombres como vosotros, contra los que ciñen espada, mostrá vuestras yras; no contra mi flaca rueca! Señal es de gran couardía acometer a los menores e a los que poco pueden. Las suzias moxcas nunca pican sino los bueyes magros e flacos. Si aquella, que allí está en aquella cama, me ouisse a mí creydo, jamás quedaría esta casa de noche sin varón ni dormiriemos a lumbre de pajas; pero por aguardarte, por serte fiel, padecemos esta soledad. E como nos veys mugeres, hablays e pedís demasías. Lo qual, si hombre sintiessedes en la posada, no haríades. Que como dizen: el duro aduersario entibia las yras e sañas.

SEMP.—¡O vieja auarienta, garganta muerta de sed por dinero! ¿no serás contenta con la tercia parte de lo ganado?

CEL.—¿Qué tercia parte? Vete con Dios de mi casa tú. E essotro no dé vozes, no allegue la vezindad. No me hagays salir de seso. No querays que salgan a plaza las cosas de Calisto e vuestras.

SEMP.—Da bozes o gritos, que tú complirás lo que prometiste o complirán oy tus días.

ELIC.—Mete, por Dios, el espada. Tenle. Pármeno, tenle, no la mate esse desuariado.

CEL.—¡Justicia! ¡justicia! ¡señores vezinos! ¡Justicia! ¡que me matan en mi casa estos rufianes!

SEMP.—¿Rufianes o qué? Espera, doña hechizera, que yo te haré yr al infierno con cartas.

CEL.—¡Ay, que me ha muerto! ¡Ay, ay! ¡Confessión, confessión!

PÁRM.—Dále, dále, acábala, pues començaste. ¡Qué nos sentirán! ¡Muera! ¡muera! De los enemigos los menos.

CEL.—¡Confessión!

ELIC.—¡O crueles enemigos! ¡En mal poder os veays! ¡E para quién touistes manos! ¡Muerta es mi madre e mi bien todo!

SEMP.—¡Huye! ¡huye! Pármeno, que carga mucha gente. ¡Guarte! ¡guarte!, que viene el alguazil.

PÁRM.—¡O pecador de mí!, que no ay por dó nos vamos, que está tomada la puerta.
SEMP.—Saltemos desta ventana. No muramos en poder de justicia.
PÁRM.—Salta que tras ti voy.

Así termina el acto dozeno. En el trezeno nos enteramos por Sosia, otro criado de Calisto, de la muerte de Sempronio y Pármeno.

III. COMENTARIO DE TEXTOS

A. *PRESENTACIÓN*

Fernando de Rojas no concibió *La Celestina* como obra de teatro, sino como novela dialogada. Por eso queda al margen de la evolución del teatro español. Cuando estudiamos este género dramático no hemos de contar con la excepcional obra de Rojas. Sin embargo, tiene indiscutibles valores dramáticos; el más sobresaliente es el hecho de que conozcamos todos los detalles del desarrollo de la trama sólo a través del *diálogo* de los personajes, sin la menor intervención de la voz del autor.

Los elementos novelescos son también muy importantes: hay en la obra momentos en que resalta más la presentación de las experiencias de los personajes, o de sus sentimientos y emociones, que el enfrentarlos entre sí directamente en el diálogo; igualmente, hay descripciones de la naturaleza o del paisaje propios del género narrativo.

En conjunto se puede decir que se unen en *La Celestina* las técnicas dramática y novelística, con predominio de la primera.

En este comentario pondremos de relieve una serie de aspectos interesantes de esta excepcional obra de la Literatura española. Repetimos el texto anteriormente transcrito.

B. *TEXTO*

MELIB.—Cesen, señor mío, tus verdaderas querellas: que ni mi coraçón basta para lo sufrir ni mis ojos para lo dissimular. Tú lloras de tristeza, juzgándome cruel; yo lloro de plazer, viéndote tan fiel. ¡O mi señor e mi bien todo! ¡Quánto más alegre me fuera poder ver tu haz[1], que oyr tu voz! Pero, pues no se puede al presente más fazer, toma la firma e sello de las razones que te embié escritas en la lengua de aquella solícita mensajera. Todo lo que te dixo confirmo, todo lo he por bueno. Limpia, señor, tus ojos, ordena de mí a tu voluntad.

CAL.—¡O señora mía, esperança de mi gloria, descanso e aliuio de mi pena, alegría de mi coraçón! ¿Qué lengua será bastante para te dar yguales gracias a la sobrada e incomparable merced que en este punto de tanta congoxa para mí, me has quesido hazer en querer que vn tan flaco e indigno hombre pueda gozar de tu suauíssimo amor? Del qual, avnque muy desseoso, siempre juzgaua indigno, mirando tu grandeza, considerando tu estado, remirando tu perfección, contemplando tu gentileza, acatando mi poco merescer e tu alto merescimiento, tus estremadas gracias, tus loadas e manifiestas virtudes. Pues, ¡o alto Dios!, ¿cómo te podré ser ingrato, que tan milagrosamente has obrado comigo tus singulares marauillas? ¡O quántos días antes de agora[2] passados me fue venido este pensamiento a mi coraçón e por impossible le rechaçaua de mi memoria, hasta que ya los rayos ylustrantes de tu muy claro gesto dieron luz en mis ojos, encendieron mi coraçón, despertaron mi lengua, entendieron mi merecer, acortaron mi couardía, destorcieron mi encogimiento, doblaron mis fuerças, desadormecieron mis pies e manos, finalmente, me dieron tal osadía, que me han traydo con su mucho poder a este sublimado estado en que agora me veo, oyendo de grado tu suave voz. La qual, si antes de agora no conociese e no sintiesse tus saludables olores, no podría creer que careciessen de engaño tus palabras. Pero como soy cierto de tu limpieza de sangre e fechos, me estoy remirando si soy yo Calisto, a quien tanto bien se le haze.

[1] *haz* = faz (ver 5).
[2] *agora* = ahora.

MELIB.—Señor Calisto, tu mucho merecer, tus estremadas gracias, tu alto nascimiento han obrado que, después que de tí houe entera noticia, ningún momento de mi coraçón te partiesses[3]. E avnque muchos días he pugnado por lo dissimular, no he podido tanto que, en tornándome aquella muger tu dulce nombre a la memoria, no descubriesse mi desseo e viniesse a este lugar e tiempo, donde te suplico ordenes e dispongas de mi persona segund querrás. Las puertas impiden nuestro gozo, las quales yo maldigo e sus fuertes cerrojos e mis flacas fuerças, que ni tú estarías quexoso ni yo descontenta.

CAL.—¿Cómo, señora mía, me mandas que consienta a vn palo[4] impedir nuestro gozo? Nunca yo pensé que, además de tu voluntad, lo pudiera cosa estoruar. ¡O molestas e enojosas puertas! Ruego a Dios que tal huego[5] os abrase, como a mí da guerra: que con la tercia parte seríades en vn punto quemadas.

C. *COMENTARIO*

1. **Género**

a) Al ser dialogada, esta obra carece de elementos puramente narrativos. Todo se nos dice a través de las palabras de los personajes, aun en los momentos de mayor tensión. De ahí que existan frases (relativas a la situación, comportamientos, actitudes de los personajes, etc.) que, mientras en una obra novelesca estarían en forma narrativa, aquí forman parte de los diálogos, como si de una obra dramática se tratase.

b) Son ya famosos los inconvenientes que conlleva la representación de esta obra en un teatro, a pesar de estar escrita en forma exclusivamente dialogada. Cuando se ha llevado *La Celestina* al escenario ha sido necesario adaptarla a la escena modificando los diálogos, intercalando

[3] *partiesses* = fueses.
[4] *un palo* = las puertas serían de madera.
[5] *huego* = fuego. La h sonaba como jota suave: una suave aspiración.

acotaciones para indicar los gestos y actitudes que deben adoptar los actores, etc.

No es, pues, una obra teatral en el sentido genérico del término, a pesar de sus innegables valores dramáticos.

c) F. de Rojas, en esta obra, ve la vida humana como una terrible lucha en la que el hombre se ve arrastrado por poderosas fuerzas (la pasión, la codicia...) que pueden llevarle a la perdición. Teniendo esto en cuenta, *La Celestina* pertenecería al género trágico, si la consideramos una obra teatral. Sería una verdadera tragedia.

d) En resumen, se trata de una obra dialogada para ser leída: por lo tanto, no se integra en ninguno de los géneros literarios conocidos; no es ni una obra puramente dramática, ni una novela.

2. **Contenido**

a) A través de los diálogos asistimos con fidelidad a una escena en la que se desarrolla, con una extraordinaria riqueza de matices, un encuentro amoroso. Son de destacar los aciertos psicológicos del autor en este aspecto, sobre todo cuando demuestra conocer bien el carácter femenino en el tratamiento del personaje de Melibea.

b) La adecuación entre la estructura formal y la estructura temática está, asimismo, plenamente lograda: observemos, por ejemplo, que la amplitud mayor o menor de las intervenciones de los enamorados nos dan una idea del distinto carácter de cada uno. Más directa y sincera Melibea; más discursivo Calisto, que no acaba nunca de dar rodeos antes de tomar una decisión.

3. **Técnica y estilo**

a) Hemos hablado del doble plano realismo-idealismo en *La Celestina.* Este doble plano se pone de manifiesto comparando este texto con el de la lectura primera: en aquélla, el realismo del lenguaje corre parejo al de la situación que se nos presenta. En el texto que comentamos, predomina el idealismo de los enamorados y la belleza de las palabras que se dicen.

b) También podemos observar un *realismo sicológico* en F. de Rojas, pues sabe poner de relieve los estados de ánimo de los personajes a través del diálogo. Observamos que Calisto y Melibea están poniendo al descubierto su apasionado amor: en sus palabras hay alegría, emoción, pasión. El estado de ánimo que tienen los enamorados se refleja perfectamente. Pensemos, por ejemplo, en el acierto de la frase que comienza: «oh molestas e enojosas puertas...».

c) El lenguaje que utilizan Calisto y Melibea en dicho fragmento responde al ideal *culto* de la época, rebuscado y artificioso. Era una moda de aquellos tiempos hablar de modo tan *retórico.* En este sentido podemos apreciar los siguientes rasgos:

—los *paralelismos:* repetición de la misma estructura en dos o más frases seguidas. Por ejemplo:

• Ni mi corazón basta para lo sufrir • Ni mis ojos ('') para lo disimular	*ni + mi + SUST + basta + para lo + VERBO*

—*Enumeraciones o series* de sintagmas referidos todos ellos al mismo contenido (por ejemplo, *mirando tu grandeza, considerando tu estado, remirando tu perfección...).*

—*Interrogación retórica:* son un mero adorno enfático, pues no esperan ninguna respuesta. Por ejemplo: «¿Cómo, señora mía, e mandas que consienta a un palo impedir nuestro gozo?».

—Uso constante del *vocativo,* que también supone énfasis.

—Uso de todo tipo de *figuras literarias* (metáfora, hipérbole, metonimia...).

d) Uno de los recursos estilísticos que podemos también observar es la tendencia a las estructuras bimembres. Vamos a señalar dos ejemplos muy distintos:

—los personajes se presentan por *parejas* (Calisto y Melibea, Elicia y Areusa...), excepto la protagonista, Celestina; y pueden considerarse divididos en *dos planos;* los «superiores» y los «inferiores». Con ello, además, se destaca la singularidad de Celestina.

—La misma tendencia se refleja en que con frecuencia aparecen palabras y oraciones en parejas, unidas por conjunciones. Por ejemplo, *molestas* **e** *enojosas* puertas; **ni** *tú estarías quejoso* **ni** *yo descontenta...,* etc. Obsérvense otros ejemplos análogos en el fragmento que comentamos.

4. La lengua

a) La Celestina es un documento imprescindible para la historia de la lengua española, porque en ella se puede estudiar tanto el lenguaje culto como el popular del siglo XV. Efectivamente, en esta obra maestra de la lengua castellana se recoge la tendencia *popular* que ya veíamos en *El Corbacho* y el estilo *culto* del Humanismo renacentista, como ha observado R. Lapesa. El texto que comentamos es un ejemplo del lenguaje *culto* de la época. Algunos de sus rasgos cultos más significativos son:

- amplificaciones: «siempre juzgaba indigno, *mirando tu grandeza, considerando tu estado, remirando tu perfección, contemplando tu gentileza...,* etc.»;
- en esas amplificaciones, y en otros momentos del texto, *paralelismos* sintácticos:
  «Tú lloras de tristeza, juzgándome cruel;
  yo lloro de placer, viéndote tan fiel»
  «un tan *flaco e indigno* hombre»; «*sobrada e incomparable* merced»;
- riqueza de léxico, que se advierte ya en las amplificaciones aludidas, y, en general, en todo el fragmento (otros rasgos los hemos analizado en *Técnica y estilo).*

En cuanto a la lengua popular, que no aparece en el fragmento comentado, ya la hemos podido analizar en las lecturas reflexivas Primera y Tercera.

b) El estado de lengua que presenta el texto corresponde al del castellano del siglo XV; analizaremos algunos rasgos fonológicos, morfosintácticos y léxico-semánticos:

—desde el punto de vista fonológico, la presencia de las parejas de consonantes medievales es lo más significativo (hasta el siglo XVII no se redujeron al estado actual): dissimular / presente; coraçón / plazer..., etc.).
—en cuanto a la morfosintaxis, la anteposición del pronombre *(lo sufrir, lo disimular),* el verbo *ser* como auxiliar de verbos intransitivos *(me fue venido),* el verbo *haber* con significado posesivo *(después que de ti hove entera noticia);* etc.
—en cuanto al léxico, la presencia de algunos *arcaísmos* (*por ventura, agora,* etc.).

5. Actitud crítica

a) Es tan rica y compleja esta obra que cada lector podría elegir el personaje que más le interesara, pues cada uno de ellos presenta una problemática de gran interés. En el texto que comentamos se pueden analizar los de Calixto y Melibea.

b) En la literatura medieval hay otra figura que podemos considerar antecedente de la vieja Celestina: se trata de la Trotaconventos del *Libro de Buen Amor,* del Arcipreste de Hita. La comparación entre ambas figuras nos permitirá deducir interesantes observaciones sobre sus épocas.

c) La fama que adquirió esta obra, incluso en su época, podemos comprobarla en el sentido adquirido por la palabra *celestina.*

d) El tema del amor imposible ha sido tratado frecuentemente en la literatura mundial; por ejemplo, en *Romeo y Julieta,* de Shakespeare. Hoy día, sin embargo, las condiciones familiares y sociales hacen menos oportuno el tratamiento de este tema, excepto en casos límites.

IV. RECAPITULACIÓN

—*La Celestina,* obra de transición entre la Edad Media y el Renacimiento. Aspectos históricos y literarios.

—Constantes temáticas e ideológicas de la obra:

- idealismo y realismo;
- intención moralizadora del autor / pesimismo;
- incipiente individualismo de los personajes;
- el humor y la ironía en la obra.

—La técnica y el estilo:

- características dramáticas y novelescas de la obra;
- los personajes: tendencia a la bimembración; técnicas de caracterización a través del diálogo; caracteres creados por el autor; evolución psicológica de los personajes; personajes principales y secundarios, relaciones entre ellos.

—*La Celestina* como monumento para la historia de la lengua española.

- estado de lengua que presenta;
- lenguaje *popular* y lenguaje *culto* en la obra;
- rasgos retóricos (paralelismos, figuras literarias, bimembraciones, etc.).

V. BIBLIOGRAFÍA BÁSICA

Ediciones

Edición de Julio Cejador y Frauca. Madrid, Espasa-Calpe (Clásicos castellanos), 1913.

Edición de Martín de Riquer. Círculo de Lectores. Madrid, 1961.

Edición de M. Criado de Val y G. D. Trotter. Madrid, CH, 1965 (2.ª ed.).

Estudios

Además de los prólogos de las ediciones anteriormente citadas, pueden consultarse:

GILMAN, Stephen: *La Celestina. Arte y estructura.* Madrid, Taurus Ediciones, 1974.

LIDIA DE MALKIEL, María Rosa: *La originalidad artística de La Celestina.* Buenos Aires, 1962, y *Dos obras maestras españolas. El Libro de Buen Amor y La Celestina.* Buenos Aires, 1966.

MARAVALL, José Antonio: *El mundo social de La Celestina.* Madrid, Gredos, 1976.

LITERATURA RENACENTISTA

LA LITERATURA EN EL RENACIMIENTO

1. La lírica renacentista:

   A. Época de Carlos V:

      —La nueva poesía italianista: Garcilaso de la Vega.

   B. Época de Felipe II:

      —La poesía:

      - Fray Luis de León.
      - San Juan de la Cruz.
      - Fernando de Herrera.

2. La prosa en el siglo XVI:
   —Novela:

   - El Lazarillo de Tormes.

3. La transición al Barroco:
   —Miguel de Cervantes:

   - El Ingenioso Hidalgo Don Quijote de la Mancha.

CARACTERÍSTICAS GENERALES DEL RENACIMIENTO ESPAÑOL

1. Etapas del Renacimiento español

Se distinguen tres períodos: el que ha dado en llamarse *Prerrenacimiento,* que abarca el siglo XV; el que corresponde a la *época de Carlos V,* es decir, a la primera mitad del siglo XVI; y el de la *época de Felipe II,* correspondiente a la segunda mitad del siglo XVI.

El *Prerrenacimiento* coincide cronológicamente, en España, con el final de la Edad Media y, en Italia, con el «quattrocento», verdadero Renacimiento italiano. En este período se van desarrollando las tendencias humanísticas y los conocimientos sobre la Antigüedad Clásica. En algunos escritores españoles (el Marqués de Santillana, Juan de Mena, etc.) apuntan ya muchas de las características literarias de los escritores del siglo XVI.

En la *época de Carlos V* influyen en nuestro país las distintas tendencias estéticas e ideológicas que se desarrollan en Europa (poesía italianizante, platonismo, erasmismo, etc.).

En la última etapa, la *época de Felipe II,* España se cierra a la influencia europea y se convierte, a partir de la Contrarreforma, en paladín del catolicismo. Nacionalismo y religiosidad son los dos aspectos fundamentales que caracterizan a esta época (defensa de los valores nacionales; misticismo y ascetismo; etc.).

spectos políticos

nidad nacional llevada a cabo por los Reyes Católicos y el espíritu nacionalista que preside su política dan lugar a una nueva forma de Estado, la *Monarquía absoluta.* El poder se concentra en la persona del rey —o del emperador—. A la autoridad real se le otorga, según el Derecho Romano, un origen divino: el poder viene de Dios; luego atacar al rey es atacar a Dios.

La política expansionista e imperialista de los Reyes Católicos y de sus sucesores, los Austrias, sigue una doble dirección: Europa (sometimiento por vía política o militar de los países mediterráneos y centroeuropeos, principalmente) y América (descubrimiento, conquista y colonización). El poderío español se extiende por todo el mundo. España se convierte en la primera potencia europea e, incluso, mundial.

3. Aspectos sociales y económicos

De acuerdo con la concepción social del momento, la nobleza y el clero son los dos estamentos privilegiados de la sociedad renacentista.

Por otra parte, el desarrollo de la vida urbana, el mercantilismo y la aparición de las industrias elevan la riqueza de la burguesía y, consecuentemente, ocasionan su auge social.

Por último, las clases populares se ven, paradójicamente, totalmente empobrecidas. Las causas principales de esta situación son las guerras, la expulsión de árabes y judíos y el éxodo del campo a la ciudad.

En el aspecto económico, tiene lugar un importante *desarrollo del capitalismo.* Una economía interurbana sustituye a la gremial, y aparece el libre juego de la oferta y la demanda. La valoración de la tierra es desplazada por la del dinero del hombre de empresa. Se desarrollan el comercio y la especulación.

4. Aspectos religiosos

Durante este período pervive el espíritu religioso medieval. Este es tan importante que al nuevo Estado que se funda a partir de los Reyes Católicos se le da con frecuencia la denominación de *Monarquía Católica.*

Junto a la unidad política se realiza la unidad religiosa; de ahí, en parte, la expulsión de los judíos y de los árabes y la obligada conversión de todos ellos al catolicismo.

Se crea un órgano político y religioso, *la Inquisición,* cuyo objetivo fundamental es la extremada vigilancia de la conducta religiosa. En este sentido, es también importante reseñar la obsesión por la pureza de sangre.

De entre las corrientes ideológicas y religiosas que tienen importancia en Europa en ese momento destaca la *doctrina erasmista,* impulsada por Erasmo de Rotterdam. Erasmo centra la vida religiosa en la pureza de costumbres y atribuye un valor secundario a las prácticas del culto externo. Su influjo en España es notable durante la primera mitad del siglo XVI.

En la segunda mitad del siglo, al triunfar la *Contrarreforma,* la doctrina de Erasmo fue repudiada y prohibida. A partir de este momento, España reacciona ante la reforma protestante y se convierte en defensora del catolicismo; se cierra a Europa, y la Iglesia y el Estado refuerzan aún más los vínculos que los unían. En este período, se produce un auge de la literatura religiosa a través de la Mística y de la Ascética. El nacionalismo religioso impulsa la defensa de la fe en las luchas contra los turcos y los herejes.

5. Aspectos ideológicos

El Renacimiento se caracteriza, especialmente, por la *concepción clásica del Universo,* que conlleva una *valoración del mundo grecolatino.* El hombre renacentista busca en la Antigüedad Clásica una nueva escala de valores para el individuo y para la vida humana y terrenal. De esta nueva valoración nace el *Humanismo.*

Según el Humanismo, el hombre es el centro del Universo. La vida humana es digna de ser vivida con sus bellezas y placeres. El hombre del Renacimiento se siente capaz de dominar el mundo y de fraguar su propia existencia.

Consecuentemente con esta valoración, hay un *desarrollo de las facultades físicas y espirituales del hombre.* Se exalta el poder de la razón y el cultivo de la inteligencia. La razón debe dominar a la pasión; se debe buscar el equilibrio y la mesura; se debe tender a un desarrollo armónico de lo físico y de lo espiritual.

A todas las características señaladas anteriormente responde el ideal social del hombre del Renacimiento: el *cortesano,* que habrá de ser, además, tan diestro en las armas como en las letras, refinado y valiente, y que cultivará la música y el amor.

Los sistemas filosóficos que tienen mayor importancia en el Renacimiento son:

a) *El escepticismo:* fomenta la actitud crítica del hombre ante la realidad.

b) *El epicureísmo:* invita al goce moderado de la vida. El hombre debe buscar la felicidad regulando su vida, de tal manera que ésta resulte más placentera que dolorosa.

c) *El estoicismo:* exalta el dominio de las pasiones y elogia la serenidad espiritual y la resignación del hombre ante la adversidad. Este ideal se centra en vivir según el orden natural y conduce al alcance del logro más preciado: la *virtú* renacentista.

d) *El platonismo:* exalta la belleza de los seres materiales y de la Naturaleza, a los que considera como un reflejo de la belleza divina. El hombre debe aspirar a conseguir la absoluta felicidad, *la serena Beatitud platónica.* Para ello debe guiarse por la fuerza que dirige y ordena el Universo: el amor. El amor a la belleza (mujer, Naturaleza, arte) es el camino que conduce hacia Dios.

6. Aspectos culturales

En la Arquitectura, hay una búsqueda de la belleza armónica de las formas. El estilo más importante es el *Plateresco.* Posteriormente, en la época de Felipe II, la decoración se hace más sobria y austera, acorde con la concepción vital que surge a partir de la Contrarreforma. Se tiende así hacia una pureza de las formas, lo que da lugar al llamado *estilo purista.*

En la Escultura y en la Pintura se tiende hacia una idealización de la figura humana, en busca de una belleza arquetípica.

En la Literatura hay que destacar la influencia de temas y formas de la literatura clásica. La poesía bucólica adquiere un gran desarrollo y los mitos grecolatinos son utilizados frecuentemente como motivos literarios. Por otra parte, nuestra literatura, especialmente la poesía, recibe una gran influencia de la literatura italiana: se adoptan los nuevos metros italianos y una nueva sustancia temática, procedente, fundamentalmente, de la petrarquista. En la prosa, hay que resaltar el cultivo de la prosa didáctica en la primera mitad del siglo y la profusión de las novelas de caballerías y, especialmente, el nacimiento de la novela moderna con la aparición de *El Lazarillo de Tormes.*

7. La lengua

En el siglo XVI, como consecuencia de la unidad política y religiosa, de la política expansionista de los Austrias y, finalmente, del auge de nuestra literatura, el español se convierte en lengua universal. Es a partir de estos momentos cuando, con precisión y coherencia, la denominación de español se impone a la de castellano.

El ideal de norma de lengua que preside el Renacimiento se resume en dos palabras: *naturalidad* y *selección.* El escritor deberá escribir con *naturalidad,* es decir, con absoluta sencillez y claridad, huyendo de la afectación, del amaneramiento y de la frase rebuscada. Pero, al mismo tiempo, deberá preocuparse por la forma y por el logro de la belleza, eligiendo cuidadosamente los vocablos y las frases que vaya a emplear; es decir, con *selección.* Por tanto, la lengua se somete a un proceso de depuración: la sintaxis y el léxico serán sencillos, sin alardes latinistas, pero selectos y cuidadosamente elaborados.

Las características más importantes desde los puntos de vista fonético, morfosintáctico y léxico-semántico son las siguientes:

A) FONÉTICO:

—Desaparición de las vacilaciones de timbre en las vocales no acentuadas. Por ejemplo, «van**i**dad» por «van**e**dad», «**i**nvernar» por «**e**nvernar», «c**u**brir» por «c**o**brir», etc.

—Desaparición fonética y gráfica de la F- inicial latina. Por ejemplo, **F**allar > **H**allar, **F**ambre > **H**ambre, etc. En Castilla la Vieja no se pronuncia ya en el siglo XVI, pero sí en Castilla la Nueva y en las zonas meridionales, como una *h* aspirada (*ḧ*). Entre 1560 y 1620 desaparece la aspiración en toda España, excepto en las zonas más meridionales (Andalucía y Extremadura).

—En la primera mitad del siglo XVI se mantienen algunos grupos de consonantes: co**bd**iciar, co**bd**o, du**bd**a, etc.

—Paso del sistema fonológico medieval al moderno. Se produce el ensordecimiento paulatino de las sibilantes:
-S- y **-SS-** y **S-** : **S** (fonema alveolar, fricativo, sordo)
G, J y **X** : **X** (fonema velar, fricativo, sordo)
Z, Ç : **Ç** (fonema interdental, fricativo, sordo).

La confusión, en determinadas zonas de Andalucía, de la **Z** y la **Ç** con la **S** y la **SS** dio lugar al çeçeo, cuyas variantes son el ceceo y el seseo.

—Simplificación de los grupos consonánticos latinos: «conce**t**o» por «conce**pt**o», «ma**n**ífico» por «ma**gn**ífico», «a**c**idente» por «a**cc**idente», etc.

—Asimilación de la **r** final del infinitivo con el pronombre átono: dec**ill**o, sufri**ll**o, etc.
—Las formas **porné, terná, verná** coexisten con las actuales pondré, tendrá, vendrá.

B) MORFOSINTÁCTICO

—En la primera mitad del siglo XVI, coexisten las formas verbales «am**áis**», «ten**éis**», «s**ois**», con «am**ás**», «ten**és**», «s**os**»; «am**ad**», «ten**ed**», «part**id**» con «a**má**», «ten**é**», «part**í**»; «s**o**», «v**o**», «est**ó**» con «s**oy**», «v**oy**», «est**oy**».
—La forma medieval «**gelo**» se sustituye por la actual «**se lo**».
—Durante el siglo XVI se utiliza el verbo «**haber**» con valor predicativo: «Si **has miedo que me ofendas**».
—El verbo **ser**, igual que en la época medieval, se utiliza como auxiliar para formar los tiempos compuestos de los verbos intransitivos: «saber que **soy nacido**».

C) LÉXICO-SEMÁNTICO

Durante esta época entran en el español *préstamos* de distinta procedencia.
—*Italianismos:* escopeta, escolta, esbelto, terceto, novela, etc.
—*Galicismos:* chapeo, servilleta, ujier, damisela, etc.
—*Lusismos:* payo, soledad, echar de menos, etc.
—*Americanismos:* tabaco, patata, chocolate, canoa, etc.

X. GARCILASO DE LA VEGA

I. INTRODUCCIÓN

Garcilaso de la Vega encarna en su persona las principales cualidades del cortesano renacentista: hombre de letras y hombre de armas, exquisito poeta, hombre refinado y de una intensa vida amorosa.

De su corta biografía (nació en Toledo en 1501 y murió en Niza en 1536, tras haber sido gravemente herido en el asalto a la fortaleza de Muy, en Provenza), destacamos lo siguiente: en 1526, ya casado, conoce a la dama portuguesa Isabel de Freire, a la que profesa un gran amor y que es la inspiradora de sus mejores composiciones amorosas; en 1529, se casa doña Isabel de Freire, y el poeta sufre una grave crisis sentimental; en 1531, es desterrado de España y confinado en la isla del Danubio, por haber asistido a una boda en contra de la voluntad del emperador; de 1532 a 1534, vive en Nápoles, donde entra en contacto con la literatura italiana; en 1534, la muerte de Isabel de Freire conmociona sentimentalmente al poeta; en 1536, muere en Niza.

Garcilaso nos ha dejado una obra poética corta, pero de una gran calidad: algunas canciones en metros tradicionales, una epístola, dos elegías, tres églogas, cinco canciones y treinta y ocho sonetos. En su producción poética se distinguen dos etapas: 1) hasta 1531-1532, antes de entrar en contacto directo con la literatura italiana. Sus poemas guardan todavía una gran influencia de la poesía castellana del siglo XV. 2) a partir de 1532, Garcilaso se relaciona en Nápoles con poetas y humanistas italianos, y asimila el espíritu y el arte renacentista. En esta época escribe lo mejor de su producción (las églogas, las elegías y la mayor parte de los sonetos).

II. LECTURAS REFLEXIVAS

Primera. *«Cuando me paro a contemplar mi estado»*

Presentamos aquí el Soneto I de la obra poética de Garcilaso. El poema, según Rafael Lapesa, está compuesto 'en los años que median entre la boda de Isabel de Freire, su amada, y el establecimiento del poeta en Nápoles'. Esta noticia es la que nos da, precisamente, las claves temáticas y formales del soneto.

Obsérvese que Garcilaso se siente perdido entre sus pretensiones amorosas y la renuncia total. En el primer cuarteto se puede ver cómo el recuerdo del pasado se esfuma ante el *doloroso presente;* en el segundo, *se duele de que su pasión amorosa no pueda sobrevivirle («sé que me acabo, y más he yo sentido / ver acabar conmigo mi cuidado»).* En los tercetos, que concluyen la composición, acepta *voluntariamente* la suerte adversa *(«Que pues mi voluntad puede matarme»).*

En el aspecto formal, vemos cómo el estado de confusión sentimental en que se halla el poeta se manifiesta a través de una serie de *reiteraciones y juegos de palabras de carácter conceptista («acabo-acabar-acabaré-acabarme / hará-hacello /,* etc.»).

Estas características señaladas —aceptación voluntaria de la suerte, juegos de palabras—, junto con la ausencia de imágenes y la falta de fuerza en la expresión del sentimiento amoroso, nos indican que estos versos se hallan todavía en la *primera etapa* del poeta: *la de mayor influencia de los cancioneros castellanos del siglo XV*. Aún no ha asimilado el nuevo arte que viene de Italia y sus recursos estilísticos son distintos de los que luego constituirán su estilo más personal y maduro.

CUANDO ME PARO A CONTEMPLAR MI ESTADO
y a ver los pasos por do me han traído,
hallo, según por do anduve perdido,
que a mayor mal pudiera haber llegado;
mas cuando del camino estó olvidado,
a tanto mal no sé por dó he venido;
sé que me acabo, y más he yo sentido
ver acabar conmigo mi cuidado.
Yo acabaré, ***que me entregué sin arte***
a quien sabrá ***perderme y*** acabarme
si ella quisiere, ***y aun*** sabrá querello:
que pues mi voluntad puede matarme,
la suya, que no es tanto de mi parte,
pudiendo, ¿qué hará ***sino*** hacello?

(*Soneto I.* Garcilaso de la Vega)

Segunda. *Fragmentos de la égloga I*

Los dos fragmentos poéticos que ocupan el texto II pertenecen a la égloga I. Podemos incluirlos dentro de la etapa en que Garcilaso ya ha asimilado el arte italiano, aunque todavía no haya llegado a la plenitud de su estilo más personal. Garcilaso asimila la técnica métrica y las esencias de la poesía italiana, sobre todo de la poesía petrarquista. Utiliza los metros y estrofas italianos (el endecasílabo; la estancia, el soneto, la lira) que sustituyen a los castellanos (el octosílabo; las coplas y canciones castellanas). En el tratamiento del tema amoroso adopta una actitud de melancolía y de resignación ante un amor imposible. Su poesía se ocupa de la belleza del mundo exterior y del paisaje. Garcilaso consigue adecuar perfectamente el contenido de sus versos a los nuevos metros italianos.

Nos sitúa el poeta en un escenario en el que dos pastores, Salicio y Nemoroso, cantan sus «cuitas» amorosas. Salicio se lamenta del desdén de Galatea (Isabel de Freire) y Nemoroso de la muerte de Elisa (Isabel de Freire). La égloga está compuesta en estancias.

En el primer fragmento *la Naturaleza acompaña al poeta en su dolor* de tal modo que toda se humaniza («las piedras se enternecen, los árboles se inclinan, etc.»); *hombre y Naturaleza aparecen unidos.* La expresión de su sentimiento no es exaltada sino *elegante y equilibrada* («Salid, sin duelo, lágrimas corriendo»), como corresponde al ideal renacentista. Ese equilibrio y esa armonía renacentistas se pueden apreciar en el significado de «sin duelo» = «sin pasión», «sin dramatismo»; es decir, con un dolor contenido, de acuerdo con la mesura del hombre renacentista.

El segundo fragmento corresponde al principio del canto de Nemoroso y enlaza, por tanto, con las últimas estrofas del de Salicio. Invoca a la Naturaleza, *estilizada y bella,* que es confidente de sus quejas amorosas. Se pueden ver claramente esos adjetivos que denotan *la visión platónica* del mundo natural, según la cual éste es un reflejo de la belleza divina: **«Corrientes** aguas, **puras, cristalinas»; «verde** prado de **fresca** sombra lleno». Después, el autor compara su feliz pasado —*«Memorias llenas de alegría»*— con el doloroso presente —*«del grave mal que siento»*—.

Salicio:

CON MI LLORAR LAS PIEDRAS ENTERNECEN
su natural dureza y la quebrantan;
los árboles parece que se inclinan;
las aves que me escuchan, cuando cantan,
con diferente voz se condolecen,
y mi morir cantando me adivinan.
Las fieras que reclinan

su cuerpo fatigado,
dejan el sosegado
sueño por escuchar mi llanto triste.
Tú sola contra mí te endureciste,
los ojos aun siquiera no volviendo
a lo que tú heciste.
Salid sin duelo, lágrimas, corriendo.

Nemoroso:

Corrientes aguas, puras, cristalinas;
árboles que os estáis mirando en ellas,
verde prado de fresca sombra lleno,
aves que aquí sembráis vuestras querellas,
hiedra que por los árboles caminas,
torciendo el paso por su verde seno;
yo me vi tan ajeno
del grave mal que siento,
que de puro contento
con vuestra soledad me recreaba,
donde con dulce sueño reposaba,
o con el pensamiento discurría
por donde no hallaba,
sino memorias llenas de alegría.

(Égloga I. Garcilaso de la Vega)

Tercera. «*En tanto que de rosa y azucena*»

Este texto corresponde al soneto XXIII de Garcilaso, que es, sin duda, una de sus mejores composiciones. El poeta ha llegado a su plenitud y maneja perfectamente el nuevo arte italiano, del que hemos visto algunas características en la lectura anterior.

El tema de estos versos *(el goce de la vida)* es totalmente renacentista y refleja un sentido pagano de la vida. A la poesía intimista de anteriores etapas se añade *el vitalismo* del Renacimiento, concretado aquí en el tema horaciano del «*carpe diem*» ('aprovecha el día') y en el «*collige, virgo, rosas*», de Ausonio ('recoge, doncella, las rosas')». La inspiración temática es, pues, fundamentalmente grecolatina. La vida ya no es «un valle de lágrimas», como era para el hombre del Medioevo; hay que gozarla, *gozar «la primavera» de la vida,* pues vendrá *«el viento helado»* de la vejez y, con él, la muerte.

Técnica y estilísticamente el soneto es de gran calidad. Obsérvese la *gran riqueza de adjetivos —ardiente, honesto, blanco,* etc.—, que, al mismo tiempo que exaltan *la belleza de la mujer renacentista* y expresan los valores del tiempo, dan un *sentido pausado a los versos.* En el poema vemos el canon renacentista de la belleza femenina: *color de rosas y azucena, cabello rubio, cuello blanco y erguido.* Otro aspecto importante es la *gradación dinámica* de los verbos que terminan el segundo cuarteto: el viento... 1) *mueve,* 2) *esparce,* 3) *desordena.* El equilibrio idealizado de la belleza femenina se manifiesta en la *oposición de adjetivos y verbos* del primer cuarteto:

ardiente————honesto
enciende————refrena

Por último, hay que resaltar la perfecta simetría temática que guarda la composición: los dos cuartetos se refieren a la belleza de la juventud; en los dos tercetos el poeta advierte la conveniencia de gozar la *primavera,* pues el *invierno* llegará...

Obsérvese *la gran riqueza de imágenes* —vena de oro, primavera, nieve, cumbre, etc.— que en estos versos aparecen con mayor profusión que en los anteriores.

EN TANTO QUE DE ROSA Y AZUCENA,
se muestra la color en vuestro gesto,
y que vuestro mirar ardiente, honesto,
enciende al corazón y lo refrena;
y en tanto que el cabello, que en la vena
del oro se escogió, con vuelo presto,
por el hermoso cuello blanco, enhiesto,
el viento mueve, esparce y desordena;
coged de vuestra alegre primavera

el dulce fruto, antes que el tiempo airado
cubra de nieve la hermosa cumbre.
Marchitará la rosa el viento helado,
todo lo mudará la edad ligera,
por no hacer mudanza en su costumbre.

(*Soneto XXIII.* Garcilaso de la Vega)

III. COMENTARIO DE TEXTOS

A. *PRESENTACIÓN*

De la corta, pero brillante, producción garcilasiana, hemos elegido para su comentario tres estrofas de la égloga III. Llega el poeta en esta composición a su máxima perfección técnica, con un dominio total de los valores sensoriales y de la métrica italiana.

Garcilaso, tras sus desgracias amorosas, se refugia en la poesía como medio de escape de la realidad. Pensando en el campo y en la soledad, *sueña* el poeta que, junto a las riberas del Tajo, cuatro ninfas bordan dolorosas historias de amor y muerte; una de estas ninfas elige para su bordado el tema de la muerte de Elisa (Isabel) y el canto de Nemoroso. Después, dos pastores, Tirreno y Alcino, cantan sus cuitas respectivas. La emoción amorosa todavía sigue latente, aunque algo oscurecida por la preocupación por la forma.

Tras haber dedicado la égloga a una noble dama, el poeta se centra en la belleza y en la soledad del campo. Este campo es real: *la vega toledana;* pero el poeta lo estiliza dándonos de él una visión idealizada.

B. *TEXTO*

CERCA DEL TAJO EN SOLEDAD AMENA,
de verdes sauces hay una espesura,
toda de hiedra revestida y llena,

que por el tronco va hasta el altura,
y así la teje arriba y encadena,
que el sol no halla paso a la verdura;
el agua baña el prado con sonido
alegrando la vista y el oído.
Con tanta mansedumbre el cristalino
Tajo en aquella parte caminaba,
que pudieran los ojos el camino
determinar apenas que llevaba.
Peinando sus cabellos de oro fino,
una ninfa, del agua, do moraba,
la cabeza sacó, y el prado ameno
vido de flores y de sombra lleno.
Movióla el sitio umbroso, el manso viento,
el suave olor de aquel florido suelo.
Las aves en el fresco apartamiento
vió descansar del trabajoso vuelo.
Secaba entonces el terreno aliento
el sol subido en la mitad del cielo.
En el silencio sólo se escuchaba
un susurro de abejas que sonaba.

(*Égloga III.* Garcilaso de la Vega)

C. *COMENTARIO*

1. **Género**

Esta composición está escrita en lenguaje poético, que se caracteriza 'por tener un fin esencialmente estético'. Se trata de una égloga, y como tal pertenece al género lírico. Según Rafael Lapesa, «la égloga virgiliana, ya limitada a un relato, ya a la intervención, sucesiva o dialogada, de dos o más pastores, ya con una acción dramática elemental, florece extraordinariamente desde el Renacimiento hasta fines del siglo XVII».

2. **Contenido**

a) En el contenido de la composición interesa destacar por su complejidad los siguientes aspectos:

—Las características del marco elegido para el desarrollo de la composición.
—La aparición de la ninfa, momento de máxima acción del texto.
—Los elementos que condicionan, y ayudan a conformar, el plano idílico del texto.

b) *Estructura.* En cuanto a la disposición de los contenidos, el autor ofrece una estructura lógica: presentación del lugar, aparición de la ninfa y su acomodación al marco idílico, y conclusión.

El poema, pues, en cuanto a su contenido y estructura responde claramente a las directrices marcadas por los cánones clásicos.

3. Técnica y estilo

a) *Análisis métrico.* El tipo de estrofa elegido *(octava real),* el predominio de los endecasílabos melódicos y heroicos, cuyo compás llano y equilibrado los hace especialmente aptos para marcar la suavidad y el sosiego, y la sensación de reposo de los valores rítmicos (rima, encabalgamientos, etc.) se adecúan perfectamente al tono elegante, matizado y reposado de la composición.

b) *Rasgos estilísticos.* El poema pertenece a la segunda etapa de Garcilaso y, dentro de ella, al momento de máxima depuración técnica y estilística. Este hecho se manifiesta, entre otros, en los siguientes rasgos:

—El poeta ha llegado a la perfección en el uso preciso y sugerente de la *adjetivación.*
—Las *imágenes* se estilizan y se simplifican al máximo, en clara oposición al alambicamiento y retoricismo propios de la *poesía de cancionero.*
—Las sensaciones acústicas y visuales, la plasticidad del cuadro, vienen sugeridas por un perfecto juego de *aliteraciones.*
—El uso justo y moderado del *hipérbaton,* lejos del fácil remedo característico de la poesía de cancionero. Esta inversión del orden lógico gramatical la emplea Garcila-

so por diversas razones: búsqueda de la elegancia en el estilo, resaltar algún vocablo o sintagma, necesidades de la rima...

4. **La lengua**

a) En la lengua de Garcilaso, como *cortesano* que es, domina un criterio culto, pero a la vez sencillo; un criterio de «NATURALIDAD y SELECCIÓN». Dice Rafael Lapesa en su *Historia de la Lengua Española:*

«...Los versos de Garcilaso no deslumbran con alardes cultos ni imágenes atrevidas: se deslizan suaves, utilizando palabras corrientes, comparaciones fáciles y metáforas consagradas por la tradición literaria; pero funden estos elementos en armonía perfecta, diluyéndolos en suaves sensaciones musicales.»

Este es el modelo de lengua de la época, que se opone al amaneramiento latinizante del siglo anterior, el siglo XV. Así:

—No hay en el texto ninguna imagen oscura que dificulte su comprensión.
—Las metáforas, por ejemplo, «Peinando sus cabellos de ORO fino», suelen ser fáciles y consagradas por la tradición.
—El léxico está utilizado con mesura, naturalidad y armonía.

b) En el siglo XVI, con la unificación política de nuestro país —que trae como consecuencia la unificación de la lengua literaria—, el idioma español ha evolucionado de tal manera que está mucho más cercano del de nuestros días que del que utilizaron los escritores de principios del siglo XV. A pesar de esto, es obvio que hay diferencias, aunque no importantes.

5. **Actitud crítica**

a) El poeta ha sido capaz de interpretar estéticamente un ambiente natural en un determinado momento del día

—quizá vivido por nosotros en alguna ocasión— y llenarlo de belleza y armonía.

b) No le ha interesado la anécdota, sino las cualidades del marco idílico. Con ello el autor ha sido capaz de profundizar en la realidad que nosotros sólo captamos de una forma superficial. La lengua, elevada a su máxima categoría artística, puede ser, además del mejor medio de comunicación, el mejor vehículo de conocimiento.

IV. RECAPITULACIÓN

1. Garcilaso de la Vega y su tiempo: circunstancias biográficas que influyen en su obra.
2. Etapas de su producción poética: la poesía tradicional, la poesía de transición, la poesía italianista.
3. Temas poéticos: el amor, la Naturaleza, los mitos grecolatinos.
4. Técnica y estilo.
   —La asimilación de la métrica italiana (el endecasílabo; la estancia, la octava, el soneto, etc.).
   —Los recursos conceptistas.
   —Las imágenes y la importancia del epíteto.
   —Otros recursos: la aliteración, la gradación, el hipérbaton.

V. BIBLIOGRAFÍA BÁSICA

Ediciones

Obras. Garcilaso, edición de Tomás Navarro Tomás. Madrid, Espasa Calpe (col. Clásicos Castellanos), 1973.

Poesías castellanas completas. Garcilaso de la Vega, edición de Elías L. Rivers. Madrid, Castalia, 1972.

Obra poética. Garcilaso de la Vega, edición de Jesús Toboso. Madrid, Alce, 1978.

Estudios

Además de los prólogos de las ediciones anteriormente citadas pueden consultarse los siguientes estudios:

ARCE BLANCO, Margot: *Garcilaso de la Vega. Contribución al estudio de la lírica española del siglo XVI.* Barcelona, Universidad de Puerto Rico, 1968.

LAPESA, Rafael: *La trayectoria poética de Garcilaso.* Madrid, Revista de Occidente, 1968.

RIVERS, Elías L.: *La poesía de Garcilaso,* edic. de..., Barcelona, Ariel, 1974.

Nota: Los textos del presente capítulo proceden de la edición de Tomás Navarro Tomás, Madrid, Espasa Calpe, 1973.

XI. FRAY LUIS DE LEÓN

I. INTRODUCCIÓN

Fray Luis de León (1527-1591) es el poeta del siglo XVI que mejor ha sabido sintetizar y armonizar la influencia del mundo clásico y de la literatura italiana con la tradición bíblica: traductor admirable de los clásicos (Homero, Virgilio), asimila perfectamente la filosofía platónica; emplea magistralmente los metros y estrofas italianas (el endecasílabo, la lira); perfecto conocedor de la Biblia, la utiliza muchas veces como fuente de inspiración en su obra.

Fray Luis es el prototipo del hombre erudito y sabio del Renacimiento. A su labor en la Universidad de Salamanca y a su actividad literaria une su preocupación por todas las ramas del saber. Así, tenemos noticia de sus profundos conocimientos de Pintura, Medicina y, sobre todo, de Matemáticas, Astronomía y Música, como se puede comprobar al leer su obra.

Fue un hombre de carácter dinámico y de ánimo combativo, que le causó grandes problemas con las instituciones de su tiempo y que le llevó incluso a ser encerrado en la cárcel. La tremenda rivalidad religiosa entre las órdenes existentes —él era agustino—, el órgano represivo de la Inquisición y las turbulencias del mundo universitario hacen que Fray Luis desee con anhelo la paz espiritual, principal tema de su poesía más íntima.

Su obra en prosa y en verso es amplia e importante.

II. LECTURAS REFLEXIVAS

Primera. *«Qué descansada vida»*

En esta oda a la «Vida retirada» se pueden ver algunas de las características más importantes del poeta agustino.

Recogiendo el tema horaciano del «Beatus ille», expresa Fray Luis uno de los constantes anhelos del hombre: *la paz espiritual.* Esa paz, ese sosiego y esa beatífica soledad de las que nos habla el poeta tienen un marco geográfico: *el campo.* La búsqueda de la paz en la vida rústica y natural es, sin duda alguna, una de las preocupaciones de los hombres del siglo XVI —como también lo ha sido de los últimos siglos; sobre todo, del nuestro—, pero ese mundo idílico tiene su justificación en su contrapunto: *la ciudad.* Este es un tema fundamental del Renacimiento: el campo frente a la ciudad; la vida «natural» frente a la «civilización». Una vez llegados a este punto, pasamos al verdadero sentido de estos versos, ya que esa *oposición* en los versos de Fray Luis se transforma y se amplía en su contenido semántico: *el mundo materializado por los vicios* —que degrada— *frente al mundo natural y solitario* —que dignifica—. Aquél es símbolo de *agitación y desasosiego;* éste, de *paz y tranquilidad: «mundanal ruido», «mar tempestuoso»* frente a *«manso ruido», «senda escondida».* Con estos puntos empezamos a comprender esa antítesis de aspectos que se dan en la vida y obra del poeta, básicos para entenderlo: de carácter impulsivo y nervioso, y anhelante de serenidad; de vida dinámica y conflictiva, y ávido de paz beatífica. Como explica Dámaso Alonso, podríamos deducir de estos versos un perfecto silogismo:

«El mundo vive en desasosiego; yo deseo la armonía; luego viviré retirado del mundo.»

Obsérvese que este mundo natural e idílico —*«¡Oh, monte, oh fuente, oh río!...»*— es el que también cantaba Garcilaso. Pero para Fray Luis no sólo será un mundo de belleza y armonía, sino también *un refugio* en donde encuentre la paz y esté al abrigo de los peligros de los humanos.

Podemos comprobar que la composición está escrita en *liras.* Es conveniente apreciar los grupos temáticos en los que podríamos dividir las diecisiete estrofas de que consta la oda:

ESTROFA 1: Tema central; soledad, paz, sabiduría.
ESTROFAS 2, 3, 4: Menosprecio de los valores mundanos; poder, fama, lisonja.
ESTROFAS 5, 6, 7, 8: Elogio de la Naturaleza y las ventajas de vivir en ella, que se oponen a los inconvenientes del «mundo».
ESTROFAS 9, 10, 11, 12: Descripción de ese estado ideal; pero ya no como anhelo, como en las estrofas anteriores, sino como experiencia vivida.
ESTROFAS 13, 14: Imágenes de dolor y miseria, que también contempla el poeta, como las anteriores de felicidad y armonía.
ESTROFAS 15, 16, 17: Final, de nuevo, de serenidad. El poeta nos expresa su mundo deseado —léase detenidamente la última estrofa—, aunque queden retazos del otro mundo, del mundo del desorden —adviértase la penúltima estrofa y el violento encabalgamiento de una palabra —*«...miserable— / mente...»*.

VIDA RETIRADA

¡Qué descansada vida
la del que huye el mundanal ruido,
y sigue la escondida

senda por donde han ido
los pocos sabios que en el mundo han sido![1]

Que no le enturbia el pecho
de los soberbios grandes el estado,
ni del dorado techo
se admira, fabricado
del sabio Moro, en jaspes sustentado.

No cura[2] *si la fama*
canta con voz su nombre pregonera,
ni cura si encarama
la lengua lisonjera
lo que condena la verdad sincera.

¿Qué presta a mi contento
si soy del vano dedo señalado,
si en busca de este viento
ando desalentado,
con ansias vivas, y mortal cuidado?

¡Oh monte, oh fuente, oh río,
oh secreto seguro deleitoso!
Roto casi el navío,
a vuestro almo[3] *reposo*
huyo de aqueste mar tempestuoso.

Un no rompido sueño,
un día puro, alegre, libre quiero;
no quiero ver el ceño
vanamente severo
de a quien la sangre ensalza o el dinero.

Despiértenme las aves
con su cantar süave no aprendido,
no los cuidados graves
de que es siempre seguido
quien al ajeno arbitrio está atenido.

---

[1] *han sido* = han existido.
[2] *no cura* = no se preocupa.
[3] *almo* = se refiere a la huerta o quinta de La Flecha.

Vivir quiero conmigo,
gozar quiero del bien que debo al cielo,
a solas, sin testigo,
libre de amor, de celo,
de odio, de esperanzas, de recelo.

Del monte en la ladera
por mi mano plantado tengo un huerto,
que con la primavera
de bella flor cubierto
ya muestra en esperanza el fruto cierto.

Y como codiciosa
por ver y acrecentar su hermosura,
desde la cumbre airosa
una fontana pura
hasta llegar corriendo se apresura.

Y luego sosegada
el paso entre los árboles torciendo,
el suelo de pasada
de verdura vistiendo
y con diversas flores va esparciendo.

El aire el huerto orea
y ofrece mil olores al sentido,
los árboles menea
con un manso rüido
que del oro y del cetro pone olvido.

Ténganse su tesoro
los que de un falso leño se confían;
no es mío ver el lloro
de los que desconfían
cuando el cierzo y el ábrego[4] *porfían.*

La combatida antena[5]
cruje, y en ciega noche el claro día
se torna; al cielo sueña

[4] *el cierzo y el ábrego* = vientos temibles cuando levantan tempestades en invierno o en verano.
[5] *antena* = palo que cruza el mástil de un barco.

confusa vocería,
y la mar enriquecen a porfía.

A mí una pobrecilla
mesa de amable paz bien abastada
me baste, y la vajilla
de fino oro labrada
sea de quien la mar no teme airada.

Y mientras miserable-
mente se están los otros abrasando
con sed insaciable
del peligroso mando,
tendido yo a la sombra esté cantando

A la sombra tendido,
de hiedra y lauro eterno coronado,
puesto el atento oído
al son dulce, acordado,
del plectro[6] sabiamente meneado.

(*Vida retirada.* Fray Luis de León)

Segunda. *«Cuando contemplo el cielo»*

En el texto anterior veíamos el deseo de paz del poeta. En éste, ese deseo se eleva y se concreta en la *añoranza de la Gloria.* El poeta ve el *mundo presente como un doloroso destierro* y lo compara con el mundo celestial. Encontramos, por tanto, de nuevo esa lucha interior de Fray Luis entre el mundo que vive y el deseado.

El poeta *contempla la belleza divina* a través del cielo estrellado de la *«Noche serena»,* reflejo de ella. Es una visión directa del firmamento, que se compara con la tierra y produce en el monje los dos sentimientos antitéticos: *amor y pena.* Separando los distintos elementos semánticos que componen la *oposición cielo-tierra,* pode-

6 *plectro* = púa con la que antiguamente se tocaban los instrumentos de cuerda.

mos tener una idea más clara y gráfica de dicha antítesis:

CIELO

—«de innumerables LUCES adornado»
—«Morada de GRANDEZA, TEMPLO de CLARIDAD y HERMOSURA»
—«celestial ETERNA esfera»

TIERRA

—«de NOCHE rodeado»
—«CARCEL BAJA, ESCURA»
—«BREVE punto»

Fray Luis parte de un estado de aflicción —concretado, fundamentalmente, en la segunda estrofa— que origina dos momentos que corresponden a sendas partes de la composición: *1) antítesis tierra-cielo, 2) descripción del cielo.* De acuerdo con esto, podemos establecer una división de la oda como en el anterior texto:

ESTROFAS 1, 2: Introducción al discurso, que contiene el tema principal.

ESTROFAS 3, 4, 5, 6, 7: Cielo contemplado desde la tierra. ESTROFA 8: Estrofa de transición entre las anteriores y las siguientes. ESTROFAS 9, 10, 11, 12, 13: Tierra contemplada desde el cielo.	antítesis tierra-cielo
ESTROFAS 14, 15, 16: Desaparecen tierra y «cielo estrellado»; sólo queda la Gloria.	descripción del cielo

El autor, en su dolor, ha ascendido desde el dolor de la tierra hasta la felicidad de la gloria; adviértase lo que hay en ella: contento, paz, amor, glorias, deleites, hermosura, luz, primavera; y, sobre todo, de qué elementos naturales se vale para recreárnosla en nuestra imaginación: campos verdaderos, prados frescos y amenos, valles de mil bienes llenos. ¡Es el constante canto del mundo renacentista a la Naturaleza!, referido aquí a la belleza divina. ¿No tendrá todo esto algo que ver con la *concepción platónica de la Belleza?* Y esa pena inicial y ese amor último, sentimientos íntimos y expresivos, vienen, en parte, determinados por las continuas oraciones interrogativas y exclamativas. Fijémonos en la idea de Fray Luis del gran *concierto* universal que rige el mundo en orden y armonía; 'concierto' tiene el doble valor significativo de «buen orden» y el de «mundo visto como distintos instrumentos musicales gobernados por la batuta divina».

Obsérvese, por último, que, junto al sentimiento cristiano que vive en el alma del poeta, queda patente su espíritu renacentista en su formación cultural y en el tratamiento intelectual de sus versos: conocimiento del mundo clásico. En su obra, cristianismo y clasicismo se unen perfectamente, siendo una de sus principales características.

NOCHE SERENA

A Don Loarte

Cuando contemplo el cielo,
de innumerables luces adornado,
y miro hacia el suelo
de noche rodeado,
en sueño y en olvido sepultado,
el amor y la pena
despiertan en mi pecho una ansia ardiente;
despiden larga vena
los ojos hechos fuente,
Loarte, y digo al fin con voz doliente:
«Morada de grandeza,
templo de claridad y hermosura,
el alma, que a tu alteza
nació, ¿qué desventura
la tiene en esta cárcel baja, escura?

¿Qué mortal desatino
de la verdad aleja así el sentido,
que, de tu bien divino
olvidado, perdido
sigue la vana sombra, el bien fingido?

El hombre está entregado
al sueño, de su suerte no cuidando,
y, con paso callado,
el cielo, vueltas dando,
las horas del vivir le van hurtando.

¡Ay, despertad, mortales!
¡mirad con atención en vuestro daño!
las almas inmortales,
hechas a bien tamaño,
¿podrán vivir de sombras y de engaño?

¡Ay, levantad los ojos
a aquesta celestial eterna esfera!
burlaréis los antojos
de aquesa lisonjera
vida, con cuanto teme y cuanto espera.

¿Es más que un breve punto
el bajo y torpe suelo, comparado
a aqueste gran trasumpto,
do vive mejorado
lo que es, lo que será, lo que ha pasado?

Quien mira el gran concierto
de aquestos resplandores eternales,
su movimiento cierto,
sus pasos desiguales
y en proporción concorde tan iguales;

la Luna cómo mueve
la plateada rueda, y va en pos della
la Luz do el saber llueve,
y la graciosa Estrella
de amor la sigue reluciente y bella;

y cómo otro camino,
prosigue el sanguinoso Marte airado,
y el Júpiter benino,
de bienes mil cercado,
serena el cielo con su rayo amado;

rodéase en la cumbre
Saturno, padre de los siglos de oro;
tras dél la muchedumbre

del reluciente coro
su luz va repartiendo y su tesoro:
¿quién es el que esto mira
y precia la bajeza de la tierra,
y no gime y suspira,
y rompe lo que encierra,
el alma y destos bienes la destierra?
Aquí vive el contento,
aquí reina la paz; aquí, asentado
en rico y alto asiento,
está el Amor sagrado,
de glorias y deleites rodeado;
inmensa hermosura
aquí se muestra toda, y resplandece
clarísima luz pura,
que jamás anochece;
eterna primavera aquí florece.
¡Oh campos verdaderos!
¡Oh prados con verdad dulces y amenos!
¡Riquísimos mineros!
¡Oh deleitosos senos!
¡Repuestos valles de mil bienes llenos!

(*Noche serena.* Fray Luis de León)

Tercera. *Fernando de Herrera. «Yo voy por esta solitaria tierra»*

El sevillano Fernando de Herrera representa, junto con Fray Luis de León y San Juan de la Cruz, la cima de la poesía española en la segunda mitad del siglo XVI.

Nace en 1534 y muere en 1597. Hombre de gusto refinado y de enorme cultura —como lo demuestra en sus *Anotaciones a los poemas de Garcilaso*—, representa al intelectual dedicado exclusivamente al estudio y al cultivo de la poesía. En su ciudad natal participó en la academia del humanista Juan de Mal Lara.

Literariamente, Herrera es el puente entre la poesía renacentista de Garcilaso y la poesía barroca de Góngora. Del toledano recoge las formas métricas italianas y los temas petrarquistas; pero la intención de crear un lenguaje poético selecto, la afluencia de cultismos, la mayor complejidad sintáctica y, en general, la intensificación de los recursos poéticos en su obra (*antítesis, hipérbaton, metáforas,* etc.) apuntan ya a la poesía gongorina.

De su obra poética destacan los poemas amorosos y los patrióticos. Presentamos aquí uno de sus poemas amorosos por considerar que, en la actualidad, son los que más nos interesan y los que mejor definen su calidad artística.

El poema es un *soneto.* La sustancia temática está distribuida de la siguiente forma: en los cuartetos, el poeta, con referencias que van del pasado al presente, expresa su sentimiento amoroso, lleno de dolor y de desesperanza *(«El paso a la esperanza se me cierra»);* en los tercetos, se siente «vencido» y pide que sus recuerdos no le atormenten, pues no puede soportar su dolor.

En los cuartetos, la angustia amorosa está expresada no sólo por las quejas directas del poeta, sino también por el paisaje *(«solitaria tierra», «ardua cumbre», «cerro enriscado»).* En los tercetos —concretamente, en el penúltimo verso—, a modo de recapitulación, se recogen «los despojos» amorosos del poeta, expresados antes en el poema: desconfianza *(«huyendo el resplandor del Sol dorado»),* olvido *(«el paso a la esperanza se me cierra»),* celo *(«tanto bien presenta la memoria»),* ausencia *(«y tanto mal encuentra la presencia»).*

Los elementos temáticos (el tono quejumbroso, el neoplatonismo, la aceptación del dolor, el recuerdo del pasado, el doble plano pasado-presente, etc.) están en la línea petrarquista y nos recuerdan claramente algunas composiciones garcilasianas. Pero la fuerza expresiva de las imágenes («el resplandor del *Sol*» —se refiere a su amada, a la que también llama Luz, Estrella, Lumbre, Lucero, etc.—, *«ardua cumbre», «cerro enriscado»*), la violencia de la rima en -erra (ti*erra,* desti*erra,* ci*erra,* gu*erra*), la antítesis total («tanto *bien presenta* la *memoria* / y tanto *mal encuentra* la *presencia*), la mayor complejidad del hipérbaton («de un ardua cumbre a un cerro *yo* enriscado»), etc., anuncian ya levemente los recursos formales de la poesía barroca.

SONETO XII

YO VOY POR ESTA SOLITARIA TIERRA,
de antiguos pensamientos molestado,
huyendo el resplandor del Sol dorado,
que de sus puros rayos me destierra.
El paso a la esperanza se me cierra;
de un ardua cumbre a un cerro vo enriscado,
con los ojos volviendo al apartado
lugar, solo principio de mi guerra.
Tanto bien presenta la memoria,
y tanto mal encuentra la presencia,
que me desmaya el corazón vencido.
¡Oh crueles despojos de mi gloria,
desconfianza, olvido, celo, ausencia!,
¿por qué cansáis a un mísero rendido?

(*Soneto XII.* Fernando de Herrera)

III. COMENTARIO DE TEXTOS

A. *PRESENTACIÓN*

De la producción poética de Fray Luis de León sobresale por su belleza la oda «A Francisco Salinas», músico y compañero como profesor en la Universidad de Salamanca. La Música —ya lo hemos dicho— es una de las artes preferidas de todo hombre culto del Renacimiento; la Música está llena de armonía y puede elevar las almas a los más nobles ideales. Y esto es, precisamente, lo que intentará el poeta: unir la armonía del alma y del mundo con la de Dios.

Pero, junto a esta idea central podemos ver, de nuevo, la concepción del cosmos renacentista, de la que Fray Luis tenía profundos conocimientos. Así la concepción pitagórica del mundo, transmitida por Aristóteles: «Los pitagóricos creían que todas las cosas del mundo eran número. Y el mundo todo, número y armonía.» También Aristóteles decía: «que la idea de que el movimiento de los astros origina una armonía musical fue expuesta de una manera bella y aguda por sus inventores (...) creyeron que la relativa velocidad de cada uno de los cuerpos celestes, a consecuencia de la relativa lejanía de cada uno respecto al centro, hacía que el sonido de cada uno fuera diferente, como es distinto al de cada cuerda de la cítara; y creían que entre esos diferentes sonidos había una relación concordante, que producía la armonía universal». Todo esto viene a confirmar, una vez más, el carácter aglutinador, desde el punto de vista cultural, que se da en la figura de Fray Luis de León. Creemos que esta composición reúne las principales características humanas y artísticas del poeta que simbolizó una época.

B. *TEXTO*

A FRANCISCO SALINAS

El aire se serena
y viste de hermosura y luz no usada,
Salinas, cuando suena
la música extremada
por vuestra sabia mano gobernada.

A cuyo son divino
el alma que en olvido está sumida,
torna a cobrar el tino
y memoria perdida
de su origen primera esclarecida.

Y como se conoce,
en suerte y pensamiento se mejora,
el oro desconoce
que el vulgo ciego adora,
la belleza caduca engañadora.

Traspasa el aire todo
hasta llegar a la más alta esfera,
y oye allí otro modo
de no perecedera
música, que es de todas la primera.

Ve cómo el gran Maestro,
a aquesta inmensa cítara aplicado,
con movimiento diestro
produce el son sagrado
con que este eterno templo es sustentado.

Y como está compuesta
de números concordes[1]*, luego envía*
consonante respuesta,
y entrambas a porfía
mezclan una dulcísima armonía.

Aquí la alma navega
por un mar de dulzura, y finalmente
en él ansí se anega,
que ningún accidente
extraño o peregrino oye o siente.

¡Oh desmayo dichoso!
¡Oh muerte que das vida! ¡Oh dulce olvido!
¡Durase en tu reposo
sin ser restituïdo
jamás a aqueste bajo y vil sentido!

A aqueste bien os llamo,
gloria del Apolíneo sacro coro[2]*,*
amigos, a quien amo
sobre todo tesoro;
que todo lo visible es triste lloro.

¡Oh, suene de continuo,
Salinas, vuestro son en mis oídos,
por quien al bien divino
despiertan los sentidos,
quedando a lo demás amortecidos!

(*Oda a Salinas.* Fray Luis de León)

---

[1] *números concordes:* para los pitagóricos el bien espiritual de las almas y los cuerpos consistía en la concordia y armonía de los números. También sostenían que entre el alma y el cuerpo hay una correspondencia secreta.

[2] *Apolineo sacro coro:* se refiere a los poetas.

C. *COMENTARIO*

1. **Género**

Esta composición poética recibe el nombre de «oda». Sus características son:

a) Composición lírica personal.
b) Composición de tono elevado.

Apunta Rafael Lapesa: «En el Renacimiento *«oda»* sirvió para distinguir el poema lírico de corte clásico, diferenciándolo de los géneros trovadoresco-petrarquistas».

2. **Contenido**

Entre los diversos elementos que componen el contenido del texto, es interesante destacar al menos dos aspectos:

a) El plano místico, es decir, el proceso que sigue el alma para unirse con Dios por medio de la música de Salinas.
b) El plano real: la invitación que Fray Luis hace a sus amigos para que experimenten esa sensación.
c) En cuanto a la *estructura,* también son dignos de tener en cuenta dos aspectos:

—La perfecta disposición del poema en escala ascendente hasta la octava estrofa: la música de Salinas se escapa del mundo; a continuación se hermana con la música celestial; y, finalmente, el alma y Dios se unen cuando las dos músicas se funden. Se trata de las tres vías para llegar a Dios: *purgativa* (el alma se olvida del mundo), *iluminativa* (se introduce en el campo del conocimiento espiritual) y *unitiva* (se une con Dios).

—El especial tratamiento de la misma. El *clímax* o momento culminante se consigue en la octava estrofa y las dos últimas estrofas constituyen el *anticlímax* o descenso de la tensión poética coincidiendo con el descenso a la realidad porque Fray Luis no ha llegado a experimentar en toda su profundidad el éxtasis místico tal y como lo hará, por ejemplo, San Juan de la Cruz.

3. **Técnica y estilo**

a) *Análisis métrico.* Los recursos métricos que emplea el autor se adecuan perfectamente al carácter místico del contenido y al tono reposado y grave de la composición: la combinación de versos heptasílabos y endecasílabos (cada endecasílabo marca el reposo y la distensión necesarios); la *lira* —estrofa utilizada— que recoge perfectamente cada uno de los diferentes aspectos del contenido; la suavidad y quietud de los valores rítmicos (obsérvese, por ejemplo, que la rima sugiere reposo hasta la octava estrofa, mientras que en las dos últimas nos sugiere una sensación de mayor estridencia, porque el poeta de nuevo ha establecido contacto con la realidad; o la perfecta prolongación significativa de los encabalgamientos suaves que hay en el texto); etc.

b) *Recursos expresivos.* Igualmente los recursos técnicos y estilísticos responden a esta intención. Así:

—El poeta se vale de prosopopeyas —o personificaciones— que dan una mayor sensación de vida a sus versos.

—Las imágenes que utiliza están en función del tono místico de la composición («la esfera», «el Maestro», «El Apolíneo sacro coro»...).

—El juego de antítesis de la estrofa 8, para expresar el momento de máxima tensión poética o clímax temático.

4. **La lengua**

a) El criterio de ***naturalidad y selección*** que habíamos visto en Garcilaso comienza a depurarse en Fray Luis, en cuyas obras hay una selección artística del léxico y de la sintaxis que le aleja de aquel modelo propugnado por Valdés. La *selección,* para este poeta, supone una gran exigencia y meditación. Su gran formación clásica le permitió llevar a cabo, como dice Menéndez Pidal, un paso de gigante en este terreno, dignificando la lengua castellana como los griegos y latinos hicieron con las suyas maternas.

b) De todos modos, este paso adelante no significa que la lengua de Fray Luis resulte artificiosa o rebuscada, como la del Barroco. Se mantiene justamente a medio camino entre Garcilaso y Luis de Góngora. Así, por una parte, la elegancia y el equilibrio del vocabulario contenido y preciso (las palabras del poema que comentamos, aunque utilizadas con precisión y eficacia comunicativa, son las que todos usamos: *aire, serena, viste, hermosura...);* la síntaxis austera (no hay largos períodos sintácticos: las frases son muy cortas; a menudo se ajustan a la estructura de los versos); y por otra, el enriquecimiento lingüístico que supone la adaptación de latinismos o grecismos en mucha mayor medida que los incorporados por otros poetas del Primer Renacimiento.

c) Una característica propiamente renacentista es la utilización de parejas de adjetivos, sustantivos o verbos, frecuentemente sinónimos, que dan un ritmo elegante y pausado a la frase. En este poema tenemos numerosos ejemplos: la belleza *caduca, engañadora, extraño* o *peregrino oye* o *siente,* a aqueste *bajo* y *vil* sentido...

5. **Actitud crítica**

a) Ya se ha visto la necesidad de evasión del mundo presente que tiene Fray Luis. El hombre de nuestros días también necesita evadirse de la realidad diaria que, a veces, le abate: guerras, injusticias sociales, desastres, problemas familiares, problemas laborales, etc. Esta comparación permite comprobar la vigencia del mensaje de Fray Luis.

b) Muchos hombres, para llegar a Dios, tienen la necesidad de establecer *un puente o medio* entre el mundo que viven y la divinidad. Fray Luis ha elegido aquí la música, pero hay otros muchos. La angustia existencial del hombre contemporáneo le hace, en muchas ocasiones, refugiarse en ideas similares para intentar paliar sus males.

c) La cultura enciclopédica y el afán de saber del hombre

culto del Renacimiento eran extraordinarios. Fueron varios los hombres insignes que se ocuparon simultáneamente de distintas ramas del saber —Matemáticas, Arquitectura, Música, Pintura, Literatura, etc.—. Este afán de generalizar la cultura individual en la época renacentista contrasta con la especialización que se propugna en la sociedad actual.

d) La Música juega un papel decisivo en la creación de este poema, así como, en general, a lo largo del Renacimiento, período que supuso un hito importante en nuestra historia musical. Recuérdese que, además de grandes creadores e intérpretes (Diego Ortiz, Antonio Cabezón, etcétera), es en este momento cuando aparecen los grandes *Cancioneros musicales* (de Palacio, Upsala, etc.) en los que se da un tratamiento culto a la música de las canciones tradicionales.

IV. RECAPITULACIÓN

—Fray Luis de León y su tiempo: circunstancias biográficas que influyen en su obra.
—Producción poética: la poesía religiosa.
—Elementos temáticos: el «Beatus ille», el platonismo, la concepción pitagórica del Universo.
—El estilo:

- Características métricas. La oda; la lira. Valores rítmicos.
- Las imágenes. Las antítesis y las personificaciones.
- Importancia de las oraciones exclamativas e interrogativas.

V. BIBLIOGRAFÍA BÁSICA

Ediciones

Poesías. Fray Luis de León, edición de Angel Custodio Vega. Madrid, Planeta, 1976.

La poesía de Fray Luis de León, edición de Vicente García de Diego. Madrid, Espasa-Calpe (col. Clásicos Castellanos), 1963.

Estudios

Además de los prólogos de las ediciones anteriormente citadas, pueden consultarse los siguientes estudios:

ALONSO, Dámaso: «Forma exterior y forma interior en Fray Luis», en *Poesía española.* Madrid, Gredos, 1971.

MACRÍ, ORESTE: *La poesía de Fray Luis de León.* Madrid, Anaya, 1970. De aquí proceden los textos del presente capítulo.

XII. SAN JUAN DE LA CRUZ

I. INTRODUCCIÓN

San Juan de la Cruz (1542-1591) representa, junto a Santa Teresa de Jesús, la cima de nuestra literatura mística. Nuestros místicos concilian perfectamente la vida contemplativa con la vida activa. Aspiran a la unión total del alma con Dios. Para llegar a este último goce, se establecen tres vías:

1. *Vía purgativa:* en ella el alma se purifica de sus vicios mediante la oración y la mortificación.
2. *Vía iluminativa:* el alma comienza a gozar de la presencia de Dios.
3. *Vía unitiva:* se produce la unión amorosa del alma con Dios.

San Juan, carmelita como Santa Teresa, se vio afectado por las luchas religiosas entre los carmelitas calzados y los descalzos, a los que él pertenecía. Pero todas estas experiencias vitales apenas se reflejan en su poesía.

Su obra es corta (tratados en prosa y algunos poemas), pero de alta calidad.

II. LECTURAS REFLEXIVAS

Primera. *«Tras de un amoroso lance»*

En la poesía de nuestro gran poeta místico convergen tres raíces literarias: a) la poesía castellana de los cancioneros; b) la poesía culta e italianizante de Garcilaso, y c) los temas bíblicos. Es frecuente que San Juan, por la necesidad de expresar sus sentimientos religiosos —y siguiendo una costumbre ya general en la segunda mitad del siglo XVI— trasponga y eleve estos temas —generalmente profanos— a un plano divino.

El poema que presentamos en primer lugar corresponde al punto *a);* es decir, a la poesía influida por los cancioneros castellanos. Es aquella cuyo comienzo es *«Tras de un amoroso lance»,* referente al tema de la caza cetrera de amor.

La imagen del amor profano es traspuesta por San Juan al amor divino: un azor —o un neblí— (San Juan) persigue y alcanza a su presa (Dios). Nos bastan pocos indicios para ver cómo el amor humano se ha transformado en amor divino («lance **divino** / el amor fue **tan alto** / de este lance **tan subido** / esperanza de **cielo**»). Como se puede comprobar, el poema es alegórico: cada uno de los componentes de la esfera real (Dios, el poeta, el proceso de la reconquista) tienen su correspondencia en el plano metafórico (la «caza», el perseguidor, el vuelo). Vemos también que hay reiteraciones léxicas («que le di a la caza *alcance* / Para que yo *alcance* diese; porque *esperanza* de cielo / tanto alcanza cuanto *espera / esperé* sólo este lance / y en *esperar* no fui falto») y juego de palabras *(«lance-alcance / caza-alcance / esperanza-alcanza-espera»),* e incluso antítesis, como las de la estrofa cuarta («Cuanto *más alto...* / tanto *más bajo y rendido»* y, sobre todo «Y abatime *tanto, tanto, / que fue tan alto, tan alto»),* que reflejan la inefabilidad de la unión mística; es decir, el momento máximo de amor es *inexpresable* y ello origina esas antítesis que denotan *la dificultad de querer expresar lo inexpresable—.*

Todos estos elementos *conceptistas,* originados en parte por el carácter propio de la poesía mística, nos recuerdan la poesía de los cancioneros castellanos. Lo mismo ocurre con la estructura formal: *copla, estribillo popular o semi-popular* glosado «a lo divino» y *versos octosilábicos.*

OTRAS [COPLAS] A LO DIVINO

Tras de un amoroso lance,
y no de esperanza falto,
volé tan alto, tan alto,
que le di a la caza alcance.

Para que yo alcance diese
a aqueste lance divino,
tanto volar me convino,
que de vista me perdiese;
y con todo, en este trance,
en el vuelo quedé falto;
mas el amor fue tan alto
que le di a la caza alcance.

Cuando más alto subía
deslumbróseme la vista,
y la más fuerte conquista
en escuro se hacía;
mas por ser de amor el lance
di un ciego y oscuro salto,
y fui tan alto, tan alto,
que le di a la caza alcance.

Cuanto más alto llegaba
de este lance tan subido
tanto más bajo y rendido
y abatido me hallaba.
Dije: ¡No habrá quien alcance!
Y abatíme tanto, tanto,
que fui tan alto, tan alto,
que le di a la caza alcance.

Por una extraña manera
mil vuelos pasé de un vuelo,

porque esperanza de cielo
tanto alcanza cuanto espera;
esperé sólo este lance.
y en esperar no fui falto,
pues fui tan alto, tan alto,
que le di a la caza alcance.

(Tras de un amoroso lance. San Juan de la Cruz)

Segunda. *Fragmento del Cántico Espiritual*

Estas estrofas pertenecen al «Cántico espiritual», la composición poética más extensa de la producción literaria de San Juan de la Cruz. Por esta razón hemos prescindido de bastantes estrofas y sólo hemos dejado aquellas que consideramos más significativas —aunque todas lo son y, realmente, forman un cuerpo indisoluble—.

En este poema pastoril y bíblico, de carácter alegórico, aparece todo el proceso místico: la Esposa —el alma del poeta— busca al Esposo —Dios— con ansiedad (vía purgativa); el encuentro de ambos (vía iluminativa); y la unión amorosa (vía unitiva).

Podemos dividir el texto en tres partes:

a) Estrofas 1-8; b) Estrofas 9-10; c) Estrofas 11-15. Esta división refleja las distintas etapas de su asunto:

a) La Esposa busca afanosamente al Esposo que la ha «herido» de amor. Camina hacia el Amado indiferente a las criaturas naturales *(«ni cogeré las flores / ni temeré las fieras»).* Invoca a los pastores y a la Naturaleza, preguntando por El y dialogando con esta última. La belleza inefable del Amado queda reflejada en los dos últimos versos de la estrofa 7 («y déjame muriendo / *un no sé qué que quedan balbuciendo»).*

b) Al encontrar al Esposo, el alma declara su estado gozoso. Una serie de sintagmas atributivos referentes a la naturaleza y a la belleza se suceden ininterrumpidamente para mostrarnos la grandeza de Dios, dándonos una sensación de paz y sosiego.

c) Una vez que ha llegado el momento culminante de

la unión amorosa, la Esposa quiere penetrar profundamente en la Naturaleza de Dios. En este último e intenso goce se olvida todo el mundo sensitivo y entramos en un momento anticlimático de dejación total.

Obsérvense ahora los aspectos estilísticos más importantes de estas estrofas:

—La riqueza del léxico: palabras populares que nos recuerdan la infancia natural del poeta y su deseo de popularizar sus experiencias místicas —carácter peculiar de nuestra mística— *(majada, otero,* etc.); palabras de origen bíblico, cuyos valores simbólicos nos hacen ver la presencia continua del Cantar de los Cantares en su obra *(ciervo, Aminadab* —el demonio—, *granadas,* etc.); y palabras cultas de reminiscencia garcilasiana (*nemoroso, ínsula, Filomena* —el ruiseñor—, etc.).

—Son también importantes las aliteraciones del poema: la bella musicalidad de las aliteraciones de *f* y *r* de la estrofa 3.

> ni cogeré las flores,
> ni temeré las fieras,
> y pasaré los fuertes y fronteras,

y, sobre todo, la aliteración de *s* en la estrofa 14, cuyo siseo produce una música silbante que incide semánticamente en el último verso de la estrofa:

> Mi Amado las montañas,
> los valles solitarios nemorosos,
> las ínsulas extrañas,
> los ríos sonorosos,
> el silbo de los aires amorosos.

Toda esa repetición de «eses» evoca precisamente *«el silbo de los aires amorosos».*

—Igual que en el texto anterior, encontramos aquí antítesis; pero, en este caso, con mayor riqueza. Obsérvese la estrofa 15:

> La **noche** sosegada
> en par de los levantes del **aurora,**

la **música callada,**
la **soledad sonora,**
la cena, que recrea y enamora.

Como se puede comprobar, las antítesis son: *noche-aurora; música-callada; soledad-sonora.* Pero, a su vez, estas tres parejas antitéticas se pueden reducir a dos campos semánticos que se oponen y, en la poesía del carmelita, se complementan: el campo semántico de la «oscuridad y del abandono» que camina hacia el de «la luz y la alegría»:

OSCURIDAD Y ABANDONO	*LUZ Y ALEGRÍA*
NOCHE	AURORA
CALLADA	MUSICA
SOLEDAD	SONORA

—Otro aspecto importante es la *escasez de adjetivos* (adviértase que en *a*) y *c*) apenas existen). Por el contrario, abundan más los verbos. Esto hace que haya más rapidez y concentración en el período poético. Pero, a veces, ocurre todo lo contrario, y de una escasez de adjetivos pasamos a una profusión de ellos: en las primeras estrofas del Cántico, la Esposa ha ido *rápidamente* tras el Esposo sin detenerse en nada (ausencia de adjetivos), pero, al encontrarlo, entra en un estado de sosiego y y tranquilidad —de ritmo lento— (presencia de adjetivos): por ejemplo, en las estrofas del punto b: *solitarios, nemorosos, extrañas, sonorosos, amorosos, sosegada, callada, sonora, que recrea y enamora* (en este último ejemplo, aunque no hay adjetivos, la función es adjetival; equivalen a «cena *recreadora y enamoradora»).* A un cambio de situación ha sucedido un cambio de estilo.

—En relación con el punto anterior, es también significativa la *ausencia del epíteto,* que tanto había proliferado en la poesía de Garcilaso.

Por último, hay que reparar en la estrofa utilizada por el poeta: es la *lira,* el cuerpo poético de origen italiano que inició en España Garcilaso y que con tanta maestría empleó Fray Luis de León.

CANTICO ESPIRITUAL

CANCIONES ENTRE EL ALMA Y EL ESPOSO

¿Adónde te escondiste,
Amado, y me dejaste con gemido?;
como el ciervo huiste
habiéndome herido;
salí tras ti clamando y eras ido.

Pastores, los que fuerdes
allá por las majadas al otero,
si por ventura vierdes
Aquel que yo más quiero,
decilde que adolezco, peno y muero.

Buscando mis amores
iré por esos montes y riberas,
ni cogeré las flores,
ni temeré las fieras,
y pasaré los fuertes y fronteras.

¡Oh bosques y espesuras,
plantadas por la mano del Amado!
¡Oh prado de verduras
de flores esmaltado!:
decid si por vosotros ha pasado.

Mil gracias derramando
pasó por estos sotos con presura,
y yéndolos mirando,
con sola su figura,
vestidos los dejó de su hermosura.

¡Ay quién podrá sanarme!
Acaba de entregarte ya de vero;

no quieras enviarme
de hoy más ya mensajero
que no saben decirme lo que quiero.

Y todos cuantos vagan
de ti me van mil gracias refiriendo
y todos más me llagan
y déjame muriendo
un no sé qué que quedan balbuciendo.

Mas, ¿cómo perseveras,
¡oh vida!, no viviendo donde vives
y haciendo por que mueras
las flechas que recibes
de lo que del Amado en ti concibes?
. . . .
Mi Amado las montañas,
los valles solitarios nemorosos,
las ínsulas extrañas,
los ríos sonorosos,
el silbo de los aires amorosos.

La noche sosegada
en par de los levantes del aurora,
la música callada,
la soledad sonora,
la cena que recrea y enamora,
. . . .
Gocémonos, Amado,
y vámonos a ver en tu hermosura
al monte y al collado
do mana el agua pura;
entremos más adentro en la espesura.

Y luego a las subidas
cavernas de la piedra nos iremos
que están bien escondidas,
y allí nos entraremos
y el mosto de granadas gustaremos.

Allí me mostrarías
aquello que mi alma pretendía;
y luego me darías

allí, tú vida mía,
aquello que me diste el otro día.

El aspirar el aire,
el canto de la dulce Filomena[1]
el soto y su donaire,
en la noche serena
con llama que consume y no da pena.

Que nadie lo miraba,
Aminadab tampoco parecía
y el cerco sosegaba,
y la caballería
a vista de las aguas descendía.
....

(Cántico Espiritual. San Juan de la Cruz)

III. COMENTARIO DE TEXTOS

A. *PRESENTACIÓN*

Nos enfrentamos aquí con uno de los poemas más importantes de San Juan de la Cruz, la «Noche oscura del alma». Menos extenso que el «Cántico espiritual» y algo mayor que la «Llama de amor viva», representa éste su máxima altura poética. Las principales características de la poesía de San Juan están aquí perfectamente definidas.

Las tres vías místicas se suceden con claridad y vamos ascendiendo hasta el momento supremo, la vía unitiva —expresada aquí con un arte poético inigualable—. El amor profano es trasvasado al divino mediante el maravilloso prodigio del lenguaje místico.

El lenguaje simbólico del poeta, profundo y sencillo, adquiere un aire moderno al superar ampliamente la poesía de su tiempo. Por esta razón, y aunque estén claras sus influencias —Garcilaso, el Cantar de los Cantares,

[1] el ruiseñor.

etcétera—, los críticos han considerado al carmelita como un poeta moderno.

En este bello y corto poema están concentradas todas las principales características que hemos apuntado en la presentación de textos de las lecturas reflexivas.

B. *TEXTO*

NOCHE ESCURA DEL ALMA

En una noche escura,
con ansias en amores inflamada,
¡oh dichosa ventura!,
salí sin ser notada
estando ya mi casa sosegada.

A escuras y segura,
por la secreta escala, disfrazada,
¡oh dichosa ventura!,
a escuras y en celada,
estando ya mi casa sosegada.

En la noche dichosa,
en secreto, que nadie me veía,
ni yo miraba cosa,
sin otra luz ni guía
sino la que en el corazón ardía.

Aquesta me guiaba
más cierto que la luz del mediodía,
a donde me esperaba
quien yo bien me sabía,
en parte donde nadie parecía.

¡Oh noche, que guiaste;
oh noche amable más que el alborada;
oh noche que juntaste
Amado con amada,
amada, en el Amado transformada!

En mi pecho florido,
que entero para él sólo se guardaba,

allí quedó dormido,
y yo le regalaba
y el ventalle[1] *de cedros aire daba.*

El aire del almena,
cuando yo sus cabellos esparcía,
con su mano serena
en mi cuello hería
y todos mis sentidos suspendía.

Quedéme y olvídeme,
el rostro recliné sobre el Amado,
cesó todo, y dejéme
dejando mi cuidado
entre las azucenas olvidado.

(*Noche escura del alma.* San Juan de la Cruz)

C. *COMENTARIO*

1. **Contenido**

Entre los distintos aspectos del contenido de este poema podemos destacar los siguientes:

—El contenido general de la composición, que supone una transmutación del plano real al plano místico.

—La condensación temática de cada una de las estrofas; es decir, cada estrofa encierra un contenido determinado y tiene sentido por sí misma.

—La presencia de las tres vías místicas, resultado de un proceso que se inicia en la primera estrofa *(vía purgativa)* hasta la cuarta; en la cuarta, el alma se ilumina de Dios *(vía iluminativa)* y comienza la unión con Dios *(vía unitiva)* hasta llegar al *éxtasis místico,* que constituye el clímax de la composición (última estrofa).

Así, pues, la *estructura* del texto viene determinada por la especial disposición de este proceso místico en cuatro apartados.

---

[1] *ventalle* = abanico.

En las estrofas del poema es interesante notar que determinadas palabras nos indican realmente el sentido *ascensional y dinámico* del amor de San Juan desde lo sensitivo y terreno hasta lo espiritual y divino. Así, podemos resumir el proceso de la siguiente forma:

a) ¿Desde dónde sube?: desde su *casa* (el alma deja su morada en paz con el mundo).

b) ¿A través de qué sube?: por la secreta *escala* (el camino hacia Dios).

c) ¿«Qué fuerza» le hace subir?: la *luz* (de Dios que la ilumina).

d) ¿Adónde sube?: a la casa celestial, a Dios.

2. **Técnica y estilo**

a) *Análisis métrico.* Al igual que en el texto de Fray Luis del capítulo anterior, aunque con una más profunda acentuación del carácter místico, el verso, la estrofa y los valores rítmicos —que son los mismos— están asimismo en función del tono reposado, solemne y grave del contenido.

b) *Rasgos estilísticos:*

—El poeta místico, para poder comunicar sus experiencias, se vale de *símbolos.* Aquí el símbolo fundamental es la *noche,* ya que su valor significativo es distinto según las estrofas. Téngase en cuenta el carácter propio de la poesía mística y obsérvense los distintos adjetivos que, progresivamente, acompañan a «noche»: *obscura, dichosa, «que guiaste»* —guiadora—, *amable, «que juntaste»* —juntadora—.

—Pero no es *noche* el único símbolo, aunque sea el principal. A su alrededor hay una serie de imágenes simbólicas de cuyo significado depende el proceso místico analizado: *casa, escala, luz.*

—Se puede afirmar con total seguridad que este poema es amoroso, pero hay una serie de palabras que nos denuncian que ese amor no es humano —aunque tenga todos sus componentes—, sino divino.

—En el último e idéntico verso de la primera y de la

segunda estrofa —*«estando ya mi casa sosegada»*— hay una aliteración que sirve para marcar el reposo que el alma necesita para emprender la ascensión.

—Una de las figuras retóricas más usuales en el lenguaje literario es la *anáfora.* Consiste en repetir una o varias palabras al comienzo de frases análogas o al principio de cada verso; con ella se consigue hacer hincapié sobre la idea repetida y, así, resaltar su importancia. Por ejemplo, en estos versos de un poeta contemporáneo —Blas de Otero—:

«Pero la muerte, desde dentro, ve.
Pero la muerte, desde dentro, vela.
Pero la muerte, desde dentro, mata.»

Además, esta repetición supone muchas veces un paralelismo sintáctico. La presencia en el texto de este recurso acentúa el momento de la unión con Dios (estrofa 50).

—En la primera parte del poema escasean los verbos. Es precisamente en las últimas estrofas donde más abundan, y, principalmente, en la última. Es curioso y paradójico que a la última estrofa —momento de mayor dejación y quietud— corresponda la mayor frecuencia verbal, pero advirtamos el significado de estos verbos: *quedéme, olvidéme, recliné, cesó, dejéme,* etc.

3. **La lengua**

a) Con San Juan de la Cruz la lengua poética del siglo XVI consigue la depuración estética que necesitaba; así, entre otras muchas cosas, si relacionamos el léxico de San Juan con el de Fray Luis y con el de Garcilaso, podremos apreciar cómo se manifiesta este hecho.

Como puntos de referencia podemos detenernos en: a) las imágenes utilizadas por cada uno de ellos; b) los temas de su poesía; c) carácter culto o popular del léxico, en cada caso.

4. Actitud crítica

a) Si tuviéramos que definir con una palabra la poesía de los tres grandes líricos del siglo XVI que hemos estudiado, podríamos decir que Garcilaso es «armonía», Fray Luis «lucha interior» y San Juan «amor». De la suma de estas tres constantes surge el lenguaje poético de nuestro primer Siglo de Oro.

b) San Juan ha expresado como nadie el amor divino. Pero, sin proponérselo el autor, sus versos nos son válidos para expresar el amor humano. Su aportación máxima es la transmutación que ha hecho del plano real al plano místico.

d) El término «místico» no siempre tiene el significado estricto que estamos viendo. En la lengua coloquial es frecuente oír «Fulanito es un místico».

e) Los místicos, en su tiempo, fueron considerados por muchos como «alucinados» —casi como locos— y, como tales, fueron frecuentemente perseguidos. Era normal, pues, que la sociedad o determinadas jerarquías atacaran a estos «anormales» que se separaban de sus estrictas normas, acaso porque, como dijo un notable poeta, «todo el que lleva luz se quema solo».

IV. RECAPITULACIÓN

1. *San Juan de la Cruz, poeta místico.*
2. *Producción poética: poemas menores y poemas mayores.*
   —La raíz bíblica. La tradición castellana. Influencia garcilasiana.
3. *El estilo:*
   —Características métricas: verso y estrofa.
   —Las antítesis.
   —La función estética del adjetivo y la importancia de las formas verbales.
   —El léxico utilizado.

V. BIBLIOGRAFÍA BÁSICA

Ediciones

Vida y Obras de San Juan de la Cruz, edición de varios. Madrid, Biblioteca de Autores Cristianos, 1978. De esta edición proceden los textos del siguiente capítulo.

Estudios

Además de los prólogos de la edición anteriormente citada, pueden consultarse los siguientes estudios:

ALONSO, Dámaso: *La poesía de San Juan de la Cruz.* Madrid, Aguilar, 1966.

ALONSO, Dámaso: «El misterio técnico en la poesía de San Juan de la Cruz», en *Poesía española.* Madrid, Gredos, 1971.

BRENAN, Gerald: *San Juan de la Cruz.* Barcelona, Laia, 1973.

GUILLÉN, Jorge: «San Juan de la Cruz o lo inefable místico», en *Lenguaje y poesía.* Madrid, Alianza, 1969.

XIII. LA NOVELA EN EL SIGLO XVI: EL LAZARILLO DE TORMES

I. INTRODUCCIÓN

Vamos a ocuparnos del estudio y comentario de una de las obras fundamentales de nuestra literatura: *Vida del Lazarillo de Tormes y de sus fortunas y adversidades,* publicada anónimamente en 1554, en pleno apogeo del *Renacimiento español.*

Durante este período histórico España es una potencia europea de primer orden —lo que le obliga a sostener frecuentes guerras— y se sigue colonizando América —lo que hace que muchos miles de españoles emigren al Nuevo Mundo—. Todo esto, aunque contribuye a mantener el prestigio exterior de nuestra patria, va empobreciendo al país, y, así, las clases más desfavorecidas se ven obligadas a arrastrar una existencia miserable que se agrava con el creciente éxodo del campo a la ciudad. No es una casualidad que *el hambre* sea un tema importante de la novela que estamos estudiando. Los estamentos sociales privilegiados siguen siendo la nobleza y el clero.

Téngase en cuenta, además, la ideología renacentista, ya estudiada anteriormente. Aquí conviene centrar la atención en el *Humanismo* y en la difusión de las ideas de *Erasmo.* Características del *Humanismo* son la preocupación por el hombre individual, el afán de verosimilitud y la capacidad crítica; de todo ello encontraremos reflejo en *El Lazarillo.* Ideas fundamentales del pensamiento erasmista son la valoración de la caridad cristiana y la necesidad de una reforma urgente del clero. La crítica a la ausencia de caridad aparece constantemente en la novela que nos ocupa. Asimismo, algunos de los amos de Lázaro son clérigos de vida poco ejemplar.

Durante el reinado de Carlos I (primera mitad del siglo XVI) los *Libros de Caballerías,* que referían fantásticas hazañas de legendarios héroes, eran el género narrativo más cultivado. Al comienzo de la centuria siguiente, *El Quijote* acabaría con este tipo de novelas, pero medio siglo antes se publica una pequeña obra anónima cuyo protagonista no es ya un héroe de noble estirpe, sino, por el contrario, un hombre insignificante, que por sus propios medios —con «maña y fuerza», como se nos dice en el prólogo— irá mejorando de posición económica, aunque la rígida estratificación social de la época no le permitirá llegar muy lejos.

El autor tuvo plena conciencia de la novedad de la obra. Su intención fue dar categoría literaria a la vida de un insignificante personaje, lo que le permite poner de manifiesto su visión antiheroica del mundo y, al mismo tiempo, hacer la crítica de los estamentos privilegiados, la nobleza y el clero fundamentalmente. Esto era una osadía en el siglo XVI, ya que el autor se manifestaba contrario a ideas y costumbres generalmente admitidas en la época. Por ello, seguramente, no dio a conocer su nombre y la obra ha llegado anónima hasta nosotros.

No es *El Lazarillo,* sin embargo, un caso aislado en la presentación de ambientes y personajes pertenecientes a un orden cotidiano de la vida. Ya aparecen en *El libro de buen amor* y en *La Celestina.* Lo importante en *El Lazarillo* es que «lo vulgar» pasa a primer plano y constituye toda la materia narrativa de la novela. Si se alude a ambientes y personajes de orden superior es sólo para criticarlos.

ARGUMENTO Y ESTRUCTURA DE LA NOVELA:

La novela se divide en siete tratados (capítulos). Son de diferente longitud como corresponde a la importancia relativa de su contenido. (Son más largos los más significativos.)

Tratado 1.º Lázaro nos relata su niñez (fundamental para comprender al personaje y su ambiente) y el episodio del ciego, su primer amo, que nos dará el punto de arranque del desarrollo sicológico del protagonista. Con el ciego el muchacho aprende lecciones que le serán muy provechosas en su vida futura: «Debe valerse por sí mismo y desconfiar de la avaricia y egoísmo de los demás.»

Tratado 2.º Episodio del clérigo avariento. Sigue la evolución sicológica del personaje. Se confirma en la idea, aprendida con el ciego, de que la avaricia y el egoísmo son defectos muy generales en los seres humanos y que si quiere seguir adelante sólo puede confiar en sí mismo.

Tratado 3.º Episodio del Escudero. Lázaro aprende que la gloria de este mundo se basa en la mera apariencia. Se nos presenta una nueva faceta del carácter de Lázaro: es capaz de compasión y hasta de ternura.

Tratados 4.º y 6.º Son meramente episódicos y sólo sirven para presentarnos nuevos amos.

Tratado 5.º Episodio del buldero. Lázaro sigue aprendiendo lecciones para «triunfar» en la vida. Aquí se da cuenta de que con mentiras y astucia puede llegar a obtener una vida holgada.

Tratado 7.º Último episodio del libro. Lázaro llega a lo que considera «la cumbre de toda buena fortuna»; afirmación que puede entenderse irónicamente porque a lo que ha llegado es a ser pregonero de vinos en Toledo y criado de un capellán con cuya protegida se casa. Al final de la novela asistimos al cierre de la evolución sicológica del personaje: Lázaro, que comenzó siendo un niño inocente y desamparado, ha aprendido la lección suministrada por su experiencia de una realidad amarga y se convierte en un hombre conformado con su suerte. La protección del capellán, a través de su mujer, le permitirá vivir el resto de su vida sin demasiadas privaciones si sabe hacer caso omiso de la opinión de los demás en lo tocante a su honra. La lección que aprendió con el escudero cobra aquí toda su significación: para salvar su honra —que no es más que apariencia para mantener la buena opinión— el escudero llevaba una vida miserable; Lázaro prescindirá de la suya para llevar una vida tranquila.

II. LECTURAS REFLEXIVAS

Primera. *Fragmento del tratado III* (*)

Ofrecemos algunos fragmentos del tratado III, episodio del Escudero. Después de las duras experiencias sufridas con sus dos primeros amos, Lázaro encuentra por la calle un escudero de «razonable» aspecto que lo toma como criado. El muchacho cree al principio que su suerte ha cambiado por fin, pero en seguida se apercibe de que la fortuna le sigue siendo adversa. Su nuevo amo, aunque bien vestido y de cortés comportamiento, no es más que un escudero provinciano que se halla sin ocupación y en una miseria comparable a la del propio Lázaro, pero agravada porque su condición le impide pedir limosna abiertamente.

Este episodio es seguramente el más emotivo y complejo del libro. De su lectura se desprenden dos conclusiones fundamentales:

(*) Los textos y las notas están tomados de la edición de Alberto Blecua. Madrid, Castalia, 1972.

—La gloria de este mundo se compone de apariencia y vanidad.
—Lázaro de Tormes es algo más que un pícaro desalmado: siente ternura y compasión por el único de sus amos que le trata bien y es casi tan pobre y desgraciado como él.

Obsérvense en el texto las siguientes particularidades:

—El escrupuloso esmero con que el escudero cuida su apariencia externa, que considera espejo de su honra, frente a la sociedad en que vive.
—La reflexión que Lázaro hace a propósito de ello. (La opinión de Lázaro es la del autor.)
—La conmovedora escena que se desarrolla entre el amo, hambriento, pero celoso de mantener su dignidad, y el criado, que se da cuenta de todo, pero que se conduce con delicadeza para no herir los sentimientos del desgraciado escudero.

Todo el texto está matizado por un finísimo sentido del humor que revela la maestría del autor y que se manifiesta en el divertido diálogo que se establece entre amo y criado. Particularmente expresivos son los «apartes», es decir, las frases que Lázaro dice en voz baja para sí mismo, que contrastan con las frases, corteses y comedidas, que dice en voz alta.

El autor siente comprensiva simpatía por los personajes y consigue comunicarla al lector. La sicología de ambos, puesta de manifiesto a través de su conversación y actitudes, queda expresada en este capítulo con una maestría insuperable.

Debe notarse, además, la espontaneidad y viveza del lenguaje utilizado en el diálogo, que es un reflejo del habla popular de la época:

La mañana venida levantámonos, y comienza a limpiar y sacudir sus calzas, y jubón, y sayo y capa. Y yo que le servía de pelillo[1]. Y vísteseme muy a su placer, de espacio.

[1] *servir de pelillo* = hacer servicios de poca importancia.

Echéle aguamanos, peinóse, y puso su espada en el talabarte, y al tiempo que la ponía díjome:

—¡Oh, si supieses, mozo, qué pieza es ésta! No hay marco de oro[2] en el mundo por que yo la diese; mas ansí, ninguna de cuantas Antonio[3] hizo, no acertó a ponelle los aceros tan prestos como ésta los tiene.

Y sacóla de la vaina y tentóla con los dedos, diciendo:

—Vesla aquí. Yo me obligo con ella a cercenar un copo de lana.

Y yo dije entre mí: "Y yo con mis dientes, aunque no son de acero, un pan de cuatro libras".

Tornóla a meter y ciñósela, y un sartal de cuentas gruesas[4] del talabarte[5]. Y con un paso sosegado y el cuerpo derecho, haciendo con él y con la cabeza muy gentiles meneos, echando el cabo de la capa sobre el hombro y a veces so el brazo, y poniendo la mano derecha en el costado, salió por la puerta, diciendo:

—Lázaro, mira por la casa en tanto que voy a oír misa, y haz la cama, y ve por la vasija de agua al río, que aquí bajo está; y cierra la puerta con llave, no nos hurten algo, y ponla aquí al quicio, porque, si yo viniere en tanto, pueda entrar.

Y súbese por la calle arriba con tal gentil semblante y continente, que quien no le conosciera pensara ser muy cercano pariente al conde de Arcos, o, a lo menos, camarero que le daba de vestir.

"¡Bendito seáis Vos, Señor", quedé yo diciendo, "que dais la enfermedad, y ponéis el remedio[6]. ¿Quién encontrará a aquel mi señor que no piense, según el contento de sí lleva, haber anoche bien cenado y dormido en buena cama, y aunque agora es de mañana, no le cuenten por muy bien almorzado? ¡Grandes secretos son, Señor, los que Vos hacéis y las gentes ignoran![7] ¿A quién no engañará aquella buena disposición y razonable capa y

---

[2] *marco de oro* = media libra de oro, que equivalía a unos 2.400 maravedís.

[3] *Antonio* = espadero que forjó la espada de Fernando el Católico.

[4] *sartal* = rosario.

[5] *talabarte* = tahalí.

[6] Es frase con reminiscencias bíblicas.

[7] Frase de origen bíblico con frecuencia utilizada en contextos burlescos.

sayo? ¿Y quién pensara que aquel gentil hombre se pasó ayer todo el día sin comer con aquel mendrugo de pan, que su criado Lázaro trujo un día y una noche en el arca de su seno, do no se le podía pegar mucha limpieza, y hoy, lavándose las manos y cara, a falta de paño de manos se hacía servir de la halda del sayo? Nadie por cierto lo sospechara. ¡Oh, Señor, y cuántos de aquéstos debéis Vos tener por el mundo derramados, que padescen por la negra que llaman honra, lo que por Vos no sufrirán!".

(...) Desque vi ser las dos y no venía y la hambre me aquejaba, cierro mi puerta y pongo la llave do mandó y tórnome a mi menester[8]. Con baja y enferma voz y inclinadas mis manos en los senos, puesto Dios ante mis ojos y la lengua en su nombre, comienzo a pedir pan por las puertas y casas más grandes que me parecía. Mas como yo este oficio lo hobiese mamado en la leche (quiero decir que con el gran maestro el ciego lo aprendí), tan suficiente discípulo salí, que aunque en este pueblo no había caridad ni el año fuese muy abundante, tan buena maña me di, que antes que el reloj diese las cuatro ya yo tenía otras tantas libras de pan ensiladas[9] en el cuerpo, y más de otras dos en las mangas y senos. Volvíme a la posada, y al pasar por la Tripería pedí a una de aquellas mujeres, y dióme un pedazo de uña de vaca con otras pocas de tripas cocidas.

Cuando llegué a casa, ya el bueno de mi amo estaba en ella, doblada su capa y puesta en el poyo, y él paseándose por el patio. Como entré, vínose para mí. Pensé que me quería reñir la tardanza, mas mejor lo hizo Dios. Preguntóme dó venía. Yo le dije:

—Señor, hasta que dio las dos estuve aquí, y de que vi que Vuestra Merced no venía, fuime por esa ciudad a encomendarme a las buenas gentes, y hanme dado esto que veis.

Mostréle el pan y las tripas, que en un cabo de la halda traía, a la cual él mostró buen semblante, y dijo:

—Pues esperado te he a comer, y de que vi que no veniste, comí. Mas tú haces como hombre de bien en eso, que más vale pedillo por Dios que no hurtallo. Y ansí Él me ayude como ello me paresce bien, y solamente

---

8 Es decir, a mendigar.

9 *ensiladas* = metidas en el 'silo' del cuerpo.

te encomiendo no sepan que vives comigo, por lo que toca a mi honra; aunque bien creo que será secreto, según lo poco que en este pueblo soy conoscido. ¡Nunca a él yo hubiera de venir!

—De eso pierda, señor, cuidado —le dije yo—, que maldito aquel que ninguno tiene de pedirme esa cuenta, ni yo de dalla.

—Agora, pues, come, pecador, que si a Dios place, presto nos veremos sin necesidad. Aunque te digo que después que en esta casa entré, nunca bien me ha ido; debe ser de mal suelo, que hay casas desdichadas y de mal pie, que a los que viven en ellas pegan la desdicha. Esta debe de ser, sin dubda, dellas; mas yo te prometo, acabado el mes, no quede en ella, aunque me la den por mía.

Sentéme al cabo del poyo, y porque no me tuviese por glotón callé la merienda, y comienzo a cenar y moder en mis tripas y pan, y, disimuladamente, miraba al desventurado señor mío, que no partía sus ojos de mis faldas, que aquella sazón servían de plato. Tanta lástima haya Dios de mí como yo había dél, porque sentí[10] lo que sentía, y muchas veces había por ello pasado, y pasaba cada día. Pensaba si sería bien comedirme a convidalle; mas, por me haber dicho que había comido, temíame no aceptaría el convite. Finalmente, yo deseaba aquel pecador ayudase a su trabajo del mío, y se desayunase como el día antes hizo, pues había mejor aparejo, por ser mejor la vianda y menos mi hambre.

Quiso Dios cumplir mi deseo, y aun pienso que el suyo, porque, como comencé a comer y él se andaba paseando, llegóse a mí y díjome:

—Dígote, Lázaro, que tienes en comer la mejor gracia que en mi vida vi a hombre, y que nadie te lo verá hacer que no le pongas gana aunque no la tenga.

"La muy buena que tú tienes", dijo yo entre mí, "te hace parescer la mía hermosa".

Con todo, parescióme ayudarle pues se ayudaba y me abría camino para ello, y díjele:

—Señor, el buen aparejo hace buen artífice; este pan está sabrosísimo, y esta uña de vaca tan bien cocida y

---

10 *sentí:* me di cuenta.

sazonada, que no habrá a quién no convide con su sabor.

—¿Uña de vaca es?

—Sí, señor.

—Dígote que es el mejor bocado del mundo, y que no hay faisán que ansí me sepa.

—Pues pruebe, señor, y verá qué tal está.

Póngole en las uñas la otra y tres o cuatro raciones de pan de lo más blanco, y asentóseme al lado y comienza a comer como aquel que lo había gana, royendo cada huesecillo de aquéllos mejor que un galgo suyo lo hiciera.

—Con almodrote[11] —decía— es este singular manjar.

"Con mejor salsa lo comes tú", respondí yo paso.

—Por Dios, que me ha sabido como si hoy no hobiera comido bocado.

"¡Ansí me vengan los buenos años como es ello!", dije yo entre mí.

Pidióme el jarro del agua y díselo como lo había traído, Es señal, que pues no le faltaba el agua, que no le había a mi amo sobrado la comida. Bebimos, y muy contentos nos fuimos a dormir, como la noche pasada.

Y por evitar prolijidad, desta manera estuvimos ocho o diez días, yéndome el pecador en la mañana con aquel contento y paso contado a papar aire[12] por las calles, teniendo en el pobre Lázaro una cabeza de lobo[13].

III. COMENTARIO DE TEXTOS

A. *PRESENTACIÓN*

Ofrecemos a continuación un fragmento perteneciente al tratado primero. Este tratado comienza con el

[11] *almodrote* = cierta salsa que se hace con aceite, ajos, queso y otras cosas.

[12] *papar aire:* metafóricamente vale estar embelesado o sin hacer nada o con la boca abierta.

[13] *cabeza de lobo* = la ocasión que uno toma para aprovecharse, como el que mata un lobo, que, llevando la cabeza por los lugares de la comarca, le dan todos algo.

relato que el protagonista hace de su niñez. Es aquí donde Lázaro se nos muestra como un *anti-héroe.* Al contrario de los héroes caballerescos o de los protagonistas de los poemas épicos, que hacían gala de su noble estirpe, Lázaro de Tormes parece complacerse en la descripción de un ambiente familiar mísero y desprovisto de honra. Su padre era un pobre hombre que murió en el destierro al que había sido enviado como consecuencia de un robo de poca monta. Su madre, acuciada por la necesidad, se había arrimado a la protección de un mozo de mulas negro. Al ser éste perseguido también por la justicia, la pobre mujer entra a servir en un mesón y allí traba conocimiento con el taimado ciego a cuyo servicio entrará Lázaro, que es apenas un mozalbete.

B. *TEXTO*

En este tiempo vino a posar al mesón un ciego, el cual, paresciéndole que yo sería para adestralle[1], me pidió a mi madre, y ella me encomendó a él diciéndole cómo era hijo de un buen hombre, el cual, por ensalzar la fe, había muerto en la de los Gelves[2], y que ella confiaba en Dios no saldría peor hombre que mi padre, y que le rogaba me tratase bien y mirase por mí, pues era huérfano. Él respondió que así lo haría y que me recibía no por mozo, sino por hijo. Y así le comencé a servir y adestrar a mi nuevo y viejo amo.

Como estuvimos en Salamanca algunos días, paresciéndole a mi amo que no era la ganancia a su contento, determinó irse de allí, y cuando nos hubimos de partir yo fui a ver a mi madre, y ambos llorando, me dio su bendición y dijo:

—Hijo, ya sé que no te veré más; procura de ser bueno, y Dios te guíe; criado te he y con buen amo te he puesto, válete por ti.

---

[1] *adestralle* = servirle de guía.

[2] *Gelves* = desastre de los Gelves, en el que lucharon los españoles, en el Norte de Africa. El padre de Lázaro había sido condenado a galeras.

Y así, me fui para mi amo, que esperándome estaba.

Salimos de Salamanca, y llegando a la puente, está a la entrada della un animal de piedra, que casi tiene forma de toro, y el ciego mandóme que llegase cerca del animal, y allí puesto, me dijo:

—Lázaro, llega el oído a este toro y oirás gran ruido dentro dél.

Yo simplemente llegué, creyendo ser ansí; y como sintió que tenía la cabeza par de la piedra, afirmó recio la mano y dióme una gran calabazada[3] en el diablo del toro, que más de tres días me duró el dolor de la cornada, y díjome:

—Necio, aprende, que el mozo del ciego un punto ha de saber más que el diablo.

Y rió mucho la burla.

Parescióme que en aquel instante desperté de la simpleza en que, como niño, dormido estaba. Dije entre mí: "Verdad dice éste, que me cumple avivar el ojo y avisar, pues solo soy, y pensar cómo me sepa valer."

Comenzamos nuestro camino, y en muy pocos días me mostró jerigonza[4]; y como me viese de buen ingenio, holgábase mucho y decía: "Yo oro ni plata no te lo puedo dar;[5] mas avisos para vivir muchos te mostraré." Y fue ansí, que, después de Dios, éste me dio la vida, y siendo ciego me alumbró y adestró en la carrera[6] de vivir.

Huelgo de contar a Vuestra Merced estas niñerías para mostrar cuánta virtud sea haber los hombres subir siendo bajos, y dejarse bajar siento altos cuánto vicio.

Pues tornando al bueno de mi ciego y contando sus cosas, Vuestra Merced sepa que desde que Dios crió el mundo, ninguno formó más astuto ni sagaz. En su oficio era un águila: ciento y tantas oraciones sabía de coro; un tono bajo, reposado y muy sonable, que hacía resonar la iglesia donde rezaba; un rostro humilde y devoto, que con muy buen continente ponía cuando rezaba, sin hacer gestos ni visajes con boca ni ojos como otros suelen hacer.

[3] *calabazada* = los golpes que dan a uno arrimándole la cabeza a la pared *(Cov.)*. Es burla tradicional que aun hoy pervive en algunas localidades.

[4] *jerigonza* = un cierto lenguaje particular que usan los ciegos con que se entienden entre sí *(Cov.)*.

[5] *Hechos de los Apóstoles,* III, 6.

[6] *carrera* = usado en sentido figurado.

Allende[7] desto, tenía otras mil formas y maneras para sacar el dinero. Decía saber oraciones para muchos y diversos efectos: para mujeres que no parían, para las que estaban de parto, para las que eran malcasadas, que sus maridos las quisiesen bien. Echaba pronósticos a las preñadas si traían hijo o hija. Pues en caso de medicina, decía que Galeno no supo la mitad que él para la muela, desmayos, males de madre. Finalmente, nadie le decía padecer alguna pasión[8], que luego[9] no le decía: "Haced esto, haréis estotro, coced tal yerba, tomad tal raíz." Con esto andábase todo el mundo tras él, especialmente mujeres, que cuanto les decía, creían. Déstas sacaba él grandes provechos con las artes que digo, y ganaba más en un mes que cien ciegos en un año.

Mas también quiero que sepa Vuestra Merced que con todo lo que adquiría y tenía, jamás tan avariento ni mezquino hombre no vi, tanto que me mataba a mí de hambre, y así no me demediaba[10] de lo necesario. Digo verdad: si con mi sotileza y buenas mañas no me supiera remediar, muchas veces me finara[11] de hambre; mas con todo su saber y viso le contaminaba[12] de tal suerte, que siempre, o las más veces, me cabía lo más y mejor. Para esto le hacía burlas endiabladas, de las cuales contaré algunas, aunque no todas a mi salvo[13].

C. *COMENTARIO*

1. Género

Aunque la novela picaresca propiamente dicha tiene su momento de auge en el siglo XVII, *El Lazarillo* ha sido considerada la primera novela de este género, si bien no se dan en ella todas las características del mismo.

---

[7] *allende* = además.
[8] *pasión* = dolor, enfermedad.
[9] *luego* = inmediatamente.
[10] *no me demediaba* = no alcanzaba yo la mitad de lo necesario.
[11] *me finara* = me consumiera.
[12] *contaminaba* = le atacaba con engaños.
[13] *a mi salvo* = sin recibir daño yo mismo.

En *El Lazarillo* aparecen los rasgos fundamentales siguientes:

—Protagonista, hombre ordinario (anti-héroe).
—Protagonista, criado de muchos amos.
—Visión realista del mundo.
—Forma autobiográfica.
—Intención crítica y moralizante.

A estas características habría que añadir en el Barroco:

—Intensificación de la visión amarga, pesimista, del mundo que imprimirá un carácter mucho más virulento a la crítica social.
—Incremento de las preocupaciones religiosas y morales, lo que determinará una intención moralizante mucho más evidente.

Basándonos en los dos textos leídos, podemos afirmar que *El Lazarillo* cumple las características fundamentales señaladas, a excepción de las que, como hemos dicho, se producen en la picaresca barroca.

2. Contenido

a) *Comprensión del contenido*

En el contenido del fragmento hay una serie de puntos que nos parecen claves para entender la novela:

—Razones por las que Lázaro entra al servicio del ciego.
—Lecciones que Lázaro aprende de su primer amo.
—Provecho que el muchacho sacará de estas lecciones.
—Reflexiones del protagonista.
—Habilidades del ciego.

b) *Estructura del texto:* cada una de las partes en que se divide el texto cumple una función en el conjunto de la narración, y en ellas se utilizan los tipos de escrito que el autor considera idóneos. Así, en la primera parte, a modo introductorio, se utiliza la narración y el diálogo (consideramos la 1.ª parte hasta «que esperándome estaba»). La 2.ª parte, en la que se cuenta una anécdota que le ocurrió con el ciego, usa sobre todo el diálogo, con lo que se acerca al lector directamente a la escena (hasta «la carrera de vivir»). Por fin, en la tercera parte, el autor ha hecho uso de la descripción para analizar el aspecto físico y la personalidad del ciego, junto con unas reflexiones de Lázaro sobre la influencia que sobre él mismo ejerció.

3. **Técnica y estilo**

a) La novela está escrita en primera persona. Con ella se inicia la llamada novela *autobiográfica.* (Es el propio Lazarillo quien cuenta sus andanzas.) Pensemos en que el Humanismo significa una valoración del hombre y del yo frente al anonimato medieval, que habría considerado soberbio e incluso profano el autobiografismo.

b) El autor no nos relata todas las aventuras que Lázaro vivió. Dice repetidas veces: *«no quiero ser prolijo», «por contar sólo lo principal»,* etc. Es éste un procedimiento de economía narrativa que caracteriza a la novela. Podemos observarlo en este texto que comentamos.

c) Con frecuencia Lázaro habla para sí —como en los «apartes» que los actores hacen en el teatro—. Su función en el texto, además de acentuar el autobiografismo, es claramente expresiva. El capítulo del escudero es particularmente rico en este sentido.

d) El protagonista reflexiona, a veces, sobre su situación y hace generalizaciones de índole moral. En ellas reside principalmente la intención moralizante característica de la novela picaresca. (Una diferencia entre *El Lazarillo* y la picaresca posterior es el número y extensión de estas reflexiones. *El Lazarillo* no abusa de ellas frente a lo que ocurrirá más tarde con las novelas escritas en una época menos mesurada y más preocupada por problemas morales).

e) Podemos calificar de realista esta novela por su visión del mundo, su lenguaje, el modo de enfocar los acontecimientos, etc. El realismo es una tendencia de nuestra literatura que aparece ya en la Edad Media y se manifiesta con mayor o menor pujanza hasta nuestros días en buena parte de la producción literaria española. Para analizar el realismo de *El Lazarillo* a partir de los dos textos leídos, podemos centrarnos en los siguientes puntos:

—Visión de una realidad no idealizada, de la que no se evitan los aspectos más groseros o desagradables.
—Verosimilitud de las situaciones.
—Localización en un tiempo y en un espacio concretos (hay diversos datos para ello.)
—Lenguaje espontáneo, desenfadado, adecuado al contenido, tono y personajes.

f) Un recurso expresivo característico de esta novela es la ironía, que no llega nunca a sarcasmo. La ironía sirve al autor para suavizar la crítica social. Con frecuencia tal ironía consiste en utilizar una idea o hecho prestigioso en un contexto que no lo es con lo que, por contraste, consigue su degradación. Por ejemplo, cuando al comienzo de la novela nos cuenta cómo su padre fue preso y sometido a la justicia por robar, nos dice: «Y confesó y no negó y *padeció persecución por la justicia.* Espero en Dios esté en la gloria pues el Evangelio los llama *bienaventurados.*» (Obsérvese la diferencia entre el significado de la palabra *justicia* en el texto evangélico («Bienaventurados los que padecen persecución por la justicia») y lo que significa justicia en el caso concreto del padre de Lázaro. En el texto podemos encontrar otros ejemplos de este tipo de ironía. Por ejemplo, cuando se califica de «buen hombre» al padre de Lázaro, a pesar de que había sido un ladrón perseguido por la justicia.

4. La lengua

a) El lenguaje es llano, sin afectación alguna, como corresponde al ideal de lengua del siglo XVI manifestado por Juan de Valdés en su *Diálogo de la lengua,* en donde preconiza los criterios de *sencillez* y *selección*. En esta sencillez elaborada y difícil de conseguir reside gran parte del atractivo de la obra. En efecto, el lenguaje de *El Lazarillo* es sencillo pero no descuidado, como lo demuestra la selección del léxico y de las construcciones sintácticas.

b) En cuanto a la sintaxis, encontramos cierto desaliño en la construcción de las frases, debido a que el autor intenta reflejar el lenguaje hablado (en el que, como se sabe por experiencia, nos permitimos ciertas licencias). Teniendo esto en cuenta no nos extrañaremos de los ejemplos de *anacolutos, polisíndeton,* etc., que hay en el texto.

c) En el siglo XVI, el castellano ha superado ya su etapa de formación y nos encontramos con una lengua madura, rica, expresiva, que se aleja cada vez más del latín y que es apta ya para cualquier actividad literaria. Durante este período se escriben en todos los países románicos elogios sobre la capacidad expresiva de la respectiva lengua nacional y se proclama el derecho de utilizarla para menesteres que hasta entonces habían sido reservados a la lengua latina. La lengua utilizada en *El Lazarillo* difiere ya muy poco del castellano actual. Hay, sin embargo, algunas diferencias que podemos advertir en el fragmento que comentamos:

—Ortográficas (la ortografía castellana no se fijaría hasta el siglo XVIII); en el texto se ha actualizado la ortografía.
—Léxicas: algunos vocablos tienen un significado distinto del actual; como ejemplo, sirvan los que han necesitado notas aclaratorias.
—Sintácticas: especialmente en el uso de los gerundios y de los pronombres.

5. Actitud crítica

a) Como sabemos, se desconoce la identidad del autor de *El Lazarillo.* Américo Castro ha dicho que «El Lazarillo es la biografía no deseable», y, en efecto, la vida de Lázaro está llena de sucesos por los que nadie querría pasar. Esto, unido a la evidente crítica social que del libro se desprende (por lo que muy pronto sería prohibido por la Inquisición) podría justificar el deliberado propósito del autor de permanecer en el anonimato. Algunos rasgos de la personalidad del autor pueden deducirse de la obra misma: ideología, cultura, carácter, actitud ante el mundo de su época, etc.

b) Los personajes y ambiente de *El Lazarillo* corresponden a un mundo de marginados sociales. En la actualidad existen también gentes que por diversos motivos viven al margen de la sociedad. Su forma de vida, comportamiento, aspiraciones, causas de su marginación, etc., han dado lugar también, como en el caso de *El Lazarillo,* a obras literarias (por ejemplo, *Tiempo de silencio,* de Martín Santos, *La busca,* de Baroja, etc.).

c) El crítico M. Baquero Goyanes dice a propósito de la picaresca: «Una estructura novelesca episódica equivale a una estructura abierta, propia de las obras que se nos presentan como fácilmente susceptibles de continuación». Así, *El Lazarillo* ha sido continuado repetidas veces en el pasado como en el presente. Por ejemplo, en *Nuevas andanzas del Lazarillo de Tormes,* de C. J. Cela.

IV. RECAPITULACIÓN

1. Época y autor de *El Lazarillo.*
2. Género literario al que pertenece la obra.
3. Intención del autor.
4. Tema y estructura.
5. Personajes principales.
6. Técnica y estilo.
7. Significación de la novela:
   —dentro de la narrativa de la época.
   —dentro de la novela en general.

8. Estado de la lengua que presenta el texto: evolución del castellano desde la Edad Media hasta la época de *El Lazarillo*.

V. BIBLIOGRAFÍA BÁSICA

Ediciones

La vida de Lazarillo de Tormes. Edición de Alberto Blecua. Madrid, Castalia, 1974.

Lazarillo de Tormes. Edición de Francisco Rico. Barcelona, Planeta, 1976.

Lazarillo de Tormes. Edición de Joseph V. Ricapito. Madrid, Cátedra, 1976.

Estudios

Además de los prólogos de las ediciones anteriormente citadas, pueden consultarse:

BELIC, Oldrich: «Los principios de composición de la novela picaresca», en *Análisis estructural de textos hispanos*. Madrid, Prensa Española, 1969.

LÁZARO CARRETER, Fernando: *Lazarillo de Tormes en la picaresca*. Barcelona, Ariel, 1972.

RICO, Francisco: *La novela picaresca y el punto de vista*. Barcelona, Seix Barral, 1973 (véanse caps. I y III).

XIV. MIGUEL DE CERVANTES: EL INGENIOSO HIDALGO DON QUIJOTE DE LA MANCHA

I. INTRODUCCIÓN

Miguel de Cervantes (1547-1616) está universalmente reconocido como el más grande escritor de la literatura española. Su producción literaria es muy extensa e importante, pero ha quedado eclipsada por el éxito arrollador de *El Quijote.* Cervantes destaca como narrador y dramaturgo. Dentro del género narrativo cultivó todas las manifestaciones conocidas en su época: la novela pastoril *(La Galatea),* la bizantina *(El Persiles),* la novela corta *(Las novelas ejemplares)* y la novela extensa *(El Quijote).* Dentro del género dramático cultivó, aunque con menos éxito, la tragedia *(La Numancia),* la comedia y sobre todo el entremés.

La vida de Miguel de Cervantes transcurre entre los siglos XVI y XVII. En esta época apuntaban ya los primeros síntomas de la decadencia del Imperio español. La vida española presentaba grandes contrastes: mientras los tercios mantenían el espíritu heroico, gran parte del pueblo, agobiado por la sangría económica y moral de prolongadas guerras, llevaba una vida miserable poco propicia para el mantenimiento de ideales. La literatura de la época —que conoce uno de sus momentos más espléndidos— va a darnos testimonio de la pugna entre el *ideal* y la *realidad. El Quijote* será un magnífico ejemplo de ello. Mejor que ninguna otra obra literaria nos ofrecerá un completo panorama social de la España de finales del XVI.

Parece ser que la idea inicial que originó *El Quijote* fue hacer una parodia de los Libros de Caballerías, pero si ésta fue la primera intención de su autor, su genio creador le llevaría mucho más allá al lograr presentarnos de manera inimitable el eterno choque entre los grandes ideales del hombre y la dura y mísera realidad que le rodea.

Cervantes había experimentado en su propia vida lo difícil que es mantener ideales cuando el diario vivir resulta mezquino y miserable. No renunció, sin embargo, a ellos y en su obra magna va a comunicarnos sus ansias, aunque para ello tenga que presentarnos como loco al protagonista.

ARGUMENTO DE LA NOVELA

Es muy difícil hacer un resumen válido y suficiente de una obra tan rica y compleja como ésta; no obstante, presentamos las líneas generales del relato; más tarde profundizaremos en sus valores artísticos, técnicos, ideológicos, morales, etc., a lo largo de las lecturas reflexivas.

La novela fue publicada en dos partes y se estructura en torno a tres salidas de Don Quijote. La primera, la más corta, comprende los seis primeros capítulos de la primera parte y en ella el hidalgo manchego, cuya singular locura se nos ha explicado en el capítulo I, vaga sin rumbo —como los caballeros andantes— por los caminos de la Mancha, se hace armar caballero, busca aventuras y vuelve a su casa maltrecho y apaleado.

La segunda salida comprende todo el resto de la primera parte. Aparece aquí un elemento nuevo y fundamental en la novela, el escudero Sancho, que acompaña a su amo y va a servirle de confidente. El esquema argumental de esta segunda salida está constituido por una larga sucesión de aventuras y, al final, Don Quijote, engañado por sus amigos —cura, barbero, etc.—, es conducido a su casa.

En la segunda parte de la novela asistimos a la tercera y última salida de Don Quijote y Sancho. Nuevas aventuras, de las cuales las más importantes y extensas ocurren en la corte de unos duques. Otro amigo y convecino del protagonista, el bachiller Sansón Carrasco, sale en su busca y, tras intentarlo dos veces, logra conducir a Don Quijote a su aldea. La novela acaba con la muerte de Alonso Quijano, momentos después de recobrar la razón.

II. LECTURAS REFLEXIVAS

Primera. *Fragmentos del capítulo I de la 1.ª parte* (*)

Presentamos en primer lugar algunos fragmentos del capítulo I de la novela. De ellos podemos extraer los datos siguientes:

—Lugar geográfico en que transcurre la acción.
—Retrato físico y moral de Don Quijote.
—Ambiente en el que vive.
—Situación económica y social del personaje.
—Causa que desencadena su locura.
—Propósitos de Don Quijote y preparativos que hace para su puesta en práctica.

Obsérvese que Cervantes nos presenta a Don Quijote como un personaje histórico. Es éste un simple «truco» del autor. Es decir, un recurso (que se sigue utilizando

(*) Los textos y las notas están tomados de la edición de Luis Andrés Murillo. Madrid, Castalia, 1978.

también hoy) del novelista para dar más verosimilitud a su personaje.

La intención de Cervantes es, como ya hemos dicho, parodiar los Libros de Caballerías, que se leían muchísimo en esta época y en los que se relataban disparatadas aventuras de legendarios héroes. Para ello, Cervantes los *imita burlescamente* y consigue *degradar* el modelo. La degradación consiste en este primer capítulo en lo siguiente:

—Sitúa la acción en un lugar muy concreto y poco heroico: La Mancha, tierra de honrados y «vulgares» campesinos. (Frente a lo que ocurre en los libros parodiados, cuya acción se sitúa siempre en países lejanos y exóticos.)

—El hidalgo es casi contemporáneo del autor: «No ha mucho tiempo que vivía», con lo que se opone también a los Libros de Caballerías, en los que las hazañas de los héroes se remontaban a tiempos muy lejanos.

—Don Quijote no es presentado como un héroe de noble estirpe, sino como un simple hidalgo lugareño y pobre.

—El autor nos da datos muy *concretos* y *reales* sobre la vida y aspecto del personaje.

—La descripción y transformación de las armas es seguramente el fragmento más cómico de este texto. Don Quijote se dispone a salir al mundo *disfrazado* de caballero andante con unas armas que habían pertenecido a sus bisabuelos y que por su vejez y deterioro eran completamente ineficaces.

Por último, la parodia de los Libros de Caballerías, cuya lectura es la causa de la locura de Don Quijote, se hace también ofreciéndonos irónicamente parrafadas en el lenguaje rimbombante, hueco y sin sentido que caracteriza a muchos de estos libros. Así ocurre aquí en las frases entrecomilladas, cuyo estilo contrasta con la sobriedad y dinamismo que Cervantes consigue en el resto del texto.

CAPÍTULO PRIMERO (fragmentos)

Que trata de la condición y ejercicio del famoso hidalgo Don Quijote de la Mancha

En un lugar de la Mancha, de cuyo nombre no quiero acordarme[1], no ha mucho tiempo que vivía un hidalgo de los de lanza en astillero, adarga antigua, rocín flaco y galgo corredor. Una olla de algo más vaca que carnero, salpicón las más noches, duelos y quebrantos los sábados, lantejas los viernes, algún palomino de añadidura los domingos, consumían las tres partes de su hacienda[2]. El resto della concluían sayo de velarte, calzas de velludo para las fiestas, con sus pantuflos de lo mesmo, y los días de entresemana se honraba con su vellorí de lo más fino. Tenía en su casa una ama que pasaba de los cuarenta, y una sobrina que no llegaba a los veinte, y un mozo de campo y plaza, que así ensillaba el rocín como tomaba la podadera. Frisaba la edad de nuestro hidalgo con los cincuenta años; era de complexión recia, seco de carnes, enjuto de rostro, gran madrugador y amigo de la caza. Quieren decir[3] que tenía el sobrenombre de Quijada, o Quesada, que en esto hay alguna diferencia de los autores que deste caso escriben; aunque por conjeturas verosímiles se deja entender que se llamaba Quijana. Pero esto importa poco a nuestro cuento; basta que en la narración dél no se salga un punto de la verdad.

Es, pues, de saber, que este sobredicho hidalgo, los ratos que estaba ocioso —que eran los más del año—, se daba a leer libros de caballerías con tanta afición y gusto,

---

[1] *de cuyo nombre no quiero acordarme* = de cuyo nombre no me acuerdo, o no me viene a la memoria. El verbo *querer* tiene mero valor de auxiliar. El no acordarse el narrador es una fórmula inmemorial del relato popular y característica de la narración oral.

[2] *las tres partes de su hacienda* = las tres *cuartas partes...* Tan medianas eran sus rentas que se le agotaban en el vestido y el alimento.

[3] *quieren decir* = dicen o sostienen, pretenden, la misma perífrasis de *no quiero acordarme.*

que olvidó casi de todo punto el ejercicio de la caza, y aun la administración de su hacienda; y llegó a tanto su curiosidad y desatino en esto, que vendió muchas hanegas de tierra de sembradura para comprar libros de caballerías en que leer, y así, llevó a su casa todos cuantos pudo haber dellos; y de todos, ningunos le parecían tan bien como los que compuso el famoso Feliciano de Silva[4], porque la claridad de su prosa y aquellas entricadas razones suyas le parecían de perlas, y más cuando llegaba a leer aquellos requiebros y cartas de desafíos, donde en muchas partes hallaba escrito: *La razón de la sinrazón que a mi razón se hace, de tal manera mi razón enflaquece, que con razón me quejo de la vuestra fermosura.* Y también cuando leía: *...los altos cielos que de vuestra divinidad divinamente con las estrellas os fortifican, y os hacen merecedora del merecimiento que merece la vuestra grandeza.*

Con estas razones perdía el pobre caballero el juicio, y desvelábase por entenderlas y desentrañarles el sentido. (...) En resolución, él se enfrascó tanto en su letura, que se le pasaban las noches leyendo de claro en claro, y los días de turbio en turbio; y así, del poco dormir y del mucho leer se le secó el celebro, de manera que vino a perder el juicio. Llenósele la fantasía de todo aquello que leía en los libros, así de encantamentos como de pendencias, batallas, desafíos, heridas, requiebros, amores, tormentas y disparates imposibles; y asentósele de tal modo en la imaginación que era verdad toda aquella máquina de aquellas sonadas soñadas invenciones que leía, que para él no había otra historia más cierta en el mundo.

En efeto, rematado ya su juicio, vino a dar en el más

---

[4] *Feliciano de Silva* = 1492-1558?, autor de fácil pluma y una especie de industrial literario de la época de Carlos V. Imitó las obras más en boga; son suyas una continuación de *La Celestina* (1534) y varias del *Amadís: Lisuarte de Grecia, Amadís de Grecia, Florisel de Niquea* y *Rogel de Grecia,* publicados entre 1514 y 1535. Fue celebrado por sus contemporáneos, pues su habilidad coincidía con la vulgarización de obras novelísticas que permitió el libro impreso. Ya antes de Cervantes había sido frecuente objeto de burla su estilo hinchado y puerilmente afectado.

estraño pensamiento que jamás dio loco en el mundo, y fue que le pareció convenible y necesario, así para el aumento de su honra como para el servicio de su república, hacerse caballero andante[5], y irse por todo el mundo con sus armas y caballo a buscar las aventuras y a ejercitarse en todo aquello que él había leído que los caballeros andantes se ejercitaban, deshaciendo todo género de agravio, y poniéndose en ocasiones y peligros donde, acabándolos, cobrase eterno nombre y fama. Imaginábase el pobre ya coronado por el valor de su brazo, por lo menos, del imperio de Trapisonda; y así, con estos tan agradables pensamientos, llevado del estraño gusto que en ellos sentía, se dio priesa a poner en efeto lo que deseaba. Y lo primero que hizo fue limpiar unas armas que habían sido de sus bisabuelos[6], que, tomadas de orín y llenas de moho, luengos siglos había que estaban puestas y olvidadas en un rincón. Limpiólas y aderezólas lo mejor que pudo; pero vio que tenían una gran falta, y era que no tenían celada de encaje, sino morrión simple; mas a esto suplió su industria, porque de cartones hizo un modo de media celada, que, encajada con el morrión, hacían una apariencia de celada entera. Es verdad que para probar si era fuerte y podía estar al riesgo de una cuchillada, sacó su espada y le dio dos golpes, y con el primero y en un punto[7] deshizo lo que había hecho en una semana; y no dejó de parecerle mal la facilidad con que la había hecho pedazos, y, por asegurarse deste peligro, la tornó a hacer de nuevo, poniéndole unas barras de hierro por de dentro, de tal manera que él quedó satisfecho de su fortaleza, y sin querer hacer nueva experiencia della, la diputó y tuvo por celada finísima de encaje.

---

[5] Se han señalado, como posibles antecedentes de Cervantes, algunas anécdotas de personas históricas (siglo XVI) o ficticias que enloquecieron por efecto de la lectura de libros de caballerías, tomando sus ficciones por hechos verídicos.

[6] *bisabuelos.* Por ser de sus bisabuelos, las armas que viste el hidalgo se remontaban al siglo XV o principios del XVI.

[7] *en un punto* = en un momento.

Segunda. *Fragmento del capítulo IV de la 1.ª parte*

El texto siguiente es un fragmento del capítulo IV de la primera parte. En él se nos relata la primera aventura de Don Quijote.

Sigue la parodia —imitación con fines satíricos— de los Libros de Caballerías. Así, «la del alba sería» es una fórmula típica de ese género novelesco. Don Quijote cree ser un auténtico caballero andante y agradece al cielo la ocasión que le brinda para demostrarlo «desfaciendo un agravio». Socorrer a los menesterosos era una de las misiones que exigía la profesión de la Caballería. Poseído de su papel, Don Quijote utiliza un lenguaje pomposo y grave en el que destacan algunos arcaísmos. Su figura y su lenguaje causaban sorpresa a las gentes con las que se encontraba, como ocurre con el labrador Juan Haldudo, que accede a lo que Don Quijote le pide no por arrepentimiento, sino intimidado por su estrafalaria presencia. Cuando el caballero desaparece, el labrador se ensaña con Andrés y al hacerlo imita irónicamente el lenguaje utilizado por Don Quijote.

Pero el genio de Cervantes no está sólo en lograr su divertida y eficaz parodia. Lo que realmente convierte esta novela en trascendente es que su autor hace en ella, a través de las aventuras de sus personajes, un verdadero estudio de la sociedad de su tiempo en particular y del ser humano en general. Así, en la novela vamos a encontrarnos con gentes reales de la época, de todas las clases: curas, barberos, bandidos, pastores, artesanos, labradores, bachilleres, hombres de letras, nobles, etc., que hablan y actúan según su condición, logrando comunicarnos sus angustias, anhelos, emociones... Con ello Cervantes construye una novela profundamente española y al mismo tiempo universal que ha interesado y sigue interesando a los hombres de todas las épocas y países.

En este fragmento, por ejemplo, nos encontramos con una de las características más importantes de la obra cervantina, que es a la vez un tema eternamente humano: el choque brutal entre los más nobles ideales del hombre y la dura y amarga realidad. Don Quijote quiere hacer el bien, pero es vencido por la realidad, representada aquí por Juan Haldudo.

Obsérvese, por otra parte, la riqueza sicológica con que están presentados los otros personajes que intervienen en la aventura: Juan Haldudo y Andrés. Aparecen en ellos formas de comportamiento comunes a cualquier ser humano: avaricia, engaño, hipocresía, violencia, miedo, injusticia, etc.

Otra característica de la obra que aparece también en el fragmento es el *humor*. Cervantes se propuso, entre otras cosas, divertir a sus lectores, por lo que a menudo acentúa el carácter cómico del personaje, sobre todo en estos primeros capítulos. La comicidad indudable de la aventura es subrayada por unas palabras del narrador que interviene en el relato —como lo hará con frecuencia— para opinar sobre Don Quijote. Obsérvese esto en las tres últimas líneas del penúltimo párrafo, que sirven de introducción y contraste a las palabras del caballero. Así, el fragmento acaba poniendo de manifiesto las opiniones contrarias del narrador y personaje. Es ésta una característica técnica de la novela. Es decir, uno de los aciertos narrativos de Cervantes consiste en ofrecernos por un lado la actuación y pensamientos de sus personajes, y por otro, la opinión que el narrador tiene sobre ellos; con ello consigue enriquecer notablemente la sicología de los mismos y el lector se verá obligado continuamente a hacer la síntesis de las opiniones y a sacar sus propias conclusiones.

CAPÍTULO IV (fragmento)

De lo que le sucedió a nuestro caballero cuando salió de la venta

La del alba sería cuando don Quijote salió de la venta tan contento, tan gallardo, tan alborozado por verse ya armado caballero, que el gozo le reventaba por las cinchas del caballo. Mas viniéndole a la memoria los consejos de su huésped cerca de las prevenciones tan necesarias que había de llevar consigo, especial[1] la de los dineros y camisas, determinó volver a su casa y acomodarse de todo, y de un escudero, haciendo cuenta de recebir a un labrador vecino[2] suyo, que era pobre y con hijos, pero muy a propósito para el oficio escuderil de la caballería. Con este pensamiento guió a Rocinante hacia su aldea, el cual, casi conociendo la querencia[3], con tanta gana comenzó a caminar, que parecía que no ponía los pies en el suelo.

No había andado mucho, cuando le pareció que a su diestra mano, de la espesura de un bosque que allí estaba, salían unas voces delicadas, como de persona que se quejaba, y apenas las hubo oído, cuando dijo:

—Gracias doy al cielo por la merced que me hace, pues tan presto me pone ocasiones delante donde yo pueda cumplir con lo que debo a mi profesión, y donde pueda coger el fruto de mis buenos deseos. Estas voces, sin duda, son de algún menesteroso o menesterosa, que ha menester mi favor y ayuda.

Y, volviendo las riendas, encaminó a Rocinante hacia donde le pareció que las voces salían. Y a pocos pasos que entró por el bosque, vio atada una yegua a una encina, y atado en otra a un muchacho, desnudo de medio cuerpo arriba, hasta de edad de quince años, que era el que las voces daba, y no sin causa, porque le estaba dando con una pretina[4] muchos azotes un labrador de buen talle, y cada azote le acompañaba con una reprehensión y consejo. Porque decía:

—La lengua queda y los ojos listos.

Y el muchacho respondía:

—No lo haré otra vez, señor mío; por la pasión de Dios que no lo haré otra vez, y yo prometo de tener de aquí adelante más cuidado con el hato[5].

Y viendo don Quijote lo que pasaba, con voz airada dijo:

---

[1] *especial* = especialmente.

[2] Primera mención, sin nombrarle, de Sancho y el papel que ha de desempeñar.

[3] *querencia* = término de cazadores, es el lugar adonde el animal acude de ordinario, o al pasto o a la dormida.

[4] *pretina* = cinturón de cuero.

[5] *hato* = ganado, rebaño.

—Descortés caballero, mal parece tomaros[6] con quien defender no se puede; subid sobre vuestro caballo y tomad vuestra lanza —que también tenía una lanza arrimada a la encina adonde estaba arrimada la yegua—, que yo os haré conocer ser de cobardes lo que estáis haciendo.

El labrador, que vio sobre sí aquella figura llena de armas blandiendo la lanza sobre su rostro, túvose por muerto, y con buenas palabras respondió:

—Señor caballero, este muchacho que estoy castigando es un mi criado, que me sirve de guardar una manada de ovejas que tengo en estos contornos, el cual es tan descuidado, que cada día me falta una; y porque castigo su descuido, o bellaquería, dice que lo hago de miserable, por no pagalle la soldada que le debo, y en Dios y en mi ánima que miente.

—¿«Miente» delante de mí, ruin villano? —dijo don Quijote—. Por el sol que nos alumbra que estoy por pasaros de parte a parte con esta lanza. Pagadle luego sin más réplica; si no, por el Dios que nos rige que os concluya y aniquile en este punto. Desatadlo luego.

El labrador bajó la cabeza y, sin responder palabra, desató a su criado, al cual preguntó don Quijote que cuánto le debía su amo. Él dijo que nueve meses, a siete reales cada mes. Hizo la cuenta don Quijote y halló que montaban setenta y tres reales, y díjole al labrador que al momento los desembolsase, si no quería morir por ello. Respondió el medroso villano que para el paso en que estaba y juramento que había hecho —y aún no había jurado nada—, que no eran tantos; porque se le habían de descontar y recebir en cuenta tres pares de zapatos que le había dado, y un real de dos sangrías que le habían hecho estando enfermo.

—Bien está todo eso —replicó don Quijote—; pero quédense los zapatos y las sangrías por los azotes que sin culpa le habéis dado; que si él rompió el cuero de los zapatos que vos pagastes, vos le habéis rompido el de su cuerpo; y si le sacó el barbero sangre estando enfermo, vos en sanidad se la habéis sacado; ansí que, por esta parte, no os debe nada.

—El daño está, señor caballero, en que no tengo aquí

---

6 *tomarse con uno* = reñir o tener contienda o cuestión con él.

dineros: véngase Andrés conmigo a mi casa, que yo se los pagaré un real sobre otro.

—¿Irme yo con él —dijo el muchacho— más? ¡Mal año![7] No, señor, ni por pienso; porque en viéndose solo, me desuelle como a un San Bartolomé.

—No hará tal —replicó don Quijote—: basta que yo se lo mande para que me tenga respeto; y con que él me lo jure por la ley de caballería que ha recebido, le dejaré ir libre y aseguraré la paga.

—Mire vuestra merced, señor, lo que dice —dijo el muchacho—; que este mi amo no es caballero ni ha recebido orden de caballería alguna; que es Juan Haldudo el rico, el vecino del Quintanar.

—Importa poco eso —respondió don Quijote—; que Haldudos puede haber caballeros; cuanto más, que cada uno es hijo de sus obras[8].

—Así es verdad —dijo Andrés—; pero este mi amo, ¿de qué obras es hijo, pues me niega mi soldada y mi sudor y trabajo?

—No niego, hermano Andrés —respondió el labrador—; y hacedme placer de veniros conmigo; que yo juro por todas las órdenes que de caballerías hay en el mundo de pagaros, como tengo dicho, un real sobre otro, y aun sahumados[9].

—Del sahumerio os hago gracia —dijo don Quijote—; dádselos en reales, que con eso me contento; y mirad que lo cumpláis como lo habéis jurado; si no, por el mismo juramento os juro de volver a buscaros y a castigaros, y que os tengo de hallar, aunque os escondáis más que una lagartija. Y si queréis saber quién os manda esto, para quedar con más veras obligado a cumplirlo, sabed que yo soy el valeroso don Quijote de la Mancha, el desfacedor de agravios[10] y sinrazones, y a Dios quedad, y no se os parta de las mientes lo prometido y jurado, so pena de la pena pronunciada.

Y en diciendo esto, picó a su Rocinante, y en breve

---

7 *¡Mal año!* = fr. imprecatoria; aquí equivale a una maldición no proferida de un modo completo.

8 *cada uno... obras* = refrán.

9 *sahumados* = perfumados.

10 *desfacedor de agravios* = esta frase con su arcaísmo la repite luego, perversamente, el labrador.

espacio[11] se apartó dellos. Siguióle el labrador con los ojos, y cuando vio que había traspuesto del bosque y que ya no parecía, volvióse a su criado Andrés y díjole:

—Venid acá, hijo mío; que os quiero pagar lo que os debo, como aquel deshacedor de agravios me dejó mandado.

—Eso juro yo —dijo Andrés—; y ¡cómo que andará vuestra merced acertado en cumplir el mandamiento de aquel buen caballero, que mil años viva; que, según es de valeroso y de buen juez, vive Roque, que si no me paga, que vuelva y ejecute lo que dijo!

—También lo juro yo —dijo el labrador—; pero por lo mucho que os quiero, quiero acrecentar la deuda por acrecentar la paga.

Y asiéndole del brazo le tornó a atar a la encina, donde le dio tantos azotes, que le dejó por muerto.

—Llamad, señor Andrés, ahora —decía el labrador— al desfacedor de agravios; veréis cómo no desface aquéste. Aunque creo que no está acabado de hacer, porque me viene gana de desollaros vivo, como vos temíades.

Pero, al fin, le desató y le dio licencia que fuese a buscar su juez, para que ejecutase la pronunciada sentencia. Andrés se partió algo mohíno, jurando de ir a buscar al valeroso don Quijote de la Mancha y contalle punto por punto lo que había pasado, y que se lo había de pagar con las setenas[12]. Pero con todo esto, él se partió llorando y su amo se quedó riendo.

Y desta manera deshizo el agravio el valeroso don Quijote; el cual, contentísimo de lo sucedido, pareciéndole que había dado felicísimo y alto principio a sus caballerías, con gran satisfacción de sí mismo iba caminando hacia su aldea, diciendo a media voz:

—Bien te puedes llamar dichosa sobre cuantas hoy viven en la tierra, ¡oh sobre las bellas bella Dulcinea del Toboso!, pues te cupo en suerte tener sujeto y rendido a toda tu voluntad e talante a un tan valiente y tan nombrado caballero como lo es y será don Quijote de la Mancha, el cual, como todo el mundo sabe, ayer rescibió la

---

[11] *espacio* = intervalo de tiempo.

[12] *con las setenas* = la multa llamada *las setenas* consistía en pagar setenta veces el valor inicial.

orden de caballería, y hoy ha desfecho el mayor tuerto y agravio que formó la sinrazón y cometió la crueldad: hoy quitó el látigo de la mano a aquel despiadado enemigo que tan sin ocasión vapulaba[13] a aquel delicado infante.

---

[13] *vapular* o *vapulear* = azotar.

Tercera. *Fragmentos de los capítulos XLII y XLIII de la 2.ª parte*

Los textos que ahora presentamos pertenecen a la segunda parte del libro, publicada en 1615, diez años más tarde que la primera.

Al comienzo de esta segunda parte, los personajes —Don Quijote, el cura, el barbero— se refieren a la anterior como libro ya publicado y conocido por ellos, con lo que la primera parte del Quijote se convierte en un elemento novelesco de la segunda. Esto explica que la fama de la locura de Don Quijote y de los donaires de Sancho lleguen a la corte de unos duques que residían en tierras de Aragón. Los duques habían leído la parte ya publicada del libro y deciden acoger a nuestros personajes para divertirse a su costa. Ordenan a sus sirvientes que sigan el humor de Don Quijote y se comporten como cortesanos de los Libros de Caballerías. Amo y criado vivirán por primera vez en un refinado ambiente aristocrático como el descrito en los libros que ocasionaron su locura. No tendrán ya que imaginar nada, pues los duques montarán en torno a ellos una gran farsa a imitación del mundo caballeresco.

Las aventuras de Don Quijote y Sancho en la corte ducal van del capítulo 30 al 57 de la segunda parte. Los fragmentos que presentamos corresponden a los capítulos 42 y 43. En ellos Don Quijote da a Sancho una serie de consejos para el buen gobierno de la «ínsula» (=isla, palabra ya en desuso en la época, utilizada para parodiar una vez más el lenguaje de los Libros de Caballerías) que los duques han proporcionado al escudero. Haciendo gobernador a Sancho de una fingida «ínsula», los duques no buscan más que una diversión que entretenga su ociosa existencia. La idea proviene también de los Libros de Caballerías.

Estos consejos se distribuyen por su contenido en dos series: La primera está constituida por los que son provechosos para el espíritu, y la segunda, para el cuerpo y apariencia externa. La valoración de un perfecto equilibrio entre materia y espíritu es un rasgo característico de la ideología renacentista. Por su formación, Cervantes era un hombre del Renacimiento.

En la primera serie de consejos observamos que muchos de ellos proceden del acervo doctrinal tradicional, pero casi todos están basados en el sentido común y pueden ser útiles para cualquier hombre de cualquier época: respeto a Dios en el que reside toda sabiduría, conocimiento de sí mismo, humildad, prudencia, sentido de la justicia, etc. Algunos, incluso, sorprenden por su modernidad. Con esto queremos decir que Cervantes se adelanta a lo que comúnmente era admitido en su época. (Decir que la sangre se hereda y la virtud se adquiere y que vale más la segunda que la primera era muy nuevo en una época en que la pureza de sangre y el orgullo de linaje eran causa de muchas desigualdades e injusticias sociales.) También son muy actuales las consideraciones que Don Quijote hace sobre el castigo del delito y la comprensión del delincuente.

—Podemos apreciar que Don Quijote no se conduce aquí como un loco, sino como un hombre sabio y prudente. Con respecto a ello el narrador —ya hemos dicho que suele intervenir en la obra para opinar sobre sus personajes— subraya este aspecto de Don Quijote y nos previene sobre el hecho de que su locura sólo afecta al tema caballeresco. Pero lo importante es que Cervantes, con gran habilidad narrativa, nos presenta diferentes facetas de la rica sicología de Don Quijote, mostrándolo tan complejo y contradictorio como cualquier ser humano real. Esta complejidad y riqueza de matices es lo que ha dado a Don Quijote su carácter de figura universal. Igualmente rica es la personalidad de Sancho, que al principio se nos presentó sólo como un ser rústico e incluso algo simple, pero que irá adquiriendo complejidad a lo largo de la novela. Aquí se manifiesta como un digno interlocutor de Don Quijote. Obsérvense la habilidad e ingenio de sus respuestas. Además, en este personaje se condensa toda la sabiduría popular. Los refranes son, como sabemos, una buena muestra de esta sabiduría.

—Debemos fijarnos, por otra parte, en que, pese a su contenido doctrinal, estos diálogos entre los dos personajes siguen ofreciendo un aspecto humorístico, conseguido fundamentalmente por las divertidas comparaciones que Don Quijote hace y por las agudas y realistas respuestas de Sancho.

CAPÍTULO XLII (fragmento)

—Infinitas gracias doy al cielo, Sancho amigo, de que antes y primero que yo haya encontrado con alguna buena dicha, te haya salido a ti a recebir y a encontrar la buena ventura. Yo, que en mi buena suerte te tenía librada la paga de tus servicios, me veo en los principios de aventajarme[1], y tú, antes de tiempo, contra la ley del razonable discurso, te vees premiado de tus deseos. Otros cohechan, importunan, solicitan, madrugan, ruegan, porfían, y no alcanzan lo que pretenden; y llega otro, y sin saber cómo ni cómo no, se halla con el cargo y oficio que otros muchos pretendieron; y aquí entra y encaja bien el decir que hay buena y mala fortuna en las pretensiones. Tú, que para mí, sin duda alguna, eres un porro, sin madrugar ni trasnochar, y sin hacer diligencia alguna, con sólo el aliento que te ha tocado de la andante caballería, sin más ni más te vees gobernador de una ínsula como quien no dice nada. Todo esto digo, ¡oh San-

[1] *aventajarse* = ascender, medrar, lograr ventajas.

cho!, para que no atribuyas a tus merecimientos la merced recebida, sino que des gracias al cielo, que dispone suavemente las cosas, y después las darás a la grandeza que en sí encierra la profesión de la caballería andante. Dispuesto, pues, el corazón a creer lo que te he dicho, está, ¡oh hijo!, atento a este tu Catón[2], que quiere aconsejarte y ser norte y guía que te encamine y saque a seguro puerto deste mar proceloso donde vas a engolfarte; que los oficios y grandes cargos no son otra cosa sino un golfo profundo de confusiones. Primeramente, ¡oh hijo!, has de temer a Dios; porque en el temerle está la sabiduría, y siendo sabio no podrás errar en nada. Lo segundo, has de poner los ojos en quien eres, procurando conocerte a ti mismo, que es el más difícil conocimiento que puede imaginarse. Del conocerte saldrá el no hincharte como la rana que quiso igualarse con el buey[3], que si esto haces, vendrá a ser feos pies de la rueda[4] de tu locura la consideración de haber guardado puercos en tu tierra.

—Así es la verdad —respondió Sancho—, pero fue cuando muchacho; pero después, algo hombrecillo, gansos fueron los que guardé, que no puercos. Pero esto paréceme a mí que no hace al caso; que no todos los que gobiernan vienen de casta de reyes.

—Así es verdad —replicó don Quijote—; por lo cual los no de principios nobles deben acompañar la gravedad del cargo que ejercitan con una blanda suavidad que, guiada por la prudencia, los libre de la murmuración maliciosa, de quien no hay estado que se escape. Haz gala, Sancho, de la humildad de tu linaje, y no te desprecies de decir que vienes de labradores; porque viendo que no te corres, ninguno se pondrá a correrte; y préciate más de ser humilde virtuoso que pecador soberbio. Inumerables son aquellos que de baja estirpe nacidos,

---

[2] *tu Catón* = tu mentor. Alude a la colección en latín de máximas, refranes y consejos morales, atribuida a Catón el Censor, y que sirvió desde la Edad Media para la educación de la juventud. *Catón* se llamaba también el libro escolar en que se aprendía a leer.

[3] Alusión a la conocida fábula de Esopo y Fedro.

[4] *feos pies... locura.* Alude a la creencia popular de que el pavo, al abrir su cola en forma de una rueda, se envanece, pero luego mira sus pies, que son feos, y se avergüenza y la recoge.

han subido a la suma dignidad pontificia e imperatoria; y desta verdad te pudiera traer tantos ejemplos, que te cansaran. Mira, Sancho: si tomas por medio a la virtud, y te precias de hacer hechos virtuosos, no hay para qué tener envidia a los que los tienen príncipes y señores; porque la sangre se hereda, y la virtud se aquista[5], y la virtud vale por sí sola lo que la sangre no vale. Siendo esto así, como lo es, que si acaso viniere a verte cuando estés en tu ínsula alguno de tus parientes, no le deseches ni le afrentes; antes le has de acoger, agasajar y regalar; que con esto satisfarás al cielo, que gusta que nadie se desprecie de lo que él hizo, y corresponderás a lo que debes a la naturaleza bien concertada. Si trujeres a tu mujer contigo (porque no es bien que los que asisten a gobiernos de mucho tiempo estén sin las propias), enséñala, doctrínala, y desbástala de su natural rudeza; porque todo lo que suele adquirir un gobernador discreto suele perder y derramar una mujer rústica y tonta. Si acaso enviudares, cosa que puede suceder, y con el cargo mejorares de consorte, no la tomes tal que te sirva de anzuelo y de caña de pescar, y del *no quiero* de tu capilla[6]; porque en verdad te digo que de todo aquello que la mujer del juez recibiere ha de dar cuenta el marido en la residencia universal[7], donde pagará con el cuatro tanto[8] en la muerte las partidas de que no se hubiere hecho cargo en la vida. Nunca te guíes por la ley del encaje, que suele tener mucha cabida con los ignorantes que presumen de agudos. Hallen en ti más compasión las lágrimas del pobre, pero no más justicia, que las informaciones del rico. Procura descubrir la verdad por entre las promesas y dádivas del rico, como por entre los sollozos e importunidades del pobre. Cuando pudiere y debiere tener lugar la equidad, no cargues todo el rigor de la ley al delincuente; que no es mejor la fama del juez riguroso que la del compasivo. Si acaso doblares la vara de la justicia, no sea con el peso de la dádiva,

---

[5] *aquistar* = adquirir, conquistar.

[6] *no quiero...* Alusión al refrán: «Proverbio: 'no quiero, no quiero, más echádmelo en la capilla'; de los que tienen empacho de recebir alguna cosa, aunque la deseen».

[7] *residencia universal* = rendición de cuentas, por extensión: el Juicio Final.

[8] *el cuatro tanto* = cuatro veces tanto.

sino con el de la misericordia. Cuando te sucediere juzgar algún pleito de algún tu enemigo, aparta las mientes de tu injuria y ponlos en la verdad del caso. No te ciegue la pasión propia en la causa ajena; que los yerros que en ella hicieres, las más veces serán sin remedio; y si le tuvieren, será a costa de tu crédito, y aun de tu hacienda. Si alguna mujer hermosa viniere a pedirte justicia, quita los ojos de sus lágrimas y tus oídos de sus gemidos, y considera de espacio la sustancia de lo que pide, si no quieres que se anegue tu razón en su llanto y tu bondad en sus suspiros. Al que has de castigar con obras no trates mal con palabras, pues le basta al desdichado la pena del suplicio, sin la añadidura de las malas razones. Al culpado que cayere debajo de tu juridición considérale hombre miserable, sujeto a las condiciones de la depravada naturaleza nuestra, y en todo cuanto fuere de tu parte, sin hacer agravio a la contraria, muéstratele piadoso y clemente; porque, aunque los atributos de Dios todos son iguales, más resplandece y campea a nuestro ver el de la misericordia, que el de la justicia. Si estos preceptos y estas reglas sigues, Sancho, serán luengos tus días, tu fama será eterna, tus premios colmados, tu felicidad indecible, casarás tus hijos como quisieres, títulos tendrán ellos y tus nietos, vivirás en paz y beneplácito de las gentes, y en los últimos pasos de la vida te alcanzará el de la muerte, en vejez suave y madura, y cerrarán tus ojos las tiernas y delicadas manos de sus terceros netezuelos. Esto que hasta aquí te he dicho son documentos[9] que han de adornar tu alma; escucha ahora los que han de servir para adorno del cuerpo.

CAPÍTULO XLIII (fragmento)

De los consejos segundos que dio don Quijote a Sancho Panza

¿Quién oyera el pasado razonamiento de don Quijote que no le tuviera por persona muy cuerda y mejor intencionada? Pero, como muchas veces en el progreso desta grande historia queda dicho, solamente disparaba[1] en to-

[9] *documentos* = enseñanzas.
[1] *disparar* = disparatar.

cándole en la caballería, y en los demás discursos mostraba tener claro y desenfadado entendimiento de manera que a cada paso desacreditaban sus obras su juicio, y su juicio sus obras; pero en ésta destos segundos documentos que dio a Sancho mostró tener gran donaire, y puso su discreción y su locura en un levantado punto.

Atentísimamente le escuchaba Sancho, y procuraba conservar en la memoria sus consejos, como quien pensaba guardarlos y salir por ellos a buen parto de la preñez de su gobierno. Prosiguió, pues, don Quijote, y dijo:

—En lo que toca a cómo has de gobernar tu persona y casa, Sancho, lo primero que te encargo es que seas limpio y que te cortes las uñas, sin dejarlas crecer, como algunos hacen, a quien su ignorancia les ha dado a entender que las uñas largas les hermosean las manos, como si aquel escremento y añadidura que se dejan de cortar fuese uña, siendo antes garras de cernícalo[2] lagartijero: puerco y extraordinario abuso. No andes, Sancho, desceñido y flojo; que el vestido descompuesto da indicios de ánimo desmazalado, si ya la descompostura y flojedad no cae debajo de socarronería, como se juzgó en la de Julio César[3]. Toma con discreción el pulso a lo que pudiere valer tu oficio, y si sufriere que des librea a tus criados, dásela honesta y provechosa más que vistosa y bizarra, y repártela entre tus criados y los pobres: quiero decir que si has de vestir seis pajes, viste tres y otros tres pobres, y así tendrás pajes para el cielo y para el suelo; y este nuevo modo de dar librea no la alcanzan los vanagloriosos. No comas ajos ni cebollas, porque no saquen por el olor tu villanería. Anda despacio; habla con reposo; pero no de manera que parezca que te escuchas a ti mismo; que toda afectación es mala. Come poco y cena más poco; que la salud de todo el cuerpo se fragua en la oficina del estómago. Sé templado en el beber, considerando que el vino demasiado ni guarda secreto, ni cumple palabra. Ten cuenta, Sancho, de no mascar a dos carrillos, ni de erutar delante de nadie.

---

2 *cernícalo* = Avecilla de rapiña; especie de gavilán bastardo con que suelen entretenerse los muchachos haciéndoles venir a tomar la carne de la mano.

3 Del desaliño o su flojedad en el vestir de Julio César cuentan Suetonio y Macrobio.

—Eso de *erutar* no entiendo —dijo Sancho.

Y don Quijote le dijo:

—*Erutar,* Sancho, quiere decir *regoldar,* y éste es uno de los más torpes vocablos que tiene la lengua castellana, aunque es muy significativo; y así, la gente curiosa[4] se ha acogido al latín, y al *regoldar* dice *erutar,* y a los *regüeldos, erutaciones;* y cuando algunos no entienden estos términos, importa poco; que el uso los irá introduciendo con el tiempo, que con facilidad se entiendan; y esto es enriquecer la lengua, sobre quien tiene poder el vulgo y el uso.

—En verdad, señor —dijo Sancho—, que uno de los consejos y avisos que pienso llevar en la memoria ha de ser el de no regoldar, porque lo suelo hacer muy a menudo.

—*Erutar,* Sancho, que no *regoldar* —dijo don Quijote.

—*Erutar* diré de aquí adelante —respondió Sancho—, y a fe que no se me olvide.

—También, Sancho, no has de mezclar en tus pláticas la muchedumbre de refranes que sueles; que puesto que los refranes son sentencias breves, muchas veces los traes tan por los cabellos, que más parecen disparates que sentencias.

—Eso Dios los puede remediar —respondió Sancho—; porque sé más refranes que un libro, y viénenseme tantos juntos a la boca cuando hablo, que riñen, por salir, unos con otros; pero la lengua va arrojando los primeros que encuentra, aunque no vengan a pelo. Mas yo tendré cuenta de aquí adelante de decir los que convengan a la gravedad de mi cargo; que en casa llena, presto se guisa la cena; y quien destaja no baraja; y a buen salvo está el que repica; y el dar y el tener, seso ha menester.

—¡Eso sí, Sancho! —dijo don Quijote—. ¡Encaja, ensarta, enhila refranes, que nadie te va a la mano! ¡Castígame mi madre, y yo trómpogelas![5] Estoyte diciendo que escuses refranes, y en un instante has echado aquí una letanía dellos, que así cuadran con los que vamos tratando como por los cerros de Úbeda. Mira, Sancho, no te digo yo que parece mal un refrán traído a propósito; pero

---

[4] *curiosa* = aquí significa cuidadosa.

[5] 'Castígame mi madre y yo me burlo de ella', *trompar* = antigüamente, engañar, burlar.

cargar y ensartar refranes a troche moche hace la plática desmayada y baja. Cuando subieres a caballo, no vayas echando el cuerpo sobre el arzón postrero, ni lleves las piernas tiesas y tiradas y desviadas de la barriga del caballo, ni tampoco vayas tan flojo, que parezca que vas sobre el rucio; que el andar a caballo a unos hace caballeros; a otros, caballerizos. Sea moderado tu sueño; que el que no madruga con el sol, no goza del día; y advierte, ¡oh Sancho!, que la diligencia es madre de la buena ventura; y la pereza, su contraria, jamás llegó al término que pide un buen deseo. Este último consejo que ahora darte quiero, puesto que no sirva para adorno del cuerpo, quiero que le lleves muy en la memoria, que creo que no te será de menos provecho que los que hasta aquí te he dado; y es que jamás te pongas a disputar de linajes, a lo menos, comparándolos entre sí, pues, por fuerza, en los que se comparan uno ha de ser el mejor, y del que abatieres serás aborrecido, y del que levantares, en ninguna manera premiado.

Cuarta. *Muerte de Don Quijote*

Vamos a leer ahora un fragmento del último capítulo en el que se nos relata la muerte de Don Quijote.

El héroe, tras muchos fracasos, recobra la razón y muere. Antes de morir se arrepiente de todas sus locuras y pide perdón a Sancho.

Un sabor amargo nos deja su muerte. La realidad ha vencido una vez más al ideal: Don Quijote vivió un sueño de aventuras y quiso mejorar el mundo mientras estuvo loco; ahora, desengañado, recobra la razón sólo para morir. Fijémonos en la actitud de Sancho: sus palabras reflejan el cariño que siente por su amigo y señor. Obsérvese, además, que Sancho no es tan rudo e ignorante como a veces nos han dicho: Sancho ha aprendido mucho sobre ideales con su señor —se ha «quijotizado»— e instintivamente se da cuenta de que lo único que todavía puede salvar a su amo es ofrecerle un nuevo ideal.

—Dadme albricias, buenos señores, de que ya no soy Don Quijote de la Mancha, sino Alonso Quijano, a quien mis costumbres me dieron renombre de *Bueno*. Ya soy enemigo de Amadís de Gaula y de toda la infinita caterva de su linaje; ya me son odiosas todas las historias profanas de la andante caballería; ya conozco mi necedad y el peligro en que me pusieron haberlas leído; ya, por misericordia de Dios, escarmentado en cabeza propia las abomino.

(...) Y volviéndose a Sancho, le dijo:

—Perdóname, amigo, de la ocasión que te he dado de parecer loco como yo, haciéndote caer en el error en que yo he caído, de que hubo y hay caballeros andantes en el mundo.

—¡Ay! —respondió Sancho, llorando—. No se muera vuesa merced, señor mío, sino tome mi consejo, y viva muchos años; porque la mayor locura que puede hacer un hombre en esta vida es dejarse morir, sin más ni más, sin que nadie le mate, ni otras manos le acaben que las de la melancolía. Mire no sea perezoso, sino levántese de esa cama, y vámonos al campo vestidos de pastores, como tenemos concertado: quizá tras de alguna mata hallaremos a la señora Dulcinea desencantada, que no haya más que ver. Si es que se muere de pesar de verse vencido, écheme a mí la culpa, diciendo que por haber yo cinchado mal a *Rocinante* le derribaron; cuanto más que vuesa merced habrá visto en sus libros de caballerías cosa ordinaria derribarse unos caballeros a otros, y el que es vencido hoy ser vencedor mañana.

III. COMENTARIO DE TEXTOS

A. *PRESENTACIÓN*

El texto que presentamos para el comentario pertenece a la primera parte del Quijote. Después de sus primeras aventuras Don Quijote decide recluirse en Sierra Morena para hacer penitencia. Imita aquí —como tantas otras veces— a los caballeros andantes (Amadís de Gaula se había retirado a la Peña Pobre, desesperado por los desdenes de su amada Oriana). Mientras tanto, envía a Sancho con una carta amorosa a Dulcinea del Toboso. Previamente le ha dicho que Dulcinea del Toboso no es otra que la labradora Aldonza Lorenzo, a la que él ha idealizado de la misma manera que los poetas idealizan a mujeres comunes para convertirlas en las hermosas y nobles damas de los Libros de Caballerías.

El fragmento corresponde al momento en que Sancho da cuenta a su señor de su entrevista con Aldonza-Dulcinea, una labradora manchega.

B. *TEXTO*

CAPÍTULO XXXI (fragmento)

De los sabrosos razonamientos que pasaron entre don Quijote y Sancho Panza su escudero, con otros sucesos

—Todo eso no me descontenta; prosigue adelante —dijo don Quijote—. Llegaste, ¿y qué hacía aquella reina de la hermosura? A buen seguro que la hallaste ensartando perlas, o bordando alguna empresa[1] con oro de cañutillo[2] para este su cautivo caballero.

—No la hallé —respondió Sancho— sino ahechando dos hanegas de trigo en un corral de su casa.

—Pues haz cuenta —dijo don Quijote— que los granos de trigo eran granos de perlas, tocados de sus manos. Y si miraste, amigo, el trigo ¿era candeal o trechel?[3]

---

[1] *empresa* = adorno, divisa simbólica o insignia que llevaban los caballeros alusiva a algún intento o empeño, las más veces amoroso.

[2] *oro de cañutillo* = oro hilado.

[3] *candeal o trechel* = *candeal:* trigo notable por la blancura de su harina; *trechel* = trigo que se siembra en primavera y fructifica en verano; *rubión:* caracterizado por el color encendido de sus granos.

—No era sino rubión —respondió Sancho.

—Pues yo te aseguro —dijo don Quijote— que, ahechado por sus manos, hizo pan caldeal, sin duda alguna. Pero pasa adelante: cuando le diste mi carta, ¿besóla? ¿Púsosela sobre la cabeza?[4] ¿Hizo alguna ceremonia digna de tal carta, o qué hizo?

—Cuando yo se la iba a dar —respondió Sancho—, ella estaba en la fuga del meneo de una buena parte del trigo que tenía en la criba, y díjome: «Poned, amigo, esa carta sobre aquel costal; que no la puedo leer hasta que acabe de acribar todo lo que aquí está.»

—¡Discreta señora! —dijo don Quijote—. Eso debió de ser por leerla despacio y recrearse con ella. Adelante, Sancho. Y en tanto que estaba en su menester, ¿qué coloquios pasó contigo? ¿Qué te preguntó de mí? Y tú, ¿qué le respondiste? Acaba, cuéntamelo todo; no se te quede en el tintero una mínima[5].

—Ella no me preguntó nada —dijo Sancho—; mas yo le dije de la manera que vuestra merced, por su servicio, quedaba haciendo penitencia, desnudo de la cintura arriba, metido entre estas sierras como si fuera salvaje, durmiendo en el suelo, sin comer pan a manteles ni sin peinarse la barba, llorando y maldiciendo su fortuna.

—En decir que maldecía mi fortuna dijiste mal —dijo don Quijote—; porque antes la bendigo y bendeciré todos los días de mi vida por haberme hecho digno de merecer amar tan alta señora como Dulcinea del Toboso.

—Tal alta es —respondió Sancho—, que a buena fe que me lleva a mí más de un coto[6].

—Pues ¿cómo Sancho? —dijo don Quijote—. ¿Haste medido tú con ella?

—Medíme de esta manera —le respondió Sancho—: que llegándole a ayudar a poner un costal de trigo sobre un jumento, llegamos tan juntos, que eché de ver que me llevaba más de un gran palmo.

—Pues ¡es verdad —replicó don Quijote—, que no acompaña esa grandeza y la adorna con mil millones de gracias del alma! Pero no me negarás, Sancho, una cosa:

---

4 porque supone una señal de respeto.

5 *una mínima* = nota musical mitad de la semibreve.

6 *un coto* = medida de los cuatro dedos de la mano, cerrando el puño y levantando sobre él el dedo pulgar, medio palmo.

cuando llegaste junto a ella, ¿no sentiste un olor sabeo[7], una fragancia aromática, y un no sé qué de bueno, que yo no acierto a dalle nombre? Digo, ¿un tuho o tufo como si estuvieras en la tienda de algún curioso guantero?

—Lo qué sé decir —dijo Sancho— es que sentí un olorcillo algo hombruno, y debía de ser que ella, con el mucho ejercicio, estaba sudada y algo correosa[8].

—No sería eso —respondió con Quijote—; sino que tú debías de estar romadizado, o te debiste de oler a ti mismo; porque yo sé bien a lo que huele aquella rosa entre espinas, aquel lirio del campo, aquel ámbar desleído.

—Todo puede ser —respondió Sancho—; que muchas veces sale de mí aquel olor que entonces me pareció que salía de su merced, de la señora Dulcinea; pero no hay de qué maravillarse, que un diablo parece a otro.

—Y bien —prosiguió don Quijote—, he aquí que acabó de limpiar su trigo y de enviallo al molino. ¿Qué hizo cuando leyó la carta?

—La carta —dijo Sancho— no la leyó, porque dijo que no sabía leer ni escribir; antes la rasgó y la hizo menudas piezas, diciendo que no la quería dar a leer a nadie, porque no se supiesen en el lugar sus secretos, y que bastaba lo que yo le había dicho de palabra acerca del amor que vuestra merced le tenía y de la penitencia extraordinaria que por su causa quedaba haciendo. Y, finalmente, me dijo que dijese a vuestra merced que le besaba las manos, y que allí quedaba con más deseo de verle que de escribirle; y que, así, le suplicaba y mandaba que, vista la presente, saliese de aquellos matorrales y se dejase de hacer disparates, y se pusiese luego en camino del Toboso, si otra cosa de más importancia no le sucediese, porque tenía gran deseo de ver a vuestra merced. Rióse mucho cuando le dije como se llamaba vuestra merced *el Caballero de la Triste Figura.* Preguntéle si había ido allá el vizcaíno de marras; díjome que sí, y que era un hombre muy de bien. También le pregunté por los galeotes; mas díjome que no había visto hasta entonces alguno.

—Todo va bien hasta agora —dijo don Quijote—. Pero dime: ¿qué joya fue la que te dio al despedirte, por las

---

[7] *sabeo* = de Sabá, región de Arabia Feliz, celebrada por su incienso y otras sustancias olorosas.

[8] *correosa* = grasienta.

nuevas que de mí le llevaste? Porque es usada y antigua costumbre entre los caballeros y damas andantes dar a los escuderos, doncellas o enanos que les llevan nuevas, de sus damas a ellos, a ellas de sus andantes, alguna rica joya en albricias, en agradecimiento de su recado.

—Bien puede eso ser así, y yo la tengo por buena usanza; pero eso debió de ser en los tiempos pasados: que ahora sólo se debe de acostumbrar a dar un pedazo de pan y queso, que esto fue lo que me dio mi señora Dulcinea, por las bardas de un corral, cuando della me despedí; y aun, por más señas, era el queso ovejuno.

C. *COMENTARIO*

1. **Género**

Don Quijote de la Mancha es una gran *novela.* La crítica universal coincide en considerarla la primera *novela moderna.* Se entiende como tal aquella obra de ficción, en prosa, extensa y compleja, que se elabora con elementos tomados de la realidad; es decir, que se inventa un mundo imaginario parecido al mundo real, con materiales extraídos de la realidad misma. El novelista trata de darnos a través de la obra su personal visión del mundo en la que se refleja su filosofía vital.

La novela moderna llega en Europa a su forma definitiva en el siglo XIX, pero no hubiera sido posible sin los avances del realismo a lo largo de varios siglos. En este proceso la contribución de la literatura española ha sido enorme, desde el Arcipreste y *La Celestina,* pasando por *El Lazarillo,* hasta llegar al *Quijote,* obra máxima de la prosa narrativa de todos los tiempos. Los grandes novelistas del siglo XIX, especialmente los ingleses, y, por supuesto, los españoles, reconocen la deuda que tienen con *El Quijote.*

Al hablar de *arte realista* entendemos como tal aquel en que su autor logra infundir en el lector una sensación de realidad. Este arte se aplica tanto a seres humanos como a cosas o ideas, pero el realismo español se ha preocupado ante todo el hombre. Don Quijote de la Mancha se nos presenta como un personaje de carne y hueso, de tal manera que su inconfundible personalidad ha pervivido en todos los países a través de los siglos.

2. Contenido

a) Comprensión del contenido

Sancho va dando a su amo informes sobre la entrevista que, por orden de éste, ha mantenido con Aldonza, la Dulcinea de Don Quijote. Pero éste ya se ha forjado su propia versión idealizada de la escena, que contrasta fuertemente con la vulgaridad de la realidad que Sancho le va detallando. De todos modos, esos detalles reales sobre una Dulcinea ignorante y nada refinada no desilusionan al caballero, que prefiere pensar que es Sancho el que se equivoca.

Hay en el criado una cierta complacencia, no exenta de socarronería, en mostrar los hechos del modo más prosaico posible.

b) *Estructura del texto:*

El texto se estructura del siguiente modo: Don Quijote pregunta, Sancho contesta y Don Quijote interpreta la contestación de su escudero. En la interpretación que Don Quijote hace de los hechos relatados por Sancho admite la realidad, pero la transforma según su ideal. En las preguntas de Don Quijote y en su interpretación de los hechos, se da el plano del mundo ideal en que este personaje se mueve a lo largo de toda la novela. Lo relatado por Sancho corresponde siempre al plano de la realidad.

Este movimiento se produce a lo largo de todo el texto, de modo que se podrían separar en dos columnas, bajo los epígrafes: *Plano de la realidad / Plano del ideal,* los párrafos o frases del mismo.

3. Técnica y estilo

a) *El diálogo*

Como se puede advertir, todo el texto está escrito en forma dialogada. El diálogo adquiere una importancia fundamental en la estructura de la novela a partir de la aparición de Sancho. Este diálogo muchas veces no es coloquial sino artificioso, es decir, literario. Cada dialogante «discursea» y manifiesta su punto de vista sobre un tema concreto. Este tipo de diálogo responde a una larga tradición literaria que arranca de la antigua Grecia *(Diálogos* de Platón) y que el Renacimiento continuaría (diálogos doctrinales de León Hebreo o de los hermanos Valdés). A este tipo de diálogo pertenece el sostenido por los dos personajes en los textos III y IV. Otras veces, como en el texto que comentamos, el diálogo cumple la doble función de comunicarnos el contenido del relato y caracterizar al mismo tiempo a los personajes. Observemos cómo Cervantes hace hablar a cada uno de los personajes de acuerdo con su carácter respectivo. El lenguaje de Don Quijote es culto y emplea a veces recursos expresivos propios de la lengua poética.

Sancho, sin embargo, de acuerdo con su carácter, se expresa vulgarmente. Para contrastar ambos tipo de lenguaje puede servir de guía reflexionar sobre:

—Lo que uno y otro dicen a propósito del trigo.
—El diferente y significativo uso que cada uno de ellos hace de la palabra «alta».
—La discusión que mantienen con motivo del «olor» de Dulcinea.

b) *Técnica de presentación de personajes*

Cervantes es un maestro en la técnica de presentación de los personajes. Primero nos los describe brevemente (obsérvese la presentación del protagonista en el texto I) y luego los «deja vivir», de tal modo que cada una de las situaciones nos muestra una nueva faceta de su personalidad. Para analizar bien este hecho sería conveniente conocer la obra más extensa y profundamente; no obstante, puede analizarse en parte la rica personalidad de Don Quijote en los textos aquí presentados. (Por ejemplo, al principio creíamos que el hidalgo era un simple loco; luego, a medida que vamos leyendo nuevos capítulos, nuestra opinión sobre el personaje cambia al observar sus palabras y comportamiento.)

c) *El humor*

Es una característica fundamental del estilo cervantino. Se trata de un humor sano y equilibrado que está muy lejos de la amargura del Barroco. Podemos analizarlo basándonos en los siguientes aspectos:

—Ambigüedad de los personajes: Sancho = loco—discreto. D. Quijote = loco—cuerdo.
—Escenas y situaciones cómicas, como las que apreciamos en el texto que comentamos.
—Lenguaje lleno de gracia y expresividad.

4. **La lengua**

a) Dice el profesor Lapesa: «Cervantes, heredero de la ideología renacentista y de la fe en la naturaleza, propugnaba como técnica estilística la misma de Valdés: *habla llana regida por el juicio prudente* (...). El estilo típico de Cervantes es el de la narración realista y el diálogo familiar. La frase corre suelta, holgada en su sintaxis, con la fluidez que conviene a la pintura cálida de la vida.» En los textos leídos hay numerosos ejemplos que confirman estas apreciaciones sobre el lenguaje cervantino.

b) Cervantes percibe y recrea la variedad lingüística correspondiente a cada situación y a cada personaje. En el capítulo I, por ejemplo, imita irónicamente textos de los Libros de Caballerías. En este texto, refleja con fidelidad el lenguaje popular en boca de Sancho y de la muchacha.

c) En el capítulo XLIII, Sancho utiliza muchos refranes, algunos todavía en vigor.

Además de refranes utiliza muchas «frases hechas». Esto es normal en la lengua coloquial y vulgar característica de su forma de expresión. Por otra parte, unos y otros reflejan la filosofía popular y el pragmatismo de este personaje. Contrasta, además, con la lengua más refinada de Don Quijote o con los rebuscamientos exagerados de los fragmentos que parodian los Libros de Caballería.

d) Cervantes se preocupó a menudo por cuestiones del lenguaje. Hay en su obra, especialmente en *El Quijote,* muchos testimonios de ello. En el capítulo XLIII, a propósito de los términos *regoldar / eructar,* Don Quijote (Cervantes) opina sobre el lenguaje. Repárese el interés con que, aún hoy, podemos leer estas opiniones.

5. **Actitud crítica**

a) Un crítico ha dicho que la lectura del Quijote suscita alternativamente diversión, profundo meditar, sonrisa, risa desenfrenada, profunda melancolía. La lectura de los fragmentos de *El Quijote* que aquí hemos presentado puede ser una buena prueba de la validez de tal afirmación.

b) En el español actual existen los adjetivos *quijotesco* y *sanchopancesco.* Ambas palabras (como en el caso de *celestina*), y la abundancia de frases creadas con ellas, prueban hasta qué punto ha calado la obra cervantina en el pueblo español.

IV. RECAPITULACIÓN

1. Época y autor del Quijote.
2. Género literario al que pertenece:

   —Tipo de novela.
   —Situación dentro de la Historia de la novela.

3. Tema de la novela.
4. Intención del autor: fines que se propuso con su confección.
5. Argumento.
6. Estructura: División en partes. Valor y significación de cada una de las partes.
7. La ideología de Cervantes que se desprende de la lectura del Quijote.
8. Los personajes.
9. Técnica literaria y estilo.
10. El estado de lengua que presenta el Quijote.
11. Valor y significación de la novela.

V. BIBLIOGRAFÍA BÁSICA

Ediciones

El Ingenioso Hidalgo Don Quijote de la Mancha. Edición de Luis Andrés Murillo. Madrid, Castalia, 1978, 3 vols. (I y II texto) (III: bibliografía).

El Ingenioso Hidalgo Don Quijote de la Mancha. Edición de Francisco Rodríguez Marín. Madrid, Espasa-Calpe, 1967 (1.ª ed. 1911), 8 vols.

Don Quijote de la Mancha. Edición de Martín de Riquer. Barcelona, Juventud, 1971, 2 vols.

El Ingenioso Hidalgo Don Quijote de la Mancha. Edición de Américo Castro. Madrid, Magisterio español. (Novelas y cuentos), 1971, 2 vols.

Estudios

Además de los prólogos de las ediciones anteriormente citadas pueden consultarse:

CASTRO, Américo: *El pensamiento de Cervantes.* Barcelona, Noguer, 1972.

CASALDUERO, Joaquín: *Sentido y forma del Quijote (1605-1615).* Madrid, Ínsula, 1970 (1.ª ed. 1949).

GAOS, Vicente: «Cervantes y el "Quijote". Aproximaciones», en *Claves de la literatura española,* vol. I. Madrid, Guadarrama (Punto Omega), 1971.
RIQUER, Martín de: *Aproximación al Quijote.* Salvat Barcelona (Biblioteca Básica Salvat), 1970.
TORRENTE BALLESTER, Gonzalo: *El Quijote como juego.* Guadarrama, Madrid (Punto Omega), 1975.

LITERATURA BARROCA

LITERATURA BARROCA

1. LA POESÍA LÍRICA

—Luis de Góngora
—Francisco de Quevedo
—Lope de Vega

2. EL TEATRO EN EL BARROCO

—Lope de Vega
—Tirso de Molina
—Calderón de la Barca

3. LA PROSA EN EL BARROCO

—Francisco de Quevedo
—Baltasar Gracián

CARACTERÍSTICAS GENERALES DEL BARROCO

1. Consideraciones histórico-culturales

Al comenzar el siglo XVII, España sigue siendo la primera potencia de Europa. Pero, también desde un primer momento, se inicia el proceso de descomposición interna que, a mediados de siglo, culminará con la pérdida de la hegemonía española. Así, los tercios españoles luchan con éxito en toda Europa, y los barcos vienen del Nuevo Mundo (América) cargados de riquezas. Pero a la vez, la miseria y la despoblación interior, causadas por las distintas guerras (y varias pestes) dentro y fuera de nuestra fronteras; la grave bancarrota económica, que ya no lograban paliar las enormes riquezas traídas de las colonias americanas; la expulsión de judíos y moriscos (con la consiguiente pérdida de capital y de mano de obra, a veces muy cualificada), etc., estaban dejando exhausto al país.

Muchos aspectos de este desolador panorama interior han podido comprobarse ya en el *Lazarillo de Tormes* (1554), y se advierten con más negras tintas en la novela picaresca del XVII. Ante la degradación de la situación nacional, Cervantes, hombre a caballo entre los dos siglos (muere en 1616), refleja en el *Quijote* cierto escepticismo, aunque, claro está, enfrentándolo todavía a un plano idealista muy relevante.

El verdadero desmoronamiento se produce más claramente con Felipe IV (1621-1665), sobre todo a partir de la tremenda crisis de 1640 (los Tercios son vencidos en Rocroi), es decir, en la segunda mitad del siglo; entonces los españoles comienzan a darse cuenta de la realidad.

No existe un declive literario paralelo al incipiente fracaso nacional. La Literatura y las Artes producen figuras de gran talla, lo mismo que en el siglo XVI: Góngora, Lope de Vega, Calderón y Gracián. Pero esto es así solamente durante la primera mitad del siglo; pensemos que Góngora murió en 1627, Lope en 1635 y Gracián en 1658, y los únicos escritores de primera fila nacidos a partir de 1600 son Calderón y Gracián. Es decir, la decadencia literaria se produce realmente en la segunda mitad del siglo XVII. Tendremos que hablar, pues, de **Siglo de Oro**, refiriéndonos solamente al siglo XVI y a la primera mitad del XVII.

Rafael Lapesa resume con gran claridad este panorama y lo relaciona con las tendencias literarias que se producen en la época que estudiamos: «Pugnan apariencia y realidad, grandeza y desengaño, y surge lentamente el pesimismo. Reflejando esta distensión del vivir hispano, la literatura se reparte en direcciones que si bien se entrecruzan armónicamente en la complicada ironía cervantina, aparecen por lo general como actitudes unilaterales o contradictorias; exaltación heroica (*Historia* del Padre Mariana, teatro de Lope de Vega), escape hacia la belleza irreal (poesía culta de Góngora), cínica negación de valores (literatura satírica, novela picaresca) y ascetismo.»

En esta época se desarrolla un movimiento artístico que conocemos con el nombre de «Barroco».

El llamado movimiento **Barroco** es general en toda Europa. Supone el abandono de la ideología renacentista y la renovación de técnicas y estilos anteriores en lo literario. En España, quizá a causa del nuevo espíritu antieuropeo de la Contrarreforma, el estilo barroco significa un período de asimilación y «españolización» de las fórmulas italianas importadas durante el Renacimiento. Es decir, la renovación de técnicas y estilos a que antes aludíamos se produce a través de la intensificac depuración de tales fórmulas, adaptándolas a la tradic. española, de acuerdo con el nuevo espíritu.

Esto es, en esquema, la evolución que se ha producido respecto del Renacimiento, comparando el viejo y el nuevo estilo:

RENACIMIENTO	BARROCO
—*Grandeza política de España.*	—*Decadencia* española.
—Los españoles se sienten *seguros de sí mismos,* de su importancia en Europa.	—Desconfianza y *desengaño.*
—Visión *optimista de la vida:* el hombre es un ser dotado de grandes facultades.	—Visión *pesimista* de la vida: el hombre es un ser aquejado de miserias y pasiones, cuyo fin es siempre la *muerte.*
—El *hombre* como centro ideológico; valoración de *la vida terrena.*	—*La muerte y la escasa valoración de lo humano* como centros ideológicos.
—Confianza en la bondad de la Naturaleza. Entusiasmo por lo *natural y espontáneo.*	—Desconfianza respecto de los impulsos naturales del hombre. Gusto por lo *cuidadosamente elaborado,* por los retorcimientos de estilo e ingenio.
—*Serenidad, equilibrio y* elegancia en el estilo.	—*Contrastes* violentos, *dinamismo* y complicación.

2. La lengua española en el Siglo de Oro

La lengua en el Siglo de Oro (segunda mitad del siglo XVI y primera del XVII) es mucho más segura que en la Edad Media, pues no presenta ya aquellas vacilaciones.

Pero el rasgo más importante que observamos es la extraordinaria evolución que desde entonces sufre, y que es muy activa durante este siglo que estudiamos.

He aquí los rasgos más significativos que esta evolución presenta desde los puntos de vista fonético, morfosintáctico y léxico:

A) FONÉTICA

—Van desapareciendo las vacilaciones del timbre de las vocales; sólo quedan algunos arcaísmos (por ejemplo, *lición; perfición).*

—La F- inicial desaparece totalmente (en Castilla la Vieja no se pronunciaba ya desde el siglo XV). Si la encontramos alguna vez, se trata de un arcaísmo.

—Se produce una auténtica revolución en el consonantismo. El sistema medieval evoluciona rapidísimamente durante la segunda mitad del siglo XVI, y en el siglo XVII es ya totalmente distinto: las parejas de consonantes sorda-sonora que existieron durante toda la Edad Media se simplifican totalmente:

- **g/x** (*muger,* pronunciado *muyer,* más o menos/*dixera,* pronunciado *dishera*) se simplifica, y queda **j**, **g** (pronunciadas jota actual) (*mujer, dijera).*
- **-s-** (sonora) / **-ss-** (sorda) (cosa/supiesse) se simplifican: queda la **s** sorda actual.
- **c**, **ç** / **-z-** *(braço,* pronunciado *bratso / dezir,* pronunciado *dedsir*) se simplifica, y queda **c** o **z** actuales *(brazo, decir).*
- La equiparación **b** = **v** en la pronunciación. Se generaliza a partir de los usos del castellano del Norte (País vasco-cantábrico, Aragón y Castilla la Vieja).
- Los grupos de consonantes cultas (**ps**, **ct**, **gn**, etc.) pugnan entre conservarse o simplificarse (aún se dice *indino* e *indigno; efeto* y *efecto,* etc.).

B) MORFOSINTAXIS

—Las asimilaciones en los grupos infinitivo + pronombre se pusieron de moda en la literatura (*hacello* por hacerlo, *sufrillo* por sufrirlo, etc.).
—Delimitación de las funciones de los verbos *haber* y *tener, ser* y *estar.* Al final del XVII tienen ya un uso igual al actual (hasta este momento se podía usar, en casos determinados, *haber* por *tener,* y *ser* por *estar:* «es escrito», «he mucho dinero»).
—Desaparece el futuro de indicativo de las condicionales («si alguno querrá») y se sustituye por la forma verbal usada hoy día («si alguno quisiera»).
—Comienza a darse el desajuste pronominal que supone el *leísmo,* excepto en Andalucía, Aragón y Extremadura: *le quiero* por *lo quiero.* Lo encontramos en Lope, Calderón, Tirso y Quevedo.
—Comienza a triunfar *usted,* como fórmula de tratamiento, sobre otros derivados de *vuestra merced* (*voacé, vusted,* etc.). La forma *tu* se restringe a la intimidad familiar o para tratar a los inferiores.
—El sistema verbal se regulariza, desapareciendo las vacilaciones (por ejemplo, *esto-estoy,* o *trayo-traigo*).
—Persisten algunas formas verbales esdrújulas: Calderón dice *amábades* por *amabais* (que es llana). pero solamente como arcaísmos.
—Consolidación y arraigo del superlativo *-ísimo* tomado del latín (hasta ahora sólo se usaba *muy*).
—Se generalizan los pronombres *nosotros, vosotros.*
—El orden de palabras era distinto al actual, sobre todo en la colocación del verbo, que solía ir, como en latín, al final de la frase, y del pronombre átono *(para nos despertar, no le enviar a la escuela).*

C) LÉXICO

Durante la época que estudiamos se produce un extraordinario aumento del léxico en nuestra lengua:

—Introducción de cultismos *(inculcar, frustrar, indeciso...)*, que pasan también a la lengua corriente.

—Penetración de muchísimas voces extranjeras: **italianismos** *(escopeta, esbozo, fachada...)*; **galicismos** *(chapeo, manteo, batallón, damisela...)*; **portuguesismos** *(mermelada, menina, echar de menos...)*; **americanismos** del Nuevo Mundo *(patata, chocolate, cacique...)*, etc.

—Admisión de *tecnicismos* en el lenguaje corriente: *privilegio* (del lenguaje jurídico), *argumento* (filosófico), *humor* (médico), *arbitrio* (administrativo), etc.

XV. LA POESÍA BARROCA: LUIS DE GÓNGORA

I. INTRODUCCIÓN

La falta de serenidad espiritual del período barroco se manifiesta en lo literario en una total ruptura del equilibrio entre *contenido* y *expresión.* Góngora crea un estilo personal y original en el que dicho equilibrio se rompe a expensas del contenido, ya que *la expresión* pasa al primer plano poético. Esto es lo que se ha llamado *culteranismo.* Se trata de una poesía de gran artificiosidad, con una enorme utilización de elementos ornamentales, de carácter culto fundamentalmente, y una máxima valoración de los valores sensoriales del poema. Este estilo, que va a ir analizándose a través de las lecturas reflexivas, es el último eslabón, el punto extremo, de la renovación poética iniciada por Garcilaso a partir del petrarquismo italiano. A medio camino entre ambos tenemos la poesía amorosa de Fernando de Herrera.

Durante mucho tiempo se había creído ver en la obra de Góngora una diferenciación cronológica: una primera etapa, de claridad y sencillez, correspondiente a las composiciones en metros cortos; una segunda (sus «obras mayores»), llena de oscuridad y dificultades, y más propiamente culterana o gongorina.

Esto es falso, pues el culteranismo es evidente desde las más tempranas obras de don Luis. Todos los artificios estilísticos más característicos de su estilo culterano están presentes tanto en las composiciones populares (en metros cortos generalmente) como en las más cultas y refinadas.

Más que dos etapas cronológicas, pues, lo que sí es cierto es que existen dos tendencias o manifestaciones distintas del arte gongorino, como ha puesto en evidencia Dámaso Alonso: por un lado, la huida de la realidad y el acercamiento a la *belleza absoluta;* por otro, la aproximación a *lo real,* a lo concreto, aun en sus aspectos desagradables; muchas veces, incluso, en forma de caricatura.

A la primera de las tendencias (idealización, estilización, esplendorosa belleza) pertenecen, fundamentalmente, el «Polifemo» y las «Soledades». A la segunda (burla, ironía, lo alegre, lo grotesco y lo miserable de la vida) las letrillas, los romances satíricos, los sonetos humorísticos, etc. Insistimos en que estas dos tendencias artísticas se manifiestan a lo largo de toda la poesía de Góngora, coexistiendo desde sus obras de juventud hasta las últimas que compuso.

II. LECTURAS REFLEXIVAS

Primera. *Tres sonetos*

Presentamos tres sonetos en los que Garcilaso, Herrera y Góngora poetizan un mismo tema: el «Carpe diem» horaciano, introducido en España a través de la influencia italiana.

Comparando los tres sonetos se puede notar una presencia gradualmente mayor de los elementos decorativos, de los recursos literarios. Por otra parte, hay un aumento de la «oscuridad» o dificultad de comprensión. Si elegimos una metáfora que esté en los tres sonetos (*cabellos rubios = oro*) es fácil ver la gradación de que hablamos:

1.° En Garcilaso, se habla simplemente de «cabellos de oro» (escogidos en *la vena del oro*).

2.° Herrera hace más directa la identificación. Ya no aparece la palabra *cabellos*. Son *hebras de oro puro*.

3.° Góngora llega al máximo atrevimiento en la metáfora: ni siquiera el esfuerzo del sol, que relumbra, puede competir con ese *oro bruñido* que es el cabello.

Centrándonos en el soneto gongorino, destacan las bellas metáforas, que van como engastadas en una estructura complicadísima y enormemente artificiosa que supone una cuidada elaboración. Esta consiste en una serie de correlaciones o paralelismos léxicos que se van organizando a lo largo de los cuartetos y tercetos de la composición. Vamos a verlos en este esquema:

—*primer cuarteto:*
cabello = oro
frente = lilio ('lirio')

—*segundo cuarteto:*
labio = clavel
cuello = cristal

primer terceto:
cuello, cabello, labio, frente
cristal, oro, clavel, lilio
(«oro, lilio, clavel, cristal luciente»)

—*segundo terceto:*
tú y ello juntamente
↓
tierra → humo → polvo → sombra →
NADA

La complejidad de la estructura del soneto no impide que haya siempre (como en otras obras gongorinas, incluso más «oscuras») un «hilo conductor» del significado que nos va guiando a través del poema y nos permite comprenderlo: «reordenando» los desórdenes de la sintaxis, teniendo en cuenta las correlaciones, etc.

El tema del poema gongorino (común a los otros dos renacentistas), la fugacidad de la vida, parece quedar reducido a un mero pretexto que permite al poeta desarrollar toda una serie perfectamente trabada de bellísimas imágenes dirigidas a nuestros sentidos. De todos modos, Góngora, de acuerdo con la sensibilidad del Barroco, ha tratado el tema de manera completamente distinta a Garcilaso: el gran poeta toledano hace una llamada a gozar de la vida terrena antes de que se acabe; para don Luis, la belleza y la juventud son caducas, los goces de la vida no valen tanto, puesto que al final se acaban. Es un sentido menos pagano de la existencia terrenal (recuérdese el sentido religioso de la vida que aporta el espíritu de la Contrarreforma) y mucho más amargo.

El final es estremecedor: Toda la luminosidad y la belleza de los versos anteriores del soneto se derrumba y aniquila en el último verso: la gradación significativa es descendente, nihilista: *tierra → humo → polvo → sombra → nada.* El violento contraste barroco que tanto prodigará Góngora en sus obras de madurez está ya presente en este hermoso soneto juvenil.

1. **Garcilaso de la Vega**

(Primer Renacimiento: primera mitad del siglo XVI)

EN TANTO QUE DE ROSA Y AZUCENA
se muestra la color en vuestro gesto,
y que vuestro mirar ardiente, honesto,
con clara luz la tempestad serena;

y en tanto que el cabello, que en la vena
del oro se escogió, con vuelo presto
por el hermoso cuello blanco, enhiesto,
el viento mueve, esparce y desordena:

coged de vuestra alegre primavera
el dulce fruto antes que el tiempo airado
cubra de nieve la hermosa cumbre.

Marchitará la rosa el viento helado,
todo lo mudará la edad ligera
por no hacer mudanza en su costumbre.

2. Fernando de Herrera

(Segundo Renacimiento: segunda mitad del siglo XVI)

LAS HEBRAS DE ORO PURO QUE LA FRENTE
cercan en ricas vueltas, do el tirano
señor teje los lazos con su mano,
y arde en la dulce luz, resplandeciente,

cuando el invierno frío se presente
vencedor de las flores del verano,
el purpúreo color tornando vano,
en plata volverán su lustre ardiente.

Y no por eso amor mudará el puesto,
que el valor lo asegura y cortesía,
el ingenio y del alma la nobleza.

Es mi cadena y fuego el pecho honesto,
y virtud generosa, Lumbre mía,
de vuestra eterna, angélica belleza.

3. Luis de Góngora

(Barroco: primera mitad del siglo XVII)

MIENTRAS POR COMPETIR CON TU CABELLO,
oro bruñido el sol relumbra en vano,
mientras con menosprecio en medio el llano
mira tu blanca frente el lilio bello;

mientras a cada labio, por cogello,
siguen más ojos que al clavel temprano,
y mientras triunfa con desdén lozano
del luciente cristal tu gentil cuello;

goza cuello, cabello, labio y frente,
antes que lo que fue en tu edad dorada
oro, lilio, clavel, cristal luciente

no sólo en plata o víola troncada
se vuelva, mas tú y ello juntamente
en tierra, en humo, en polvo, en sombra, en nada.

Segunda. *Fragmento del Polifemo*

Los elementos culteranos se utilizan en gran profusión en el *Polifemo,* las *Soledades* y el *Panegírico al Duque de Lerma.* La «oscuridad», es decir, la complejidad significativa, es también mayor a causa del amontonamiento de elementos cultos: citas mitológicas, hipérbatos, latinismos, cultismos, etc. Su sentido, sin embargo, es posible comprenderlo si se analizan las alusiones a la mitología y el significado del léxico culto utilizado, y si se «reordenan» los atrevidos hipérbatos. Esto es lo que ha hecho Dámaso Alonso, facilitándonos con sus profundos y valiosos estudios sobre la obra gongorina el acercamiento a este gran poeta barroco.

Vamos, pues, a contemplar el estilo más culto y depurado de Góngora leyendo un fragmento de su *Fábula de Polifemo y Galatea* (1613) en la que se manifiesta claramente la tendencia cultista e idealizadora del autor.

De nuevo un tema de la mitología clásica: el mito de Polifemo, uno de los más antiguos de la Humanidad (el gigante de un solo ojo que se enfrenta con Ulises en «La Odisea»). Góngora parece haberse basado en el tratamiento que dio al tema el poeta latino Ovidio, de gran difusión en España a partir de 1500: el gigante Polifemo, enfurecido por los celos a causa de los amores que descubre entre su amada, la ninfa Galatea, y el pastor Acis, arroja una roca sobre su joven rival. Invocadas las deidades marinas, la sangre y el cuerpo del muchacho se transforman en un riachuelo que fluye hacia el mar.

Este tema clásico es muy propio de la sensibilidad barroca, tan aficionada a los grandes contrastes: un gigante, tremendo y lleno de furia, enamorado tiernamente de la bellísima Galatea; y, por otra parte, ese tierno amor da paso después a los celos, el odio y la venganza.

En las estrofas que seleccionamos, el autor nos describe con gran belleza el momento en que Galatea contempla por primera vez a Acis y se enamora de él. Como afirma Dámaso Alonso, se diría que leyendo estos versos contemplamos con la imaginación bellísimas escenas de ballet.

Estilísticamente, observamos los siguientes rasgos propiamente culteranos:

1. El léxico es suntuoso y colorista, seleccionado en función de la belleza que el poeta quiere crear. Por ejemplo, los últimos versos, en los que se alude a la virilidad y hermosura del pastor.
2. Hay un símil bastante atrevido (versos 5 al 9): *el águila... como la ninfa bella.* Lo que se compara es la quietud de una y otra.
3. Constrastes y contraposiciones: *(urbana-bárbara,* el *dulce estruendo...*).
4. Citas mitológicas: el dios Cupido, la ninfa bella.
5. Latinización del léxico (cultismos) y de la frase (hipérbatos): en el verso segundo, el verbo *pende* está al final, lo cual es un caso de sintaxis latina.
6. Abundantes epítetos, generalmente antepuestos (*retórico* silencio, *lento* arroyo).
7. Uso de la bimembración (los versos endecasílabos divididos en dos partes, por una pausa) y del encabalgamiento («estruendo / del lento arroyo»).
8. Perífrasis, como «el ave reina» (= el águila).

Podemos aplicar a esta composición las observaciones que, sobre la poesía de Góngora, ha hecho el poeta Jorge Guillén: «Si toda inspiración se resuelve en una construcción, y eso es siempre el arte, lo típico de Góngora es la *abundancia y la sutileza de conexiones* que fijan su frase, su estrofa». El subrayado es nuestro, porque la afirmación nos parece particularmente evidente en estas tres estrofas del *Polifemo.* En ellas, no sólo se van relacionando (conexiones) entre sí las frases en los distintos versos, sino que las imágenes, los símiles, las descripciones de los delicados movimientos de la ninfa en torno a Acis, se van concatenando y engarzando entre ellas de modo que ni siquiera las estrofas están separadas (la segunda sí se aísla de la tercera con un punto y aparte):

El bulto... y... no... así... mientras... que... como... no sólo para... A pesar luego... que ya... que... pecho.

Todos estos enlaces (más un inciso entre guiones) nos han llevado, sin un corte sintáctico, hasta el final de la segunda octava.

EL BULTO VIO, Y HACIÉNDOLE DORMIDO,
librada en un pie toda sobre él pende,
—urbana al sueño, bárbara al mentido
retórico silencio que no entiende—:
no el ave reina, así, el fragoso nido
corona inmóvil, mientras no desciende
—rayo con plumas— al milano pollo,
que la eminencia abriga de un escollo,

como la Ninfa bella—compitiendo
con el garzón dormido en cortesía—
no solo para, mas el dulce estruendo
de el lento arroyo enmudecer querría.
A pesar luego de las ramas, viendo
colorido el bosquejo que ya había
en su imaginación Cupido hecho,
con el pincel que le clavó su pecho.

De sitio mejorada, atenta mira,
en la disposición robusta, aquello
que, si por lo suave no la admira,
es fuerza que la admire por lo bello.
De el casi tramontado Sol aspira,
a los confusos rayos, su cabello:
flores su bozo es, cuyas colores,
como duerme la luz, niegan las flores.

VERSIÓN DE DÁMASO ALONSO

Nos describe el poeta en estas tres estancias (enlazadas por el sentido) cómo Galatea ve a Acis (que finge dormir) y el efecto que la belleza del joven produce en la ninfa. (Señalamos con su número el comienzo de cada estrofa.)

(33) Ve Galatea la forma de Acis, y, creyéndole dormido, mantenida en un pie, se inclina toda sobre el mancebo (como si pendiera sobre él) para contemplarse, urbana o cortés para con el sueño (respetando cortésmente el que ella cree sueño), pero bárbara por lo que se refiere a aquel fingido silencio, bárbara porque no entiende este silencio, este lenguaje mudo, al cual podemos llamar retórico, por su artificiosidad o fingimiento y porque la belleza de Acis hablaba por sí sola mejor que bellos discursos.

No se queda tan inmóvil el águila, reina de las otras aves, cuando corona en su vuelo su inaccesible nido (mientras no desciende —veloz como un rayo con plumas— a cebarse en el milano pollo, al que abriga la cumbre de algún peñascal); (34) como la bella ninfa, compitiendo, en el respeto cortés al sueño, con el muchacho dormido (pues éste había respetado antes el sueño de Galatea), no sólo se queda quieta, sino que hasta desearía hacer enmudecer el dulce, atenuado estruendo que formaba el lento arroyo.

Viendo luego —a pesar de las ramas interpuestas— ya coloreado y real aquel bosquejo que el Amor le había dibujado en la imaginación, como con un pincel, con aquella flecha que le clavó en el pecho; (35) mejorándose de lugar, mira y escudriña atentamente en la robusta virilidad de aquel rostro, todo lo que, si por lo suave no la admira, es fuerza que la admire por la belleza. El cabello de Acis aspira a igualar en el color los rayos del Sol poco antes de la puesta; su bozo es todo florido, flores cuyas tonalidades, como el muchacho tiene cerradas las luces de sus ojos, faltas de luz, no se distinguen bien.

III. COMENTARIO DE TEXTOS

A. *PRESENTACIÓN*

En este romance de Góngora se manifiesta la que hemos considerado como su «segunda tendencia» artística (segunda, no en sentido cronológico). Se trata en esta composición un tema análogo al del Soneto de la Primera lectura reflexiva, muy propio del Barroco en lo que conlleva de desengaño y escepticismo: el tiempo pasa y la juventud se acaba; y con ella, la belleza, el vigor y los placeres.

Es muy interesante tener en cuenta que tanto el Soneto como esta composición están escritas en el mismo año, 1582, porque así comprobamos que no hay sucesión cronológica, sino simultaneidad, entre el Góngora serio y esteta, y el Góngora festivo y burlón; entre el estilo culto y refinado, y el otro estilo, popular y caricaturesco; asimismo, podemos comprobar que en una y otra manifestación artística hay rasgos culteranos.

En el estribillo de este poema se repite una y otra vez la misma advertencia: aprovecha la juventud, moza, que la Pascua se va.

B. *TEXTO*

¡QUE SE NOS VA LA PASCUA, MOZAS,
que se nos va la Pascua!

Mozuelas las de mi barrio,
loquillas y confiadas,

mira no os engañe el tiempo
la edad y la confianza.
No os dejéis lisonjear
de la juventud lozana,
porque de caducas flores
teje el tiempo sus guirnaldas.

¡Que se nos va la Pascua, mozas,
que se nos va la Pascua!

Vuelan los ligeros años,
y con presurosas alas
nos roban, como arpías[1]
nuestras sabrosas viandas.
La flor de la maravilla[2]
esta verdad nos declara,
porque le hurta la tarde
lo que le dio la mañana.

¡Que se nos va la Pascua, mozas,
que se nos va la Pascua!

Mirad que cuando pensáis
que hacen la señal de la alba
las campanas de la vida,
es la queda[3] *y os desarma*
de vuetro color y lustre,
de vuestro donaire y gracia
y quedáis todas perdidas
por mayores de la marca[4].

¡Que se nos va la Pascua, mozas,
que se nos va la Pascua!

---

[1] *arpías* = monstruos alados que robaban o estropeaban los manjares de Fineo.

[2] *la flor de la maravilla:* en una letrilla, Góngora dice: aprended flores de mí / lo que va de ayer a hoy / que ayer maravilla fui / y sombra mía aún no soy.

[3] *la queda* = la señal de queda, de retirarse por la noche.

[4] *mayores de la marca* = lo que excede de lo permitido o tolerable. Quiere Góngora decir que las mozas quedarán perdidas, mayores de la edad propia para el amor.

Yo sé de una buena vieja
que fue un tiempo rubia y zarca[5]*,*
y que el presente le cuesta
harto caro el ver su cara;
porque su bruñida frente
y sus mejillas se hallan
más que roquete de obispo
encogidas y arrugadas.

¡Que se nos va la Pascua, mozas,
que se nos va la Pascua!

Y sé de otra buena vieja,
que un diente que le quedaba
se lo dejó estotro día
sepultado en unas natas[6]*;*
y con lágrimas le dice:
«Diente mío de mi alma,
yo sé cuándo fuistes perla,
aunque ahora no sois nada.»

¡Que se nos va la Pascua, mozas,
que se nos va la Pascua!

Por eso, mozuelas locas,
antes que la edad avara
el rubio cabello de oro
convierta en luciente plata,
quered cuando sóis queridas,
amad cuando sóis amadas;
mirad, bobas, que detrás
se pinta la ocasión calva.

¡Que se nos va la Pascua, mozas,
que se nos va la Pascua!

---

[5] *zarca* = de ojos azules.
[6] *natas* = al comer cosa tan blanda como las natas, se le cayó el diente a la vieja.

C. *COMENTARIO*

1. **Contenido**

a) Este tipo de obras «menores» (es decir, en metros cortos) no tiene la complicación significativa ni ornamental de sus composiciones en endecasílabos. De todos modos, como ya hemos dicho, la presencia de algunos rasgos culteranos que analizaremos en este comentario dan lugar a algunas «oscuridades» en el poema: por ejemplo, la cita de las arpías.

b) *Estructura:* el estribillo, que actúa como un verdadero «ritornello» temático, va diviendo el romance en fragmentos, y va ordenando la disposición de los contenidos de una manera totalmente simétrica y ordenada. Así, si consideramos los seis fragmentos, la estructura formal y temática sería la siguiente: exhortación = 1.er fragmento; 2.º, 3.º = el tiempo pasa con rapidez; 4.º y 5.º = ejemplos concretos de los efectos del paso del tiempo; 6.º = conclusión, que coincide con la exhortación inicial.

c) En ésta, como en muchas otras obras pertenecientes a la tendencia «realista» del poeta, es frecuente el tono chocarrero y burlón. Lo advertimos en varios momentos del texto; por ejemplo, en los versos que siguen a:

> «Y sé de otra buena vieja
> que un diente que le quedaba...»

2. **Técnica y estilo**

a) *Análisis métrico:* La estrofa utilizada es el romance, que pertenece a las de tipo tradicional. Recordemos que se da por primera vez como consecuencia de la fragmentación de los Cantares de Gesta, desde finales del siglo XIV. Ha sido una estrofa de gran fecundidad en la literatura española, incluso hasta nuestros días.

• El tono popular de la composición está conseguido, no sólo por la utilización del romance, sino también por las frases populares que se intercalan, e incluso por el refrán popular que va al final («se pinta la ocasión calva»).

• Pero, además, ese tono popular se ve subrayado por la incorporación de una cancioncilla popular que se repite a modo de estribillo:

> («¡Que se nos va la Pascua, mozas,
> que se nos va la Pascua!»)

incrustado rítmicamente en la estrofa como una ruptura momentánea del metro, del ritmo y de la rima. Su repetición, y la ruptura que introduce, tiene el valor expresivo de hacer hincapié en el tema que el autor está desarrollando a lo largo de todo el poema.

b) Vamos a analizar los rasgos culteranos de este poema:

• **En primer lugar,** los elementos propiamente *ornamentales:*

—*Metáforas:* (algunas constituyen verdaderas imágenes) «*vuelan* los ligeros años»; «yo sé cuándo fuísteis *perla*».
—*Hipérboles:* (como sabemos, son exageraciones, ponderaciones desmesuradas); «...más que roquete de obispo/ encogidas y arrugadas».
—*Símiles* o comparaciones: [los años] «nos roban, *como arpías*».
—*Paralelismos:* Cuando las anáforas (o repeticiones de palabras) se producen entre dos versos, o cuando éstos coinciden sintácticamente:

> «de vuestro color y lustre,
> de vuestro donaire y gracia»
> «quered cuando sois queridas,
> amad cuando sois amadas»

—*Paronomasias* = se trata de un juego entre dos palabras cuyos sonidos son casi idénticos (*coso* y *cosa,* por ejemplo): «harto *caro* el ver su *cara*».

—*Hipérbatos:* Consiste en cambiar el orden lógico de la frase, como en «porque de caducas flores teje el tiempo sus guirnaldas» (porque el tiempo teje sus guirnaldas de caducas flores).

• **En segundo lugar,** los *contrastes,* muy característicos del Barroco. En este poema son abundantes; se refuerzan, además, con la abundancia de los antónimos *(oro/plata; la alba/la queda...).*

—Así, las oposiciones léxicas, tan típicas en toda la poesía barroca, son un recurso que se añade al anterior: *alba, oro, juventud, la mañana, hurtar,* frente a *queda, plata, caducas flores, la tarde, dar.*

• **En tercer lugar,** las *citas mitológicas,* un rasgo culterano que muchas veces causa dificultad de comprensión. Hay que conocer la mitología para entender las alusiones que tan frecuentes son en toda la poesía gongorina. En este poema se incluye, por ejemplo, al citar a las arpías.

—La *bimembración* de los versos es muy frecuente en las obras de Góngora. Por ejemplo, en el soneto comentado en la lectura encontrábamos *no sólo en plata / o viola truncada,* que queda separado en dos partes por la conjunción *o.* Aquí tenemos, por ejemplo, «loquillas **y** confiadas», «la edad **y** la confianza», «es la queda **y** os desarma», etc.

—En el texto es frecuente la presencia de oraciones imperativas y exhortativas. La finalidad expresiva de este tipo de oraciones está clara si imaginamos lo que supondría, en cuanto a expresividad, que en el poema se utilizaran oraciones impersonales.

3. La lengua

a) Lo más interesante es, seguramente, el modelo de lengua poética creada por Góngora: el culteranismo, cuyos rasgos hemos analizado en el punto anterior. Desde el punto de vista de la evolución de la lengua, el texto corresponde al estado de lengua del siglo XVII, en que desaparecen muchas características propias del castellano medieval. Así, las parejas de consonantes se simplifican quedando las consonantes sordas, como en nuestros días.

b) En el nivel sintáctico, abundancia de latinismos, sobre todo de hipérbatos: «(su bruñida frente / y sus mejillas) se hallan / *más que roquete de obispo / encogidas y arrugadas*».

c) En cuanto al léxico, en el texto no podemos comprobar en toda su riqueza la importante labor de introducción de neologismos que realizó el poeta. Pero sí observaremos un detalle menor: la utilización de los diminutivos, entre los que destaca *-uelo,* el más frecuente en la época. Ya entonces comenzaba a usarse *-ito,* que no triunfaría sobre los otros hasta el siglo XIX.

4. **Actitud crítica**

a) Hemos tenido ocasión de leer varias composiciones poéticas sobre un mismo tema, tratado ya en la Antigüedad Clásica: el *«carpe diem»,* es decir, la fugacidad de la vida y de los placeres terrenos. Apréciense los diferentes valores literarios, expresivos, etc., y los distintos tratamientos que al tema se dan en cada una de ellas (la de Garcilaso, la de Herrera y la de Góngora), en relación con la mentalidad de la época y con el estilo literario del autor, respectivamente.

b) Muchos escritores cultos españoles recogieron en sus obras la literatura popular, e incluso recrearon temas y metros populares, en su propio estilo. Lo hemos dicho ya en otras ocasiones y no nos importará volver a repetirlo siempre que sea oportuno. Desde las jarchas, el *Libro de Buen Amor,* hasta los poetas de la Generación del 27 o los de la actualidad, esta actitud de amor y respeto por nuestra lírica popular es una constante de las literaturas hispánicas (arábigo-andaluza, gallega, catalana y castellana).

V. RECAPITULACIÓN

—La realidad y la apariencia en el «Siglo de Oro».
—Decadencia político-social y declive literario.
—Características del Barroco español. Evolución a partir del Renacimiento.
—Luis de Góngora, creador del *culteranismo*. Rasgos de su estilo. Originalidad de su obra poética y relación con la tradición anterior.
—División de la obra gongorina: ¿etapas cronológicas o tendencias artísticas?
—Lo popular y lo culto en su poesía.

VI. BIBLIOGRAFÍA BÁSICA

Ediciones

Obras completas. Edición de Juan e Isabel Millé Jiménez. Madrid, Aguilar, 1966.
Sonetos completos. Edición de Biruté Ciplijauskaité. Madrid, Castalia, 1969.
Soledades. Edición de Dámaso Alonso. Madrid, 1927.
Fábula de Polifemo y Galatea. Edición de Dámaso Alonso, en *Góngora y el Polifemo.* Madrid, Gredos, 1961.

Estudios

Además de los prólogos de las obras anteriormente citadas, pueden consultarse:

ALONSO, Dámaso: *Góngora y el Polifermo.* Madrid, Gredos, 1961.
LÁZARO, Fernando: *Estilo barroco y personalidad creadora.* Salamanca, Anaya, 1966.
PALOMO, Pilar: *La literatura clásica española.* Barcelona, Planeta, 1976.

XVI. FRANCISCO DE QUEVEDO

I. INTRODUCCIÓN

Francisco de Quevedo es uno de los autores más polémicos e interesantes de la literatura española; su vida azarosa y la riqueza y variedad de su obra así lo demuestran. Hombre profundamente preocupado por los asuntos de su tiempo, delicado y cruel al mismo tiempo, enormemente expresivo en todas las múltiples facetas de su producción y cuya significación en la cultura de su época y en la del futuro es extraordinaria, está inmerso en el mundo de constrastes que le tocó vivir: el Barroco.

Intentaremos presentar aquí la variedad temática y estilística de la obra quevedesca en prosa y en verso. Centraremos nuestra atención en estos tres apartados:

a) Una serie de *poemas* de diverso contenido que constituyen un resumen de toda la obra lírica del autor.

b) Una novela, *El Buscón,* que nos presenta una nueva visión del mundo picaresco y que muestra la evolución que ha sufrido el género desde el Renacimiento al Barroco.

c) Los *Sueños,* donde la pluma de Quevedo pasa revista a los diversos estamentos de la sociedad de su tiempo criticando, con profundidad y amargura, todas sus debilidades.

II. LECTURAS REFLEXIVAS

A. La obra poética

Primera. *El tema amoroso*

Quevedo es uno de los más grandes poetas de nuestra literatura en el tratamiento del tema amoroso gracias a la riqueza de elementos que en él se encuentran presentes, en los dos planos temático y estilístico, y a la profundidad de sus sentimientos. El presente *soneto* puede servir como prueba evidente de toda la complejidad de este tema en la obra quevedesca.

AMOR CONSTANTE MÁS ALLÁ DE LA MUERTE

Cerrar podrá mis ojos la postrera
sombra que me llevare el blanco día,
y podrá desatar esta alma mía
hora a su afán ansioso lisonjera;

mas no, de esotra parte, en la ribera,
dejará la memoria, en donde ardía:
nadar sabe mi llama la agua fría,
y perder el respeto a ley severa.

Alma a quien todo un dios prisión ha sido,
venas que humor a tanto fuego han dado,
medulas que han gloriosamente ardido,

su cuerpo dejará, no su cuidado;
serán cenizas, mas tendrá sentido;
polvo serán, mas polvo enamorado.

Entre los diferentes motivos que se encuentran en la lírica amorosa de Quevedo, *antifeminismo, idealización de la mujer, petrarquismo,* etc., aparece en este soneto uno —la idea del *amor como salvación* después de la muerte— de gran importancia para el autor porque supone una valoración suprema del tema amoroso. El poema se construye en torno a esta oposición entre el amor (que representa a la vida) y la muerte. Para expresar este sentimiento, Quevedo se vale de una fuerte *condensación conceptual;* es decir, estruja la expresión al máximo para comunicar la fuerza de su sentimiento. En cuanto al estilo, téngase en cuenta que el petrarquismo, con la complejidad de sus recursos técnicos, aumentó la búsqueda de «agudeza» y maestría poética que ya existía en la Edad Media (por ejemplo, en nuestra poesía de Cancionero); así, en el Barroco llegan a ser muy populares los poemas *conceptistas,* que suponían en autor y lector una gran agudeza de ingenio en el crear y entender, respectivamente. Quevedo elabora frecuentemente conceptos, pero, así como otros poetas menores de su época los utilizaban tan profusa como trivialmente (algunos eran complicadísimos, y significaban la tontería o la simpleza más grande), en este escritor llegan a un gran refinamiento expresivo. La importancia que cobran en su lenguaje poético es tal que se le considera el verdadero creador del llamado *conceptismo* ó estilo *conceptista.*

El «concepto» (de ahí que se hable de *conceptismo*) consiste en relacionar, en *asociar* dos ideas lo más distantes posible. Según esta definición, la metáfora, la comparación, la antítesis, etc., son procedimientos conceptistas, que existían antes del siglo XVII. La novedad reside precisamente en que los objetos o ideas relacionados sean *lo más distantes* posible. Simplificando aún más, podemos decir que el conceptismo consiste en esas figuras literarias tradicionales utilizadas con la máxima audacia, con el máximo *ingenio,* tal como lo observamos en Quevedo.

El conceptismo más elaborado y expresivo está más claramente presente en la poesía severa, y en la satírico-burlesca. En estos poemas amatorios es todavía muy suave. Por ejemplo, en este soneto nos encontramos con que en el verso «nadar sabe mi llama la agua fría» se relacionan:

—*mi llama* = el fuego amoroso que siento;
—*la agua fría* = las aguas del Leteo, que representan la muerte.

Son dos conceptos, de gran complejidad, que expresan una idea bellísima: el amor sobrevivirá a la propia muerte.

Como vemos, la fuerza del sentimiento que quiere comunicarnos se adecua a la técnica utilizada para ello.

Veamos detenidamente la *estructura* de la composición para poder apreciar mejor los dos elementos analizados: el temático (triunfo del amor sobre la muerte) y el estilístico (recursos de que se vale para expresarlo):

—*El plano de la muerte.* Está presente en los dos primeros cuartetos. Quevedo matiza esta idea por medio de cuatro imágenes: «postrera sombra», «ribera», «agua fría» y «ley severa».

—En profundo contraste con el plano anterior nos encontramos en el primer terceto con el *plano del amor-vida.* Los tres versos guardan un perfecto paralelismo en su estructura sintáctica: sustantivo + proposición adjetiva con verbo en pretérito perfecto. Por otra parte, componen una perfecta estructura trimembre porque los tres versos repiten la misma idea: la importancia que el amor ha tenido en la vida del poeta.

—La *conclusión de los dos planos* en el segundo terceto. Se encuentra aquí la condensación temática y expresiva del poema. Se construye este terceto con un perfecto paralelismo entre los dos miembros de cada verso y entre los dos versos finales. Pero, además, hay una simetría entre cada uno de estos versos y los del terceto anterior. Observémoslo:

Alma *a quien todo un dios prisión ha sido*
su cuerpo dejará, no su cuidado;
venas *que humor a tanto fuego han dado*
serán cenizas, más tendrá sentido;
medulas *que han gloriosamente ardido*
polvo serán, más polvo enamorado.

Segunda. *El tema satírico*

En la poesía de Quevedo el elemento satírico tiene una gran importancia y admite los más ricos matices: *social, político, literario* o simplemente *burlesco.* Presentamos aquí una composición en la que el autor arremete contra la poesía de Góngora, su terrible enemigo literario. Obsérvese, no obstante, cómo, a pesar de la sátira cruel que Quevedo le dirige, demuestra un perfecto conocimiento de la poesía del escritor cordobés, porque casi hace un pseudoanálisis estilístico de la poesía de Góngora:

RECETA PARA HACER SOLEDADES EN UN DÍA

Quien quisiere ser culto en sólo un día,
la jeri (aprenderá) gonza siguiente:
fulgores, arrogar, joven, presiente,
candor, construye, métrica armonía;

poco, mucho, si no, purpuracía,
neutralidad, conculca, erige, mente,
pulsa, ostenta, librar, adolescente,
señas traslada, pira, frustra, arpía;

cede, impide, cisuras, petulante,
palestra, liba, meta, argento, alterna,
si bien disuelve émulo canoro.

Use mucho de **líquido** *y de* **errante,**
su poco de **nocturno** *y de* **caverna,**
anden listos **livor, adunco** *y* **poro.**

Que ya toda Castilla,
con sola esta cartilla,
se abrasa de poetas babilones,
escribiendo sonetos confusiones;
y en la Mancha, pastores y gañanes,
atestadas de ajos las barrigas,
hacen ya cultedades como migas.

La sátira burlesca adquiere tonos increíbles en poemas como «A una nariz» o en el que analizamos a continuación: «Al mosquito de la trompetilla». Obsérvese la **condensación** expresiva de la que se vale el autor para describir al animal: «*mosquito* postillón», «*mosca* barbero», «cupido *pulga*», «*chinche* trompetero»; además, puede comprobarse cuando Quevedo matiza al mosquito con el nombre de los cuatro insectos más molestos y de picadura más desagradable. Finalmente, porque todo el poema se construye en torno a elementos léxicos relacionados con el *sema* común «picadura»: *ronchas, picadas, rejón, comezones* y como una consecuencia de la picadura: *harnero, a manotadas, a bofetadas.* La técnica conceptista de Quevedo se pone, pues, otra vez de manifiesto.

AL MOSQUITO DE LA TROMPETILLA

Ministril de las ronchas y picadas,
mosquito postillón, mosca barbero,
hecho me tienes el testuz harnero,
y deshecha la cara a manotadas.

Trompetilla, que toca a bofetadas,
que vienes con rejón contra mi cuero,
Cupido pulga, chinche trompetero,
que vuelas comezones amoladas.

¿Por qué me avisas, si picarme quieres?
Que pues que das dolor a los que cantas,
de casta y condición de potras eres.

Tú vuelas, y tú picas, y tú espantas,
y aprendes del cuidado y las mujeres
a malquistar el sueño con las mantas.

B. **La obra en prosa**

Tercera. *El plano satírico: Fragmento de «El Buscón»*

Hemos elegido un texto bastante representativo de esta obra para intentar caracterizarla en su totalidad y entroncarla en el mundo picaresco. Obsérvese, nada más zar el fragmento, el *sentimiento moral* del pícaro en el engaño y ante el que no cuenta ningún tipo (to: «...dos amigos, como sean cudiciosos». Presentada la acción con este rasgo negativo se entra en el asunto cuyo contenido supone, ni más ni menos, la deformación burlesca de un segundo *sentimiento:* el *religioso.* Dos aldabonazos, pues, contra dos elementos que, si en el Renacimiento nadie podía poner en duda, en el Barroco, donde la incertidumbre y el desequilibrio son las notas dominantes, no constituyen ya ninguna inquietud. Efectivamente, aquí Quevedo no hace sino burlarse de algo en lo que el hombre barroco había dejado de creer y poner su arte al servicio de esta burla para conseguir la deformación.

Por otra parte, el fragmento se mueve en torno a tres constantes que son características de toda la obra: *lucha por la vida,* los *elementos costumbristas* y, como hemos apuntado anteriormente, la *intención satírico-burlesca.* Pensemos en una España sumida en el caos económico y la desorganización social para poder comprender el primero de estos apartados. En segundo lugar, la obra refleja los usos y costumbres de la época, sobre todo los de la familia sociológica a la que pertenece el pícaro: hampones, barberos, estudiantes, etcétera. Finalmente, la técnica y el estilo del autor conforman la burla: obsérvese cómo construye Quevedo toda la trama del fragmento partiendo de algo tan inocente y ridículo como un «pío, pío = voz que se usa para llamar a comer a los pollos, pero por asociación semántica = Pío, nombre de papas.

Pensará v. m. que siempre estuvimos en paz; pues ¿quién ignora que dos amigos, como sean cudiciosos, si están juntos se han de procurar engañar el uno al otro? Sucedió que el ama tenía gallinas en el corral; yo tenía gana de comer una; tenía doce o trece pollos grandecitos, y un día, estándolos dando de comer, comenzó a decir: «pío, pío». Yo que oí el modo de llamar, comencé a dar voces:

«¡Oh cuerpo de Dios, ama, no hubiérades muerto un hombre o hurtado moneda al rey, cosa que yo pudiera calar, y no haber hecho lo que habéis hecho, que es imposible dejarlo de decir. ¡Mal aventurado de mí y de vos!» Ella, como me vió hacer extremos con tantas veras, turbóse algún tanto y dijo: «Pues, Pablos, ¿yo qué he hecho? Si te burlas, no me aflijas más». «¿Cómo burlar, pese a tal? No puedo dejar de dar parte a la Inquisición, porque si no, estaré descomulgado.» «¿Inquisición?», dijo ella, y empezó a temblar, «¿pues yo he dicho algo contra la fe?» «Eso es lo peor», decía yo; «no os burléis con los inquisidores; y decid que fuistes una boba, y que os desdecís; y no neguéis la blasfemia y desacato». Ella con el miedo dijo: «Pues, Pablos, si me desdigo, ¿castigaránme?» Dije: «No, que luego os absolverán». «Pues yo me desdigo», dijo; «pero dime tú de qué, que aún no lo sé yo; ansí tengan buen siglo las ánimas de mis difuntos». «¿Es posible que no advertís en qué? No sé cómo lo diga, que el desacato es tal que me acobarda. ¿No os acordáis que dijistes a los pollos «pío, pío», muchas veces, y es Pío nombre de papas, vicarios de Dios y cabezas de la Iglesia? Papáos el pecadillo».

Ella quedó como muerta, y dijo: «Pablos, yo lo dije, pero no me perdone Dios si lo dije con malicia, y me desdigo: mirad si hay camino como se pueda escusar el acusarme, que me moriré si me veo en la Inquisición». «Como vos juréis en un ara consagrada que no tuvisteis malicia, podré dejar de acusaros; pero será necesario que esos dos pollos que comieron llamándolos con el santísimo nombre de los pontífices, me los deis para que yo los lleve a un familiar que los queme, porque están dañados; y tras esto habéis de jurar de no reincidir de ningún modo». Ella muy contenta dijo: «Pues llévate los pollos ahora, que mañana juraré». Yo, por más asegurarla, dije: «Lo peor es, Cipriana —que así se llamaba—, que voy a riesgo: que me dirá el familiar que si soy yo, y entre tanto me podrá hacer vejación. Llevadlos vos, que yo, por Dios que temo». «Pablos —decía cuando me oyó esto—, por amor de Dios, que te duelas de mí y los lleves, que a ti no te puede suceder nada».

Dejéla que me lo rogase mucho; determinéme y tomé los pollos, escondílos en mi aposento; hice que iba fuera. Volví diciendo: «Mejor se ha hecho de lo que pensaba;

quería el familiarito venirse tras mí a ver la mujer, pero lindamente lo he negociado».

Dióme mil abrazos y otro pollo para mí; yo con él fuime a mi aposento; hice hacer en casa de un pastelero una cazuela, y comímelos con los compañeros.

Cuarta. *El plano didáctico-reflexivo: fragmento de «Los Sueños»*

En esta obra, valiéndose del recurso del sueño, presenta y censura Quevedo la corrupción general de la época en la que le tocó vivir, pasando revista a todos los estamentos de la sociedad. Sólo se salvan, porque el autor es con ellos más comedido, la Iglesia, la nobleza y la corona. La *estructura general* de los cinco sueños que componen el libro es muy similar: a) presentación del escenario o justificación inicial; b) desfile de personajes objeto de crítica, y c) conclusiones del autor.

En el texto seleccionado, perteneciente al «Sueño del infierno», el demonio arremete contra tres de las condiciones vitales más importantes de la centuria anterior y que en el Barroco son desechadas dada la visión pesimista de los valores humanos y la poca confianza que en ellos se tiene. ¿Qué consideración podría tener la *nobleza* en un mundo de hidalgos viciosos a los que sólo les queda el nombre de sus antepasados? ¿Cómo iba a mover los ánimos el sentimiento de la *honra* en un mundo deshonrado por su propia miseria económica y vital? La *valentía* se equipara, por medio de la burla, con el miedo; ¿qué valor iba a tener en un mundo en el que los héroes han dejado de existir y en el que comienza el declive político-militar de España?

Tres cosas son las que hacen ridículos a los hombres: la primera, la nobleza; la segunda, la honra; y la tercera, la valentía. Pues es cierto que os contentáis con que hayan tenido vuestros padres virtud y nobleza para decir que la tenéis vosotros, siendo inútil parto del mundo. Acierta a tener muchas letras el hijo del labrador, es arzobispo el villano que se aplica a honestos estudios, y el caballero que desciende *de César y no gasta como él en guerras y victorias el tiempo y la vida, sino en juegos y rameras, dice que fue mal dada la mitra a quien no desciende* de buenos padres, como si hubieran ellos de gobernar el cargo que les dan, quieren, ¡ved qué ciegos!, que les valga a ellos, viciosos, la virtud ajena de trescientos mil años, ya casi olvidada, y no quieren que el pobre se honre con la propia.

Carcomióse el hidalgo de oír estas cosas, y el caballero que estaba a su lado se afligía, pegando los abanillos del cuello y volviendo las cuchilladas de las calzas.

—Pues ¿que diré de la honra mundana, que más tiranías hace en el mundo y más daños y la que más *gustos* estorba? Muere de hambre un caballero pobre, no tiene con qué vestirse, ándase roto y remendado, o da en ladrón, y no lo pide, porque dice que tiene honra; ni quiere servir, porque dice que es deshonra. Todo cuanto se busca y afana dicen los hombres que es por sustentar honra. ¡Oh, lo que gasta la honra! Y llegado a ver lo que es la honra mundana, no es nada. Por la honra no come el que tiene gana donde le sabría bien. Por la honra se muere la viuda entre dos paredes. Por la honra, sin saber qué es hombre ni qué es gusto, se pasa la doncella treinta años casada consigo misma. Por la honra, la casada le quita a su deseo cuanto pide. Por la honra, pasan los hombres el mar. Por la honra, mata un hombre a otro. Por la honra, gastan todos más de lo que tienen. Y es la honra mundana, según esto, una necedad del cuerpo y alma, pues al uno quita los gustos y al otro la gloria. Y porque veáis cuáles sois los hombres desgraciados y cuán a peligro tenéis lo que más estimáis, hase de advertir que las cosas de más valor en vosotros son la honra, la vida y la hacienda. La honra está junto al culo de las mujeres; la vida, en manos de los doctores, y la hacienda, en las plumas de los escribanos: ¡desvaneceos, pues, bien mortales!

Dije yo entre mí:

—¡Y cómo se echa de ver que esto es el infierno, donde, por atormentar a los hombres en amarguras, les dicen las verdades!

Tornó en esto a proseguir, y dijo:

—¡La valentía! ¿Hay cosa tan digna de burla? Pues, no habiendo ninguna en el mundo si no es la caridad, con que se vence a la fiereza, la de sí mismos, y la de los mártires, todo el mundo es de valientes; siendo verdad que todo cuanto hacen los hombres, *cuanto* han hecho tantos capitanes valerosos como ha habido en la guerra, no lo han hecho de valentía, sino de miedo. Pues el que pelea en la tierra por defenderla, pelea de miedo de mayor mal, que es ser cautivo y verse muerto; y el que sale a conquistar los que están en sus casas, a veces lo hace de miedo de que el otro no le acometa, y los que no llevan este intento, van vencidos de la cudicia —¡ved qué valientes!— a robar oro y a inquietar los pueblos apartados, a quien Dios puso como defensa a nuestra ambición mares en medio y montañas ásperas. Mata uno a otro, primero vencido de la ira, pasión ciega y otras veces de miedo de que le mate a él. Así, los hombres, que todo lo entendéis al revés, bobo llamáis al que no es sedicioso, alborotador, maldiciente; y sabio llamáis al mal acondicionado, perturbador y escandaloso; valiente, al que perturba el sosiego, y cobarde, al que con bien compuestas costumbres, escondido de las ocasiones, no da lugar a que le pierdan el respeto estos tales (...) en que ningún vicio tiene licencia.

III. COMENTARIO DE TEXTOS

A. *PRESENTACIÓN*

Con el presente texto tratamos de completar el análisis de la lírica de Quevedo que hemos presentado en las lecturas reflexivas. En él se manifiesta una nueva línea de la temática del autor: el *tema político* concebido desde el *desengaño*. Se hermanan la decadencia política y espiritual de un país y la impotencia y el sufrimiento de un hombre al que sólo queda, como terrible actitud vital, el desengaño. Es el tremendo contraste del hombre barroco, capaz de pasar de la burla más desenfadada a la manifestación desgarrada y sincera de su más pura intimidad.

B. *TEXTO*

SALMO XVII

ENSEÑA CÓMO TODAS LAS COSAS AVISAN DE LA MUERTE

Miré los muros de la patria mía,
si un tiempo fuertes, ya desmoronados,
de la carrera de la edad cansados,
por quien caduca ya su valentía.

Salíme al campo; vi que el sol bebía
los arroyos del yelo desatados,
y del monte quejosos los ganados,
que con sombras hurtó su luz al día.

Entré en mi casa; vi que, amancillada,
de anciana habitación era despojos;
mi báculo, más corvo y menos fuerte;

vencida de la edad sentí mi espada.
Y no hallé cosa en que poner los ojos
que no fuese recuerdo de la muerte.

C. *COMENTARIO*

1. **Contenido**

Es interesante destacar los siguientes aspectos:

a) El poema se articula en torno a cuatro símbolos: *muros, campo, casa* y *espada;* es decir, son palabras que tienen una significación especial. (Por ejemplo, «muro» se relaciona con «dureza, consistencia» y de ahí adquiere la connotación de «poderío» de España en otro tiempo.)

b) El soneto se construye a base de dos ideas fundamentales, que constituyen los dos planos del contenido

(obsérvese que el poeta dice: «Miré *los muros*», «salíme *al campo*» y, sin embargo, luego matiza: «entré en *mi casa*», «sentí *mi espada*».)

c) Hay además de estas dos ideas, un elemento de contenido fundamental: el tema del paso del tiempo. En nuestra historia literaria hay multitud de ejemplos de este tema. Aquí se manifiesta desde una doble perspectiva: España y la existencia del propio poeta.

d) La gran aportación personal de Quevedo al tratamiento del tema barroco del *desengaño* es la afectividad. Es decir, lo relaciona intensamente con sus propias vivencias personales, con su propio yo individual.

e) Estructura. La disposición del texto responde a la concepción clásica de este tipo de composición: una idea se desarrolla en los dos cuartetos y otra en los tercetos.

2. **Técnica y estilo**

a) Análisis métrico:

—Como hemos advertido anteriormente, es importante hacer notar la correspondencia que existe entre la estructura de la composición y la estructura estrófica; es decir, cómo se relacionan las partes del contenido con las características formales de esta estrofa.

—Asimismo, los valores rítmicos de la estrofa, la acentuación de los versos, el encabalgamiento y la simetría de las estructuras sintácticas, están en función de los contenidos.

b) El poema se articula en torno a un adjetivo: «fuerte», que se opone en su significación a todos los adjetivos y participios (con valor adjetival) posteriores: «desmoronados», «cansados»; como puede comprobarse, también hay relación entre la oposición que marca el valor significativo de los adjetivos (fortaleza y destrucción) y el tema del soneto (grandeza frente a decadencia y desengaño).

c) Son los elementos verbales, «miré», «salíme», etc., los que parece que matizan los especiales valores semánticos del soneto: dirigen la acción, introducen los diferentes aspectos del contenido y marcan la disposición del poema.

d) Una de las constantes estilísticas del movimiento barroco es el gusto por los *contrastes.* Dado que el poema supone un gran contraste general, como hemos advertido anteriormente, este recurso es relativamente frecuente.

e) Teniendo en cuenta que en los símbolos Quevedo se sirve de elementos materiales, «muros», «campo», etc., los cuales, por otra parte, constituyen los centros metafóricos del texto, es normal, asimismo, la utilización de *personificaciones.*

3. La lengua

Dice Rafael Lapesa sobre la lengua del siglo XVII: «El ambiente favorecía el juego del ingenio y exigía la busca de novedad; el refinamiento expresivo se extendía a la conversación de los discretos. Era necesario halagar el oído con la expresión brillante, demostrar erudición y sorprender con agudezas. Así se desarrollan ciertos rasgos de estilo que acusan vivacidad mental, rápida asociación de ideas, y que requieren también despierta comprensión en el lector u oyente.»

Seguramente, estas características están más claramente presentes en cualquiera de los textos comentados en las lecturas reflexivas que en el que hemos seleccionado para el comentario, debido posiblemente a su carácter reflexivo y sincero. Sin embargo, sí pueden apreciarse en él algunas peculiaridades propias de la época. Señalamos, entre otras, las siguientes:

—Importancia del elemento latino en el léxico *(cultismos)* y en la sintaxis *(hipérbaton).*

—Distorsiones en la función de los elementos sintácticos. Por ejemplo el *monte* es sujeto de *hurtó,* mientras que en la oración anterior es un simple complemento del nombre.

—Función de los elementos verbales. El segundo cuarteto y el primer terceto se apoyan en el verbo: *vi.*

—Etc., etc.

4. **Actitud crítica**

a) Hemos dicho que el poema gira en torno a dos planos de contenido: la *decadencia* de la España del momento y el *desengaño* que siente Quevedo ante este hecho y ante su propia existencia. Teniendo en cuenta la situación de nuestro país en el siglo XVII es lógica la postura de Quevedo.

b) Por otra parte, el mensaje del texto tiene plena vigencia si lo relacionanos con la situación política mundial de nuestros días y las distintas posturas que una persona puede adoptar ante ella.

c) A menudo, la figura de Quevedo ha sido objeto de chistes callejeros. Evidentemente la faceta del autor que aparece en el texto no puede prestarse al más mínimo juego burlesco. En esta visión quevedesca está el germen de un tema de gran importancia en nuestro futuro literario, sobre todo a partir de la generación del 98; se trata del tema de España.

IV. RECAPITULACIÓN

1. El autor y su época.
2. Carácter de su obra.
3. Análisis de su producción:

a) La obra en verso. Riqueza de temas y géneros:

—El tema amoroso.
—La sátira política, literaria y burlesca.
—El tono moralizante (el pesimismo y el desengaño).

b) La obra en prosa:

—El mundo picaresco. *El Buscón.*
—El plano didáctico-reflexivo. *Los Sueños.*

4. La técnica y el estilo. El lenguaje poético de Quevedo:

   —La distribución de la materia poética en la estructura estrófica.
   —La condensación conceptual al servicio de la estructura estrófica.
   —La condensación conceptual al servicio del elemento expresivo.
   —La deformación moral. La intención satírica.
   —La riqueza de los recursos expresivos.
   —Las transformaciones semánticas y sintácticas y los juegos idiomáticos.

5. Significación de la obra de Quevedo.

V. BIBLIOGRAFÍA BÁSICA

Ediciones

Poemas escogidos. Edición de José Manuel Blecua. Madrid, Castalia, 1972.

El Buscón. Edición de Américo Castro. Madrid, Espasa-Calpe (Clásicos castellanos), 1967.

Sueños y discursos. Edición de Felipe C. R. Maldonado. Madrid, Castalia, 1972.

Estudios

Además de los prólogos de las anteriores ediciones, pueden consultarse:

ALONSO, Dámaso: «El desgarrón afectivo en la poesía de Quevedo», en *Poesía española.* Madrid, Gredos, 1952.

CROSBY, James O: *En torno a la poesía de Quevedo.* Madrid, 1967.

LÁZARO CARRETER, Fernando: *Tres historias de España (Lázaro de Tormes, Guzmán de Alfarache y Pablo de Segovia),* Salamanca, 1960.

—«Originalidad del *Buscón*», en Studia Philologica. Homenaje ofrecido a Dámaso Alonso, II, Madrid, 1961.

SERRANO PONCELA, Segundo: «Los *Sueños*», en Papeles de Son Armadáns, n.° 23, Palma de Mallorca, 1961, páginas 32-61.

XVII. EL TEATRO EN EL BARROCO: LOPE DE VEGA

I. INTRODUCCIÓN

Uno de los escritores más representativos del Siglo de Oro español, tanto por la calidad de su extensa producción literaria como por la popularidad que alcanzó ya en su época, es Lope de Vega.

En este capítulo haremos un estudio de su obra lírica y dramática, teniendo muy presente que, dada la gran variedad de géneros que cultivó y la gran extensión de su obra, sólo podremos centrarnos en los aspectos más significativos de su producción literaria.

Lope de Vega nació en 1562 y murió en 1635, 73 años que coincidieron con el reinado de tres reyes: Felipe II, Felipe III y Felipe IV. Este escritor vive, pues, en un período de transición entre el final de la época renacentista y los comienzos del Barroco. De ahí que en su obra se manifiesten todavía ciertos aspectos (temáticos y formales) característicos del Postrenacimiento y que participe, a la vez, de las nuevas formas y temas barrocos. Pero en él no apreciaremos con la misma intensidad las notas de desengaño y amargura barrocos que observamos en Quevedo o Calderón. Lope de Vega fue un gran vitalista y su ímpetu y fuerza vitales (que le acompañaron siempre) no dejan paso a una actitud de pesimismo y desengaño.

Los años de niñez y adolescencia de Lope coinciden con el período de máximo poder del Imperio español, y aunque también conoció los primeros síntomas de la decadencia de España (participó en 1588 en la expedición de la Armada Invencible), ésta no dejó una especial huella en su vida, que discurrió siempre entre el éxito y la popularidad. Como muy bien dice Angel de Río: «Lope, halagado por el éxito personal y literario, inmerso en la vida del Madrid cortesano del siglo XVII, condensa en su teatro, vario y uniforme a la vez, la vida de una España llena de contrastes: caballeresca y popular, idealista y picaresca, galante y severa, religiosa y entregada al goce del discreteo frívolo.»

Los dos aspectos más significativos de la personalidad de este escritor —su gran fuerza vital y su gran capacidad de creación literaria— se sintetizan en las palabras (ya famosas en su época) con que lo calificó Cervantes: «Monstruo de la naturaleza».

Quizás más y mejor que en ningún otro escritor, su obra es un reflejo perfecto de su vida. Conocemos, a través de ella, los sucesos que tuvieron algo que ver con él y, sobre todo, sus más íntimos sentimientos. Entre las mujeres que amó hay que destacar a Elena Osorio (a quien llamó «Filis» en sus versos), Isabel de Urbina («Belisa»), Micaela Luján («Camila Lucinda») y Marta de Nevares («Amarilis»). Los apasionados períodos amorosos, los procesos en que se vio envuelto, las fiestas literarias y cortesanas en que participaba, los momentos religiosos de sincero arrepentimiento, son datos que aparecen como marco, como tema o como fondo de sus obras.

Su gran capacidad de creación literaria se manifiesta tanto en la variedad de géneros que cultivó como en la extensión de su producción. A título de ejemplo ofrecemos a continuación algunas obras significativas:

Entre los poemas narrativos y descriptivos, destacamos los siguientes:

Poemas épicos: *La Dragontea* (1598). *La hermosura de Angélica* (1602).

Poemas didáctico-literarios: *Arte nuevo de hacer comedias* (1609). *Laurel de Apolo* (1630).

Poemas mitológicos: *La Andrómeda* (1621).

Poemas burlescos: *La gatomaquia* (1634).

Su obra poética más significativa son sus poemas líricos, que aparecieron agrupados en distintas colecciones. Entre ellas, destacamos:

Rimas sacras (1614).

Rimas humanas y divinas del licenciado Tomé de Burguillos (1634).

La Vega del Parnaso (1637).

En sus obras en prosa como *La Arcadia* (1598), *Pastores de Belén* (1612), *La Dorotea* (1632) aparecen muchos poemas —sonetos, romances, epístolas— sueltos o intercalados.

Valbuena Prat ha clasificado el gran caudal de sus obras dramáticas en «comedias de santos», «mitológicas», «pastoriles», de «historia antigua y extranjera», «de historia y leyenda españolas», «de capa y espada». De entre todas ellas, las más significativas por su calidad temática y formal son las que se inspiran en la tradición nacional del «Romancero», de las «Crónicas», o incluso en tradiciones locales. Son las comedias históricas, que ponen de manifiesto el gran sentido popular de Lope de Vega. Algunas de las más significativas son: *Peribáñez y el Comendador de Ocaña* (1610), *Fuenteovejuna* (1612) y *El caballero de Olmedo* (1620, 1625).

Esa gran fuerza vital y su capacidad creadora, a que hemos aludido como aspectos más significativos de la personalidad de Lope, justifican, en cierto modo, el hecho de que en su época circulara una versión del Credo que decía: «Creo en Lope de Vega, todopoderoso, poeta del cielo y de la tierra».

II. LECTURAS REFLEXIVAS

A) *LA POESÍA LÍRICA*

Entre los géneros literarios cultivados por Lope de Vega, sobresale, como ya dijimos anteriormente, la lírica. Este escritor es «uno de los mejores líricos de la poesía castellana», dice Angel del Río.

Ofrecemos a continuación un ejemplo de lírica en forma tradicional: un romance; y otro cuya construcción responde a una forma más culta: un soneto.

Esta distinción tradicional/culto, realizada a efectos metodológicos, en realidad no es tan exacta ni tan tajante, puesto que precisamente lo más peculiar de la obra poética de Lope de Vega es la fusión de lo culto y de lo popular, que el poeta utiliza para poner de manifiesto sus sentimientos y vivencias más personales.

Primera. *Lírica de tipo tradicional: el romance*

Aquí presentamos un romance, estrofa que tiene una gran tradición popular. Durante el siglo XVI los poemas en forma popular como la redondilla, el romance, el villancico, habían caído en el olvido. Ahora, en el siglo XVII, el romancero vuelve a ser (para nuestro escritor) motivo de inspiración.

El romance está dedicado a Belisa, seudónimo de Isabel de Urbina, esposa del poeta, a quien abandonó a las dos semanas de casarse para alistarse en la Armada Invencible. Cualquier suceso de la vida de Lope, insignificante o no, aparece expresado en verso. Los nombres de sus amadas, sus relaciones amorosas, la intimidad de su vida familiar, la muerte de su hijo Carlos Félix, se nos muestran poetizados, impregnados de un tono subjetivo, lírico.

Como ya hemos dicho en la Introducción, en Lope de Vega, más que en ningún otro escritor, vida y obra literaria se dan estrechamente relacionadas.

El poema consta de cuatro tiradas de ocho versos (que riman en asonante los pares) y de un estribillo situado al final de cada una. La perfección con que está construido es admirable: ocho versos donde se nos cuenta la tristeza de Belisa al despedirse de su esposo, más dos versos que expresan su resentimiento feroz hacia el poeta. Los versos dialogados responden a una continuación de la tradición épica. Es probable que fueran acompañados de música, lo que supondría una mejor difusión popular.

ROMANCES A BELISA

IV

De pechos sobre una torre
que la mar combate y cerca
mirando las fuertes naves
que se van a Inglaterra,
las aguas crece Belisa
llorando lágrimas tiernas,
diciendo con voces tristes
al que se aparta y la deja:
«Vete, cruel, que bien me queda
en quien vengarme de tu agravio pueda.»

No quedo con sólo el hierro
de tu espada y de mi afrenta,
que me queda en las entrañas
retrato del mismo Eneas,
y aunque inocente, culpado,
si los pecados se heredan;
mataréme por matarle
y moriré porque muera.
«Vete, cruel, que bien me queda
en quien vengarme de tu agravio pueda.»

Mas quiero mudar de intento
y aguardar que salga fuera
por si en algo te parece
matar a quien te parezca.

Mas no le quiero aguardar,
que será víbora fiera,
que rompiendo mis entrañas,
saldrá dejándome muerta.
«Vete, cruel, que bien me queda
en quien vengarme de tu agravio pueda.»

Así se queja Belisa
cuando la priesa se llega;
hacen señal a las naves
y todas alzan las velas.
«Aguarda, aguarda —le dice—;
fugitivo esposo, espera...
Mas ¡ay! en balde te llamo;
¡plega Dios que nunca vuelvas!
Vete, cruel, que bien me queda
en quien vengarme de tu agravio pueda.»

Segunda. *Lírica culta: el soneto*

La mayor parte de los poemas narrativos de Lope de Vega y muchos de sus poemas líricos, como odas, canciones, elegías y sonetos, responden, unos por sus temas y formas, y otros, por su construcción y elaboración, a la tradición culta renacentista. El soneto que ofrecemos a continuación está construido conforme a las normas de una tradición culta, aunque su contenido responde a la intimidad más personal del poeta.

Cuando el escritor publica sus *Rimas sacras,* libro de poemas de tipo religioso al que pertenece este soneto, ya se ha ordenado sacerdote y ha tenido que pasar por períodos de angustia y tristeza como la muerte de su esposa Juana de Guardo y la de su hijo Carlos Félix.

El poeta se dirige a Dios, arrepintiéndose apasionadamente de la vida escandalosa que ha llevado. La intimidad personal, en este caso, sus crisis religiosas, es el tema central de su poesía.

La vida de Lope de Vega presenta los contrastes más dispares: amores, vida escandalosa, arrepentimientos, vuelta a sus amores. Pues bien, estos contrastes son el signo característico de la época barroca, y Lope es un hombre barroco.

Obsérvese la construcción del soneto. El uso de términos antitéticos: «desnudo como Adán, aunque vestido»; «dueño/esclavo» (que equivalen a las contradicciones de la propia vida del poeta), las construcciones metafóricas: «vestido de las hojas del árbol del pecado», son la señal más evidente de que nos hallamos ante un tipo de poesía culta, perfectamente elaborada.

XV

¡CUÁNTAS VECES, SEÑOR, ME HABÉIS LLAMADO,
y cuántas con vergüenza he respondido,
desnudo como Adán, aunque vestido
de las hojas del árbol del pecado!

Seguí mil veces vuestro pie sagrado,
fácil de asir, en una Cruz asido,
y atrás volví otras tantas atrevido,
al mismo precio que me habéis comprado.

Besos de paz os di para ofenderos,
pero si fugitivos de su dueño
hierran cuando los hallan los esclavos,

hoy me vuelvo con lágrimas a veros,
clavadme vos a vos en vuestro leño
y tendréisme seguro con tres clavos.

Soneto XV. *Rimas sacras*

B) *EL TEATRO*

Es en el género dramático donde Lope de Vega ha obtenido fama de escritor universal. Cuando hablamos del teatro español de esta época inconscientemente establecemos una distinción: antes de Lope y después de Lope. Incluso, al referirse a este escritor, muchas veces se le ha nombrado bajo el calificativo de «creador del teatro nacional».

Efectivamente, en el *Arte nuevo de hacer comedias* (1609), Lope indica la finalidad de la comedia —imitar las acciones de los hombres, pintar las costumbres y dar gusto al público— y las condiciones que ha de reunir. Estas características de la comedia lopesca suponen innovaciones importantes respecto al teatro humanístico del Renacimiento. Las causas que condujeron a Lope a introducir tales innovaciones en el teatro (de la época) habría que buscarlas, por una parte, en el afán creativo del escritor y, por otra, en la influencia de una tradición teatral y en el mismo ambiente de la época.

Lope de Vega aprovecha los elementos medievales, renacentistas, italianos y populares que estaban presentes en el teatro de Juan del Encina, Naharro, Gil Vicente, Juan de la Cueva y Lope de Rueda. Lo mismo que hizo en sus poemas líricos, funde en la comedia los aspectos más populares y tradicionales de la literatura española con todo el bagaje de tradición culta.

Hemos indicado también la influencia del ambiente de la época. Efectivamente, quizá es en el teatro, más que en ningún otro género literario, donde hay que destacar la huella de la crisis del Humanismo y Clasicismo. Esta crisis coincide y contrasta, a la vez, con la gran afición del público por la representación teatral. Así, a los más conocidos corrales (o locales para la representación) —el corral de la Pacheca, el teatro de la Cruz y el del Príncipe— se unen otros muchos y se multiplican las compañías de cómicos para poder satisfacer las demandas de un público ansioso de representaciones. Hemos de destacar, en este aspecto, la gran actividad teatral en ciudades como Valencia y Sevilla, y especialmente en Madrid, centro de la Corte.

La finalidad de la comedia que habíamos apuntado antes —dar gusto al público— es tenida muy en cuenta por Lope de Vega, que crea un teatro (reflejo de los gustos y ambiente de la época) cuyos temas giran en torno a las ideas de honor, monarquía y religión.

Tercera. *«El caballero de Olmedo»*

Veamos ahora cuáles son las principales innovaciones de Lope de Vega a través de dos de sus obras más destacadas: *El caballero de Olmedo* y *Peribáñez y el Comendador de Ocaña.*

El argumento de *El caballero de Olmedo* es el siguiente:

Don Alonso Manrique se enamora en Medina de doña Inés, a la cual corteja don Rodrigo. Don Alonso utiliza a Fabia, personaje celestinesco, para que transmita su amor a la dama. Enterado don Rodrigo de los amores de ambos planea la muerte de don Alonso, a pesar de que éste le ha salvado la vida en la feria de Medina. Después de las fiestas, en las que se han hecho públicos su valor y nobleza, el caballero se dirige a Olmedo y, en el camino, la voz de un labrador le anuncia su muerte con esta canción:

«Que de noche le mataron
al caballero,
la gala de Medina,
la flor de Olmedo.»

No obstante, don Alonso sigue adelante, muriendo poco después a manos de don Rodrigo y don Fernando. Tello, el criado de don Alonso, comunica la noticia en casa de Inés. Finalmente, el rey Juan II ordena la muerte de ambos.

La obra está escrita en verso y en ella se mezclan rasgos cómicos (chistes de Tello y de Fabia) con rasgos trágicos (muerte de don Alonso).

Además, aparece dividida en tres actos, correspondiendo cada uno de ellos al planteamiento, nudo y desenlace.

La división en tres actos y la mezcla de lo cómico con lo trágico suponen una innovación importante respecto al teatro anterior.

En el texto (final, acto II) que presentamos dialogan dos personajes: don Alonso y Tello. Estos dos personajes son figuras o modelos representativos de la sociedad de la época. El caballero don Alonso es el prototipo del personaje noble, con gran sensibilidad amorosa, valiente y capaz de las más dignas hazañas. Por otra parte, Tello, representativo del gracioso. Aunque tiene ya sus antecedentes literarios, esta figura es una invención de Lope. El gracioso, Tello, acompaña siempre a don Alonso; es completamente fiel a su señor; es cobarde y, a la vez, fanfarrón. Cada consejo que da al caballero o cada carta que trae de Inés suponen dinero a cambio. Le gusta vivir bien. Este personaje podría representar el lado material de la vida, mientras que don Alonso representaría el lado ideal. Cada uno es complemento del otro.

En la obra, la pareja —caballero y criado— están cambiando constantemente de lugar: tan pronto están en Medina como en Olmedo.

Lope de Vega desecha la unidad de lugar, respetada perfectamente por los autores anteriores.

Observemos que don Alonso cuenta a Tello un sueño que tuvo por la noche, en el que se presagia su muerte. Este aire de misterio, de temor a la muerte, envuelve toda la obra.

El tema de *El caballero de Olmedo* tiene su base en la cancioncilla popular que canta el labrador. Lope de Vega ha construido, a partir de ella, un drama en que el amor y el elemento sobrenatural, el destino, son los móviles fundamentales que impulsan a los personajes a representarnos la intriga de la obra.

Alonso ***¿Dónde está la banda, Tello?***
Tello ***A mí no me han dado nada.***
Alonso ***¿Cómo no?***
Tello ***Pues, ¿qué me has dado?***
Alonso ***Ya te entiendo; luego saca***
a tu elección un vestido.
Tello ***Esta es la banda***
Alonso ***¡Estremada!***

Tello *¡Tales manos la bordaron!*
Alonso *Demos orden que me parta.*
Pero, ¡ay, Tello!
Tello *¿Qué tenemos?*
Alonso *De decirte me olvidaba*
unos sueños que he tenido.
Tello *¿Agora en sueños reparas?*
Alonso *No los creo, claro está,*
pero dan pena.
Tello *Eso basta.*
Alonso *No falta quien llama a algunos*
revelaciones del alma.
Tello *¿Qué te puede suceder*
en una cosa tan llana
como quererte casar?
Alonso *Hoy, Tello, al salir el alba,*
con la inquietud de la noche
me levanté de la cama;
abrí la ventana aprisa;
y, mirando flores y aguas
que adornan nuestro jardín,
sobre una verde retama
veo ponerse un jilguero
cuyas esmaltadas alas
con lo amarillo añadían
flores a las verdes ramas.
Y estando al aire trinando
de la pequeña garganta
con naturales pasajes
las quejas enamoradas,
sale un azor de un almendro
adonde escondido estaba,
y como eran en los dos
tan desiguales las armas,
tiñó de sangre las flores,
plumas al aire derrama.
Al triste chillido, Tello,
débiles ecos del Aura
respondieron, y no lejos,
lamentando su desgracia.
su esposa, que en un jazmín
la tragedia viendo estaba.
Yo, midiendo con los sueños

estos avisos del alma,
apenas puedo alentarme;
que, con saber que son falsas
todas estas cosas, tengo
tan perdida la esperanza
que no me aliento a vivir.

Tello *Mal a doña Inés le pagas*
aquella heroica firmeza
con que, atrevida, contrasta
los golpes de la fortuna.
Ven a Medina y no hagas
caso de sueños ni agüeros,
cosas a la fe contrarias.
Lleva el ánimo que sueles,
caballos, lanzas y galas;
mata de envidia a los hombres;
mata de amores las damas.
Doña Inés ha de ser tuya,
a pesar de cuantos tratan
dividiros a los dos.

Alonso *Bien dices; Inés me aguarda.*
Vamos a Medina alegres.
Las penas anticipadas
dicen que matan dos veces,
y a mí sola Inés me mata,
no como pena, que es gloria.

Tello *Tú me verás en la plaza*
hincar de rodillas toros
delante de sus ventanas.

(El caballero de Olmedo)

III. COMENTARIO DE TEXTOS

A. *PRESENTACIÓN*

Peribáñez y el Comendador de Ocaña es otra de las grandes creaciones dramáticas de Lope.

He aquí el argumento:

Peribáñez, rico labrador, se casa con Casilda. La boda se celebra con grandes festejos. El comendador, ejemplo de virtuoso y valiente caballero, se enamora de Casilda, y su amor es tan apasionado que, en Toledo, ordena a un pintor que le haga un retrato con el fin de poder contemplar mejor su belleza.

Obsesionado por la idea de poseer a la hermosa labradora, urde una serie de estratagemas para que Peribáñez marche de Ocaña. Sin embargo, el labrador, después de haber visto casualmente el retrato de su mujer, sospecha de la buena fe del comendador. Una noche, fingiendo que se ha ausentado de Ocaña al frente de dos compañías de hombres pedidas por el rey, descubre al comendador intentando forzar a Casilda en su propia casa. Ultrajado en su honor, sale del escondite y da muerte al comendador.

El rey Enrique III, después de conocer la verdad del caso, declara inocente a Peribáñez y le concede el cargo de capitán.

B. *TEXTO*

Presentamos tres escenas de la comedia. La primera y la segunda corresponden al acto II. Se trata de una cancioncilla popular cantada por segadores y un monólogo de Peribáñez después de haber visto el retrato de Casilda. En la tercera (acto III) Peribáñez hiere de muerte al comendador.

ESCENA VIII

Helipe, Luján, de segador.—**Dichos**

Helipe *¿Hay para todos lugar?*
Mendo *¡Oh Helipe! Bien venido.*
Luján *Y yo, si lugar os pido,*
¿podréle por dicha hallar?

Chaparro *No faltará para vos.*
Aconchaos junto a la puerta.
Bartolo *Cantar algo se concierta.*
Chaparro *Y aun contar algo, por Dios.*
Luján *Quien supiere un lindo cuento,*
póngale luego en el corro.
Chaparro *De mi capote me ahorro,*
y para escuchar me asiento.
Luján *Va primero de canción,*
y luego diré una historia
que me viene a la memoria.
Mendo *Cantad.*
Llorente *Ya comienzo el son.*
(Cantan con guitarras.)
Trébole ¡ay Jesús, cómo huele!
Trébole ¡ay Jesús, qué olor!
Trébole de la casada,
que a su esposo quiere bien;
de la doncella también,
entre paredes guardada,
que fácilmente engañada,
sigue su primero amor.
Trébole ¡ay Jesús, cómo huele!
Trébole ¡ay Jesús, qué olor!
Trébole de la soltera,
que tantos amores muda;
trébole de la viuda,
que otra vez casarse espera,
tocas blancas por defuera
y el faldellín de color.
Trébole ¡ay Jesús, cómo huele!
Trébole ¡ay Jesús, qué olor!
Luján *Parece que se han dormido.*
No tenéis ya que cantar.
Llorente *Yo me quiero recostar,*
aunque no es trébol florido.
(Aparte.)
Luján *¿Qué me detengo? Ya están*
los segadores durmiendo.
Noche, este amor te encomiendo:
prisa los silbos me dan.
La puerta le quiero abrir.
(Abre.)

ESCENA XVI

Peribáñez *¿Qué he visto y oído,*
cielo airado, tiempo ingrato?
Mas si deste falso trato
no es cómplice mi mujer,
¿cómo doy a conocer
mi pensamiento ofendido?
Porque celos de marido
no se han de dar a entender.
Basta que el Comendador
a mi mujer solicita;
basta que el honor me quita,
debiéndome dar honor.
Soy vasallo, es mi señor,
vivo en su amparo y defensa;
si en quitarme el honor piensa,
quitaréle yo la vida;
que la ofensa acometida
ya tiene fuerza de ofensa.
Erré en casarme, pensando
que era una hermosa mujer
toda la vida un placer
que estaba el alma pasando;
pues no imaginé que cuando
la riqueza poderosa
me la mirara envidiosa
la codiciara también.
¡Mal haya el humilde, amén,
que busca mujer hermosa!
Don Fadrique me retrata
a mi mujer: luego ya
haciendo debujo está
contra el honor, que me mata.
Si pintada me maltrata
la honra, es cosa forzosa
que venga a estar peligrosa
la verdadera también:
¡mal haya el humilde, amén,
que busca mujer hermosa!
Mal lo miró mi humildad
en buscar tanta hermosura;
mas la virtud asegura
la mayor dificultad.

Retirarme a mi heredad
es dar puerta vergonzosa
a quien cuanto escucha glosa
y trueca en mal todo el bien...
¡mal haya el humilde, amén,
que busca mujer hermosa!
Pues también salir de Ocaña
es el mismo inconveniente,
y mi hacienda no consiente
que viva por tierra extraña.
Cuanto me ayuda me daña;
pero hablaré con mi esposa,
aunque es ocasión odiosa
pedirle celos también.
¡Mal haya el humilde, amén,
que busca mujer hermosa!
(Vase.)

ESCENA XVII

El Comendador, Casilda; Peribáñez, escondido

Casilda *Mujer soy de un capitán*
si vos sois Comendador.
Y no os acerquéis a mí,
porque a bocados y a coces
os haré...
Comendador *Paso y sin voces.*
(Sale de donde estaba.) (Aparte.)
Peribáñez *¡Ay honra! ¿qué aguardo aquí?*
Mas soy pobre labrador:
bien será llegar y hablalle...
pero mejor es matalle.
(Adelantándose con la espada desenvainada.)
Perdonad, Comendador;
que la honra es encomienda
de mayor autoridad.
(Hiere al **Comendador.**)
Comendador *¡Jesús! Muerto soy. ¡Piedad!*
Peribáñez *No temas, querida prenda;*
mas sígueme por aquí.

Casilda *No te hablo, de turbada.*
(Vanse **Peribáñez** y **Casilda.**)
Comendador *Señor, tu sangre sagrada*
se duela agora de mí,
pues me ha dejado la herida
pedir perdón a un vasallo.
(Siéntase en una silla.)

(Peribáñez y el Comendador de Ocaña)

C. *COMENTARIO*

1. **Género**

Las letras para cantar o cancioncillas populares aparecen formando parte de las comedias de Lope de Vega. Es en estas canciones donde destaca como escritor que ha sabido mantener la más pura tradición popular. En la primera parte del texto encontramos un ejemplo de este tipo de canciones. Obsérvese también que en las escenas que componen el texto existen rasgos cómicos y trágicos; por lo tanto, a esta obra de teatro puede convenirle el calificativo de «tragicomedia».

2. **Contenido**

a) *Comprensión del contenido.*

En la segunda y tercera escenas, Peribáñez maneja los términos «honor» y «honra», conceptos sumamente importantes para la vida y el teatro de la época.

En la vida española de este momento la opinión de los demás contaba hasta tal punto que cualquier hecho insignificante que atentara contra el código del honor podía suponer la pérdida de la propia vida. El honor estaba relacionado con la limpieza de sangre y, como consecuencia, los conversos (gente son sangre mora o judía) eran despreciados por la sociedad. El honor se heredaba. Los nobles tenían honor y también los labradores (en este caso, Peribáñez), cristianos viejos de puro origen. Pero este honor podía perderse por faltas contra el deber personal o por faltas contra los demás. Estos casos particulares constituyen los casos de honra y ésta hay que repararla mediante una venganza fría, calculadora.

En definitiva lo que interesa es mantener el orden socialmente establecido, conforme a la estructura jerárquica: rey, nobles, caballeros, labradores.

En el texto observamos que el honor de Peribáñez está en entredicho.

Teniendo en cuenta estas aclaraciones acerca del concepto del honor, comprendemos la importancia de este tema dentro del texto y los distintos matices que adoptan los términos honor y honra, utilizados por Peribáñez.

Hay unas frases significativas que demuestran cuál ha sido la causa de la deshonra del labrador, sobre todo en el monólogo de Peribáñez.

Piénsese que el Comendador, como hombre procedente de una clase social superior, no puede enamorarse de una villana teniendo en cuenta la estructura social jerárquica.

b) *Estructura del texto*

Si nos atenemos al contenido, el texto consta de tres partes diferentes. Ahora bien, Lope de Vega instaura la idea de que los distintos tipos de estrofas utilizados en las comedias (nombre genérico que se daba a cualquier obra de teatro), se ajusten o tengan relación con el contenido de las escenas. Por ejemplo, decía que los tercetos sirven para la exposición de asuntos graves, serios; las redondillas, para la expresión de sentimiento amorosos, etcétera.

En la segunda y tercera escena observamos que se cumple esa intención de Lope.

3. Técnica y estilo

a) Cualquier obra de teatro está concebida para ser representada. Mientras que en la novela el narrador va dirigiendo la acción, en el teatro son los personajes mismos, con sus idas y venidas, sus gestos, sus palabras, su voz, quienes van mostrándonos la intriga de la obra. En este aspecto es fácil comprobar la pericia técnica del autor.

b) Los distintos lugares en que están situados los personajes del texto y el tiempo que ha pasado entre las tres escenas constituyen una innovación de Lope frente al respeto por las tres unidades (lugar, tiempo y acción) del teatro clásico.

c) Las quejas de Peribáñez (segunda escena) se acercan más a una técnica poética lírica que propiamente dramática, hecho que demuestra el interés de Lope por dar paso en cualquiera de sus escritos a la expresión más viva de los sentimientos.

d) *Los personajes.* En el texto, Peribáñez se nos muestra como un labrador honrado y cristiano. Lope de Vega revaloriza la figura del villano o labrador rico (personaje despreciado por el teatro anterior), exponente máximo del honor después del rey, hasta convertirlo en un personaje teatral. Muchas obras de este escritor tienen como protagonistas a los villanos o labradores (por ejemplo: *Fuenteovejuna).*

Cada personaje representa no un carácter individual sino un tipo genérico, representativo de la estructura social de la época. De ahí que en todas las obras se repitan los mismos personajes.

e) *El ambiente.* Tomando como ejemplo el texto, podemos afirmar que en la obra predomina un ambiente rural. Este tipo de ambientes, frecuente en el teatro de Lope, es el marco adecuado para la figura del villano, que tanto se revaloriza en su obra.

f) *Valores estéticos.* Recordemos que los recursos por repetición son los que se usan con más frecuencia en la poesía de tipo popular.

—Así, en la canción de los segadores, se repiten los versos: «*Trébole, ¡ay, Jesús, cómo huele! Trébole, ¡ay Jesús, qué olor!*». Obsérvese que la palabra «*trébole*» no tiene ningún significado especial, sino que se trata de una muletilla popular que contribuye al ritmo del poema.

—Observemos también la especial sonoridad de las palabras utilizadas que contribuyen a la consecución del ritmo poético.

—Asimismo, el uso de la repetición y la abundancia de adjetivos son elementos característicos de la canción popular.

—El lenguaje de Peribáñez en la segunda parte del texto responde a un tipo de construcción más lenta, más pausada que el de la última escena, donde abundan las exclamaciones, frases cortadas y puntos suspensivos.

—Comparando ambas escenas deducimos que la forma de hablar de los personajes está bien adaptada a la situación en que se encuentran.

4. La lengua

Entre las peculiaridades lingüísticas más significativas del texto podemos destacar las siguientes:

—Presencia de arcaísmos: *faldellín* y *agora.* Igualmente podemos encontrar arcaísmos en el resto de las obras dramáticas contemporáneas de Tirso.

—Se utilizan palabras como *matalle, hablalle* en las que se ha producido una asimilación de consonantes. También aparecen términos como *deste* (en donde se ha fundido la preposición con la forma demostrativa) y *debujo* (en lugar de la forma más moderna *dibujo*).

—El uso del pronombre inacentuado *(podréle)* después del verbo, situado en principio de frase.

—Es interesante, asimismo, destacar el uso de «vos» como forma de tratamiento entre labradores y, concretamente, en las palabras de Casilda:

«Mujer soy de un capitán
si vos sois Comendador».

Véase el uso de «vos» para dirigirse al Comendador.

5. **Actitud crítica**

1. La pareja Don Quijote y Sancho, como más tarde veremos, recoge la tradición de la pareja «caballero y gracioso» del teatro del Siglo de Oro.

2. El tema del honor ha sido constantemente utilizado a lo largo de la historia de la literatura española. Actualmente, se habrá podido comprobar a través de la Prensa la desmitificación a que están siendo sometidos los delitos de honor por adulterio. Piénsese en cómo la sociedad actual conserva todavía ciertas huellas de nuestros antepasados del siglo XVII: en las relaciones padre-hijo, marido-mujer, etc.

3. En la época de Lope de Vega el teatro era el espectáculo eminentemente popular. Hoy, el cine se ha convertido en la gran diversión de todos, de tal manera que ha alcanzado la popularidad que debía tener el teatro en nuestro Siglo de Oro. No obstante, existen en la actualidad deseos de renovación del teatro por parte de grupos experimentales.

IV. RECAPITULACIÓN

1. Contexto histórico en el que vive Lope de Vega.
2. Relación entre la vida y la obra de Lope.
3. Personalidad de este escritor.
4. Géneros literarios cultivados por Lope de Vega.
5. Su obra poética.
6. La poesía lírica: características.
   A) Lírica tradicional.
   B) Lírica culta.
   C) La fusión de lo culto y de lo popular, como peculiaridad de Lope.
7. El teatro del Siglo de Oro: características.
   —Innovaciones de Lope de Vega.
   —Temas.

—Personajes.
—Ambientes.
—Técnica y estilo del teatro de Lope.
—Peculiaridades lingüísticas.
8. Significación de su obra.

V. BIBLIOGRAFÍA BÁSICA

Ediciones

El caballero de Olmedo. Edición de Joseph Pérez. Madrid, Clásicos Castalia, 1970.
Peribáñez y el Comendador de Ocaña. Edición, prólogo y notas de Alonso Zamora Vicente. Madrid, Espasa-Calpe (Clásicos Castellanos).
Poesías líricas. Edición, introducción y notas de José F. Montesinos. Madrid, Espasa-Calpe (Clásicos Castellanos), 1926-27.

Estudios

Además de los prólogos de las ediciones anteriormente citadas, pueden consultarse:

FROLDI, Rinaldo: *Lope de Vega y la formación de la comedia.* Salamanca, Anaya, 1973.
LÁZARO CARRETER, Fernando: *Lope de Vega. Introducción a su vida y obra.* Salamanca, Anaya, 1966.
MONTESINOS, José F.: *Estudios sobre Lope de Vega.* Madrid, 1967.
RUIZ RAMÓN, Francisco: *Historia del teatro español.* Madrid, Alianza Editorial, 1967.

XVIII. TIRSO DE MOLINA

I. INTRODUCCIÓN

Tirso de Molina (1584-1648), seudónimo de Fray Gabriel Téllez, es el dramaturgo más representativo de todos los seguidores de Lope de Vega. Continúa y desarrolla las formas del teatro barroco iniciadas por Lope y, como hombre más cerebral y reflexivo, cuida mucho mejor la elaboración de sus obras, lo que le acerca, en cierto modo, al tipo de teatro intelectual característico de Calderón. De ahí que podamos considerarlo como puente de unión entre ambos escritores.

Pocos hechos se conocen de la vida de Tirso, lo que ha dado lugar a innumerables investigaciones y polémicas. No obstante, la crítica es unánime en reconocer que, aunque ingresó muy joven en la Orden de la Merced, no era un fraile muy apegado al claustro, sino que alternaba su vida religiosa con las relaciones sociales y conocía muy bien la vida cortesana de la época. Este hecho se demuestra en sus comedias, en las que sabe plasmar muy bien las intrigas y enredos de la Corte.

Una de las facetas más originales de Tirso de Molina es su profundización en la psicología de los personajes. Efectivamente, todos ellos quedan ya muy lejos de ser los prototipos creados por Lope de Vega. Al contrario, adquieren una gran individualidad gracias al fino análisis caracteriológico al que se ven sometidos. Pero, en definitiva, el escritor pudo crear estos caracteres gracias a sus grandes dotes de observador de todo lo que le rodeaba.

Tirso de Molina cultivó varios géneros literarios, pero destaca especialmente como dramaturgo que sabe reflejar en sus obras la realidad social de la época.

De entre sus obras de teatro destacan autos sacramentales *—El colmenero divino; Los hermanos parecidos—* (quizá lo menos significativo de su producción teatral); comedias de costumbre y de intriga *—El vergonzoso en palacio; Marta la piadosa—;* dramas históricos *—La prudencia en la mujer—*. Pero las obras que le han convertido en uno de los mejores dramaturgos del Barroco son sus dos dramas religiosos, *El condenado por desconfiado* y *El burlador de Sevilla y convidado de piedra,* obras por las que ha adquirido una gran popularidad. Tirso de Molina gozó ya de gran fama en su época, sobre todo durante el período de su estancia en Toledo (1605-1615), donde coincidió con Lope de Vega.

II. LECTURAS REFLEXIVAS

Primera. *«El condenado por desconfiado»*

Aunque han existido bastantes polémicas en torno a la autoría de esta obra, la crítica ha considerado que puede atribuirse casi con toda seguridad a Tirso de Molina.

En *El condenado por desconfiado* el hilo de la acción corre a cargo de dos personajes: Paulo y Enrico, que contrastan tanto en sus formas de vida como de temperamento y carácter. El argumento de la obra es el siguiente:

Paulo, que ha pasado diez años haciendo vida de ermitaño (no tanto por amor a Dios, sino por asegurar su salvación), desea saber con seguridad si efectivamente será el cielo su destino final. Un ángel, que en realidad es el diablo disfrazado, le anuncia que su destino será el mismo que el de un tal Enrico, hijo de Anareto, que vive en Nápoles. Paulo va en su busca a la ciudad y lo encuentra, sorprendiéndose y desesperándose ante el hecho de que Enrico es un bandido y un criminal. Como consecuencia, lleno de desesperación, de angustia y de duda, piensa que se condenará. Entonces deja los hábitos y decide llevar la misma vida de Enrico. Pero el destino de ambos personajes no será el mismo, ya que Paulo, renegando y desconfiando de Dios, se condena, mientras que Enrico se arrepiente por amor a su padre y se salva finalmente.

En las últimas escenas de la obra el autor, gran conocedor de los gustos del público y hábil manipulador del efectismo teatral, ofrece una visión de Paulo en el infierno. Finalmente, el gracioso Pedrisco (que no tiene hasta aquí más que la función de hacer reír) pronuncia unos versos que encierran la gran lección moral de la obra:

Quien fuere desconfiado
mire el ejemplo presente
no más.

El autor ha sabido elaborar la obra desde los supuestos de su doctrina teológica, mostrando los problemas de predestinación y responsabilidad humana propios de la época en que vivió. En la obra se encierra la idea de que es el propio hombre (Paulo) y no Dios el culpable de su condenación. Estas palabras puestas en boca del Demonio nos lo confirman:

Bien mi engaño va trazado.
Hoy verá el desconfiado
de Dios y de su poder
el fin que viene a tener,
pues él propio lo ha buscado.

El fragmento que ofrecemos a continuación pertenece a la Jornada II. Paulo, para poner a prueba a Enrico y observar si realmente se arrepiente o no de su vida, lo ha hecho atar por unos bandidos que simulan querer matarle. El ermitaño le incita a arrepentirse pero Enrico se niega. Paulo descubre el engaño.

La desesperación de Paulo alcanza aquí su punto de máxima tensión. El clímax de la obra coincide, pues, con el final de la Jornada II. Tal como pretendía Lope de Vega, se ha cumplido la división en tres jornadas y su coincidencia con el *planteamiento, nudo* y *desenlace* de la acción.

En el diálogo que sostienen ambos personajes, Tirso de Molina ha sabido plasmar la gran tensión del hombre barroco, representada especialmente por Paulo, en sus angustias e inquietud ante el más allá. Por otra parte, también los conceptos de *libertad personal* y de *predestinación,* propios de la Contrarreforma, aparecen aquí muy bien dramatizados en las palabras de Paulo y Enrico.

El *contraste* que existe entre ambos personajes (desesperación y desconfianza de Paulo y confianza de Enrico en la misericordia de Dios) es otra característica muy del gusto de la época barroca.

Obsérvese el lenguaje utilizado por Paulo para expresar sus quejas, rico en imágenes, y el uso de la métrica adecuada al contenido (quintillas para expresar las quejas, y romances para narrar los hechos e intenciones de ambos personajes).

Desatadlos.

(Los BANDOLEROS sueltan a ENRICO y a GALVÁN)

ENRICO *Ya lo estoy.*
Y lo que he visto no creo.
GALVÁN *Gracias a los cielos doy.*
ENRICO *Saber la verdad deseo.*
PAULO *¡Qué desdichado que soy!*
¡Ah, Enrico!, nunca nacieras,
nunca tu madre te echara
donde, gozando la luz,
fuiste de mis males causa;
o pluguiera a Dios que ya
que infundido el cuerpo y alma
saliste a luz, en sus brazos
te diera la muerte un ama,
un león te deshiciera,
una osa despedazara
tus tiernos miembros entonces,
o cayeras en tu casa
del más altivo balcón,
primero que a mi esperanza
hubieras cortado el hilo.
ENRICO *Esta novedad me espanta.*
PAULO *Yo soy Paulo, un ermitaño,*
que dejé mi amada patria
de poco más de quince años,
y en esta oscura montaña
otros diez serví al Señor.
ENRICO *¡Qué ventura!*
PAULO *¡Qué desgracia!*
Un ángel, rompiendo nubes
y cortinas de oro y plata,
preguntándole yo a Dios
qué fin tendrá, «repara
(me dijo): ve a la ciudad,
y verás a Enrico (¡ay alma!)
hijo del noble Anareto,
que en Nápoles tiene fama.
Advierte bien en sus hechos,
y contempla en sus palabras;
que si Enrico al cielo fuere,

el cielo también te aguarda;
y si al infierno, el infierno.»
Yo entonces imaginaba
que era algún santo este Enrico;
pero los deseos se engañan.
Fui allá, vite luego al punto,
y de tu boca y por fama
supe que eras el peor hombre
que en todo el mundo se halla.
Y ansí, por tener tu fin,
quitéme el saco, y las armas
tomé y el cargo me dieron
desta forajida escuadra.
Quise probar tu intención,
por saber si te acordabas
de Dios en tan fiero trance;
pero salióme muy vana.
Volví a desnudarme aquí,
como viste, dando al alma
nuevas tan tristes, pues ya
la tiene Dios condenada.

ENRICO *Las palabras que Dios dice*
por un ángel, son palabras,
Paulo amigo, en que se encierran
cosas que el hombre no alcanza.
No dejara yo la vida
que seguías; pues fue causa
de que quizá te condenes
al atreverte a dejarla.
Desesperación ha sido
lo que has hecho, y aun venganza
de la palabra de Dios,
y una oposición tirana
a su inefable poder;
y al ver que no desenvaina
la espada de su justicia
contra el rigor de tu causa,
veo que tu salvación
desea; mas ¿qué no alcanza
aquella piedad divina,
blasón de que más se alaba?
Yo soy el hombre más malo
que naturaleza humana

en el mundo ha producido;
el que nunca habló palabra
sin juramento; el que a tantos
hombres dio muertes tiranas;
el que nunca confesó
sus culpas, aunque son tantas.
El que jamás se acordó
de Dios y su Madre Santa,
ni aún ahora lo hiciera,
con ver puestas las espadas
a mi valeroso pecho;
mas siempre tengo esperanza
en que tengo de salvarme;
puesto que no va fundada
mi esperanza en obras mías
sino en saber que se humana
Dios con el más pecador,
y con su piedad se salva.
Pero ya, Paulo, que has hecho
ese desatino, traza
de que alegres y contentos
los dos en esta montaña
pasemos alegre vida,
mientras la vida se acaba.
Un fin ha de ser el nuestro:
si fuere nuestra desgracia
el carecer de la gloria
que Dios al bueno señala,
mal de muchos gozo es,
pero tengo confianza
en su gran piedad, que siempre
vence a su justicia sacra.

(El condenado por desconfiado)

Segunda. *«La prudencia en la mujer»*

Mientras que en el teatro de Lope de Vega no sobresale el papel que representa ninguna mujer, sino que, como sucede con los demás personajes, está sometida a un patrón convencional, en Tirso de Molina destaca, como en ningún otro escritor barroco, la profunda caracterización sicológica de las mujeres, que se alejan de ser tipos convencionales y se convierten en auténticas individualidades.

Ofrecemos un fragmento de la obra *La prudencia en la mujer* (1634?) que la crítica ha elogiado como excelente drama histórico.

En la obra, basada fielmente en sucesos históricos, se ponen de manifiesto las luchas e intrigas cortesanas que llevan a cabo los infantes Don Juan, Don Diego y Don Enrique, cuyo deseo es conseguir el poder y reinar. La protagonista, heroína de la obra y antagonista de los infantes, Doña María de Molina (esposa de Sancho IV y madre de Fernando IV), que regenta el reino durante la minoría de edad de su hijo, consigue acabar con las intrigas y artimañas de los infantes. Tirso ha sabido plasmar con gran mérito la historia de Doña María de Molina, que cumple a la perfección su papel de reina y madre.

El fragmento pertenece al final de la Jornada II. Los soldados cercan la casa del intrigante Don Juan, y Doña María, armada, le obliga a confesarse culpable del intento de envenenamiento de que ha sido objeto su hijo Fernando.

Obsérvese en el fragmento la entereza y valor con que habla Doña María, acusando de traición al infante. Sus palabras representan la exaltación de valores tradicionales y cristianos (honor y respeto al rey). Las palabras de Don Juan, a la vez que son una confesión de la ambición de poder, ensalzan dos cualidades que definen a Doña María de Molina: «piadosa y severa».

Se pone aquí de manifiesto la fluidez y dominio con que maneja el lenguaje Tirso de Molina. Como corresponde a su condición, ambos personajes utilizan un lenguaje rico que se aprecia en las imágenes y comparaciones.

(Tocan a rebato y sale un CRIADO.)

Pero, ¿qué alboroto es éste?

CRIADO — *La reina y toda su guarda*
la casa nos han cercado.

DON JUAN (Aparte.) — *¡Qué mucho si tiene al lado*
los dos ángeles de guarda
que dijo, que le dan cuenta
de aquesta nueva traición!
¿Cómo esperáis, corazón,
sin matarme, tal afrenta?

Salen los soldados que pudieran, la REINA, DON MELENDO y CARVAJAL

DON JUAN — *Daos a prisión, caballeros.*
Las espadas de las cintas
quitad.

(Quítanselas).

REINA (Armada.) — *No se hacen las quintas*
si no es para entreteneros.
No es bien que yo guarde fueros
a quien no guarda a mi honor
el respeto que el valor
de un vasallo a su rey debe,
y a dar crédito se atreve
ligeramente a un traidor.
¡Buena información por cierto
hizo el que agraviarme intenta,
pues por testigos os presenta
un judío, y ése muerto;
Cuando hagáis algún concierto
en palacio, es bien callar,
no os oigan, pues vino a dar
Dios, que os enseña a vivir,
dos oídos para oír
y una lengua para hablar.
La fama de quien me acusa,
comparada con la mía,
responder por mí podría
sin otra prueba o escusa,

mas no ha de quedar confusa
dando a jüicios licencia
antes saldrá cual la ciencia
junto a la ignorancia escura,
y entre sombras la pintura,
con la traición mi inocencia.
Si la vida que os he dado
dos veces, que no debiera,
apetecéis la tercera,
Infante inconsiderado,
decid, pues estáis atado
al potro de la verdad,
quién fue el que con deslealtad
quiso dar veneno al rey,
haciendo a un hebreo sin ley
ministro de tal maldad.

DON JUAN	Señora...

REINA	No moriréis
como la verdad digáis.

DON JUAN	Si piadosa me animáis,
severa temblar me hacéis.
Muerte es justo que me déis,
y cesará la ambición
de una loca inclinación
que a su lealtad rompió el freno,
y con el mortal veneno
ha mezclado esta traición.
Yo al médico persuadí
que al rey, mi señor, matase,
porque en su silla gozase
el reino que apetecí.
Después que muerto le vi,
por vos forzado a beber
el veneno, hice creer
a todos en vuestra mengua,
cosas que no osa la lengua
memoria dellas hacer.

REINA	En la Mota de Medina
estaréis, infante, preso
hasta que os vuelva a dar seso
el furor que os desatina.

DON JUAN	Quien a ser traidor se inclina,
tarde volverá en su acuerdo.

La libertad y honra pierdo
por mi ambicioso interés.
Callar y sufrir, pues es,
por la pena, el loco, cuerdo.
(Llévanle.)

(La prudencia en la mujer)

III. COMENTARIO DE TEXTOS

A. *PRESENTACIÓN*

Vamos a analizar un fragmento de *El burlador de Sevilla y convidado de piedra* (1630), obra magistral del teatro barroco, que refleja, además, toda la mentalidad de la época.

El supuesto básico de la obra responde (como sucedía en *El condenado por desconfiado*) a la idea del hombre que debe responder de sus actos ante Dios, por los cuales se salvará o condenará. En esta otra se nos presenta a Don Juan (personaje que no se atiene a normas ni a leyes sociales), vividor y burlador de mujeres, cuyos actos lo ponen en conflicto con la sociedad y finalmente con Dios. El final de Don Juan es el mismo que el de Paulo, pero mientras que Paulo se condena por su orgullo y desconfianza de Dios, en Don Juan es su rebeldía, su inconsciencia y confianza, su olvido de la divinidad, quienes lo conducen al castigo final.

La gran variedad de ambientes y la distinta procedencia de las mujeres burladas (Isabela, Tisbea, Doña Ana de Ulloa y Aminta) permiten al autor reflejar la realidad social de su época —el mundo de la Corte, del campo, de la ciudad—.

Tirso de Molina construye la obra aprovechando elementos de la tradición y, aunque Don Juan ya tenía algún antecedente literario, crea un gran personaje que se transformará en un mito de la Literatura española y universal.

El texto que presentamos pertenece a la 2.ª parte o final de la obra. La estatua de piedra de Don Gonzalo de Ulloa (padre de Doña Ana), a quien Don Juan mató la noche en que quiso burlar a su hija, ha cobrado vida e invita al burlador a cenar en la capilla donde está enterrado.

B. *TEXTO*

(Vanse, y quedan los dos solos, y hace señas que cierre la puerta.)

La puerta
ya está cerrada. Ya estoy
aguardando. Di, ¿qué quieres,
sombra o fantasma o visión?
Si andas en pena, o si aguardas
alguna satisfacción
para tu remedio, dilo;
que mi palabra te doy
de hacer lo que me ordenares.
¿Estás gozando de Dios?
¿Dite la muerte en pecado?
Habla que suspenso estoy.
(Habla paso, como cosa del otro mundo.)

DON GONZ. *¿Cumplirásme una palabra*
como caballero?

DON JUAN *Honor*
tengo, y las palabras cumplo,
porque caballero soy.

DON GONZ. *Dame esa mano; no temas.*

DON JUAN *¿Eso dices? ¿Yo, temor?*
Si fueras el mismo infierno,
la mano te diera yo.
(Dale la mano.)

DON GONZ. *Bajo esta palabra y mano*
mañana a las diez estoy
para cenar aguardando.
¿Irás?

DON JUAN *Empresa mayor*
entendí que me pedías.
Mañana tu güésped soy.
¿Dónde he de ir?
DON GONZ. *A mi capilla.*
DON JUAN *¿Iré solo?*
DON GONZ. *No, los dos;*
y cúmpleme la palabra
como la he cumplido yo.
DON JUAN *Digo que la cumpliré;*
que soy Tenorio.
DON GONZ. *Yo soy*
Ulloa.
DON JUAN *Yo iré sin falta.*
DON GONZ. *Yo lo creo. Adiós.*
(Va a la puerta.)
DON JUAN *Adiós.*
Aguarda, iréte alumbrando.
DON GONZ. *No alumbres; que en gracia estoy.*

(Vase muy poco a poco, mirando a DON JUAN, y DON JUAN a él, hasta que desaparece, y queda DON JUAN con pavor.)

DON JUAN *¡Válgame Dios! Todo el cuerpo*
se ha bañado de un sudor,
y dentro de las entrañas
se me yela el corazón.
Cuando me tomó la mano,
de suerte me la apretó,
que un infierno parecía;
jamás vide tal calor.
Un aliento respiraba,
organizando la voz,
tan frío, que parecía
infernal respiración.
Pero todas son ideas
que da la imaginación;
el temor y temer muertos
es más villano temor;
que si un cuerpo noble, vivo,
con potencias y razón
y con alma no se teme,
¿quién cuerpos muertos temió?
Mañana iré a la capilla
donde convidado soy,

porque se admire y espante
Sevilla de mi valor.
(Vase.)

. . . .

(Sale DON GONZALO como de antes, y encuéntrase con ellos)

DON JUAN *¿Quién va?*
DON GONZ. *Yo soy.*
CATALINÓN *¡Muerto estoy!*
DON GONZ. *El muerto soy; no te espantes.*
No entendí que me cumplieras
la palabra, según haces
de todos burla.
DON JUAN *¿Me tienes?*
en opinión de cobarde?
DON GONZ. *Sí; que aquella noche huiste*
de mí cuando me mataste.
DON JUAN *Hüí de ser conocido;*
mas ya me tienes delante.
Di presto lo que me quieres.
DON GONZ. *Quiero a cenar convidarte.*
CATALINÓN *Aquí escusamos la cena;*
que toda ha de ser fiambre,
pues no parece cocina.

. . . .

DON JUAN *Cenemos.*
DON GONZ. *Para cenar*
es menester que levantes
esa tumba.
DON JUAN *Y si te importa,*
levantaré esos pilares.
DON GONZ. *Valiente estás.*
DON JUAN *Tengo brío*
y corazón en las carnes.

CATALINÓN *Mesa de Guinea es ésta.*
Pues, ¿no hay por allá quien lave?
DON GONZ. *Siéntate.*
DON JUAN *¿Adónde?*
CATALINÓN *Con sillas*
vienen ya dos negros pajes.
(Entran dos enlutados con dos sillas.)
¿También acá se usan lutos
y bayeticas de Flandes?

DON GONZ. *Siéntate tú.*
CATALINÓN *Yo, señor,*
he merendado esta tarde.
DON GONZ. *No repliques.*
CATALINÓN *No replico.*
(¡Dios en paz desto me saque!)—
¿Qué plato es éste, señor?
DON GONZ. *Este plato es de alacranes*
y víboras.
CATALINÓN *¡Gentil plato!*
DON GONZ. *Estos son nuestros manjares.*
¿No comes tú?
DON JUAN *Comeré,*
si me diesen áspid y áspides
cuantos el infierno tiene.
DON GONZ. *También quiero que te canten.*
CATALINÓN *¿Qué vino beben acá?*
DON GONZ. *Pruébalo.*
CATALINÓN *Hiel y vinagre*
es este vino.
DON GONZ. *Este vino*
esprimen nuestros lagares.
(Cantan.) **Adviertan los que de Dios**
juzgan los castigos grandes,
que no hay plazo que no llegue
mi deuda que no se pague.
CATALINÓN *¡Malo es esto, vive Cristo!,*
que he entendido este romance,
y que con nosotros habla.
DON JUAN *Un yelo el pecho me parte.*
(Cantan.) **Mientras en el mundo viva,**
no es justo que diga nadie,
«¡Qué largo me lo fiáis!»,
siendo tan breve el cobrarse.
CATALINÓN *¿De qué es este guisadillo?*
DON GONZ. *De uñas.*
CATALINÓN *De uñas de sastre.*
será, si es guisado de uñas.
DON JUAN *Ya he cenado; haz que levanten*
la mesa.
DON GONZ. *Dame esa mano;*
no temas, la mano dame.

DON JUAN *¿Eso dices? ¿Yo, temor?*
¡Que me abraso! ¡No me abrases
con tu fuego!
DON GONZ. *Este es poco*
para el fuego que buscaste.
Las maravillas de Dios
son, don Juan, investigables,
y así quiere que tus culpas
a manos de un muerto pagues;
y si pagas desta suerte,
ésta es justicia de Dios:
«Quien tal hace, que tal pague.»
DON JUAN *¡Que me abraso! ¡No me aprietes!*
Con la daga he de matarte.
Mas ¡ay! que me canso en vano
de tirar golpes al aire.
A tu hija no ofendí,
que vio mis engaños antes.
DON GONZ. *No importa; que ya pusiste*
tu intento.
DON JUAN *Deja que llame*
quien me confiese y absuelva.
DON GONZ. *No hay lugar; ya acuerdas tarde.*
DON JUAN *¡Que me quemo! ¡Que me abraso!*
¡Muerto soy!
(Cae muerto.)
CATALINÓN *No hay quien se escape;*
que aquí tengo de morir
también por acompañarte.
DON GONZ. *Esta es justicia de Dios:*
«Quien tal hace, que tal pague.»
(Húndese el sepulcro con DON JUAN y DON GONZALO, con mucho ruido, y sale CATALINÓN arrastrando.)
CATALINÓN *¡Válgame Dios! ¿Qué es aquesto?*
Toda la capilla se arde,
y con el muerto he quedado
para que le vele y guarde.
Arrastrando como pueda,
iré avisar a su padre.
¡San Jorge, San **Agnus Dei**,
sacadme en paz a la calle!
(Vase.)

(El burlador de Sevilla y convidado de piedra)

C. *COMENTARIO*

1. **Género**

Uno de los géneros literarios más cultivados durante el Barroco es el dramático. En esta época el hombre tiene la idea de que la vida es una representación y de que el mundo es un teatro. Por eso, el teatro se concibe como el mejor artificio para reflejar la misma vida.

Se representan comedias para celebrar todo tipo de acontecimientos (incluso en conventos, colegios y palacios). El teatro, pues, es un espectáculo eminentemente popular.

—Una de las innovaciones de Lope de Vega es la mezcla de lo trágico con lo cómico. En el texto se pone de manifiesto el uso de elementos trágicos y rasgos cómicos.

—En el texto aparecen unas cancioncillas populares, muy del gusto de la época, que se utilizan constantemente en las comedias de Lope de Vega. En el fragmento que estamos comentando sirven para anunciar vehementemente la muerte cercana de Don Juan.

2. **Contenido**

Comprensión del contenido:

—En estas escenas asistimos a la muerte de Don Juan. Las frases: «*¡Que me quemo!; ¡Que me abraso!*», simbolizan su destino: el infierno.

—Advertimos en el texto el uso de frases o palabras en las que se pone de manifiesto la inconsciencia de Don Juan frente a la gravedad de la estatua de Don Gonzalo y el temor de Catalinón. De entre ellas la más significativa y famosa es: «*¡Qué largo me lo fiáis!*».

—El honor en nuestro teatro barroco, cuando se mancha por algo, necesita una reparación. La forma de repararlo es la venganza. Aunque aparentemente es Don nzalo quien se venga de Don Juan, él representa la usticia divina. Por tanto, es la divinidad la encargada de vengarse.

—Otro elemento digno de destacar es el tema barroco de la brevedad de la vida, contenido precisamente en las cancioncillas populares.

—Es interesante también apreciar la gran lección moralizadora de Tirso de Molina. Para ayudar a comprender la lección que pretende darnos hay que tener en cuenta las palabras trágicas y terribles de Don Gonzalo: «*Quien tal hace, que tal pague*».

—La estructura del texto está determinada no sólo por las distintas escenas (salidas y entradas de los personajes), sino también por el contenido del diálogo que éstos sostienen.

3. **Técnica y estilo**

a) *Análisis métrico:*

—El enlace de este fragmento con la Literatura tradicional queda patente en la utilización de versos octosílabos (casi olvidados durante el Renacimiento) y en el uso de ciertas estrofas formadas por versos cuya medida y rima son claramente tradicionales.

—Muchas veces el ritmo de la acción está determinado por la utilización de versos de mayor o menor medida. Así, si se trata de comunicar al espectador la admiración o nerviosismo de algún personaje, el ritmo de la acción es rápido y los medios para conseguirlo son: a) el uso de versos cortos; b) la ruptura de los versos largos; c) suceden muchas cosas en poco tiempo. Existe, pues, una relación de la métrica con el ritmo rápido de la acción.

—Recordemos que, según Lope de Vega, los distintos tipos de estrofas utilizados debían ajustarse y tener relación con el contenido de las escenas. El contenido del texto (narración de sucesos) se adecua perfectamente a la métrica (uso del romance).

b) *Personajes:*

—Uno de los valores del teatro de Tirso es la creación de grandes individualidades. En este sentido, la figura de Don Juan es única dentro del teatro barroco.

—En el texto, Don Juan afirma que es «un caballero». Pero está muy lejos de ser el prototipo de caballero de las comedias de Lope de Vega. La caracterización sicológica que hace Tirso de este personaje lo hace diferente del «caballero» de Lope, de tal manera que podemos afirmar que Don Juan es un personaje eminentemente barroco, con una gran individualidad, y no un «prototipo».

—El personaje del gracioso está bien representado por Catalinón, que no desempeña sólo la función de hacer reír, sino que también es el encargado de avisar constantemente a Don Juan del castigo que le va a sobrevenir y de la inmoralidad de su vida. Adviértanse los aspectos (de su temperamento y carácter) que contrastan con Don Juan.

—En el texto, Don Gonzalo de Ulloa aparece bajo la forma de estatua de piedra. Este personaje, perfectamente definido, es el ejemplo más característico de individuo perteneciente a la nobleza.

c) *Ambiente:*

—Esta segunda parte, donde tiene lugar la tragedia de Don Juan, contrasta con el resto de la obra, en la que cada conflicto supone un nuevo ambiente (rústico, cortesano, etc.). Compruébese el distinto tipo de ambiente en que se desarrollan estas escenas, de acuerdo con el contenido del fragmento.

d) *Otros recursos técnicos y estilísticos:*

—El uso del monólogo es un recurso importante en esta obra. Unas veces es una reflexión del personaje y otras sirve para comunicarse con el público directamente. En el texto el monólogo de Don Juan es un ejemplo de reflexión del personaje.

—Ese intento de comunicación con el público también se consigue por medio del «aparte». El personaje revela con ello aspectos diversos relativos a la situación, a su intimidad, a su tensión interior, etc. Adviértase, por ejemplo, la tensión de Catalinón, puesta de manifiesto en los apartes.

—Una de las características del estilo de Tirso es su sentido del humor. Muchas veces el autor pone en boca de Catalinón chistes o palabras para hacer reír al espectador. Aquí está presente el humor y a la vez el temor que Catalinón demuestra.

—En esta época el lenguaje literario fue elaborado fundamentalmente por Góngora y Quevedo, que dejan su huella en todos los escritores barrocos más importantes. En el texto encontramos ejemplos del estilo literario denominado *conceptismo,* tales como antítesis, juegos de palabras, etc. Compruébese también la fluidez y dominio del lenguaje que tiene Tirso de Molina.

4. **La lengua**

El burlador de Sevilla se imprimió en pleno siglo XVII —1630—, período en que la lengua (a pesar de la evolución que continúa experimentando) se presenta ya con bastante seguridad y fijeza. Entre las peculiaridades lingüísticas más significativas del texto podemos advertir las siguientes:

—Cierta vacilación en las formas de los pronombres demostrativos *(aqueste, esa)* que se fusionan en ciertos casos con la preposición que le precede *(desta).*

—Uso del pronombre enclítico fusionado con el verbo, sobre todo en principio de frase *(dite, cumplirásme).*

—Uso de términos que consideramos arcaicos *(presto).*

—Las formas de tratamiento que existían en la época

eran entre otras: *vos, vuarcedes (vuestras mercedes, señor* al lado de *seor).*

5. Actitud crítica

—La figura del gracioso no fue una invención total de Lope de Vega, sino que tiene sus antecedentes y equivalentes en otros personajes artísticos, como los criados de Celestina y los bufones que aparecen en los cuadros barrocos. En este sentido, Catalinón bien podía ser un continuador de los criados de *La Celestina,* o podría representar algún tipo de bufón de los representados en los cuadros de Velázquez.

—Una obra de arte es siempre un reflejo de las inquietudes, preocupaciones y mentalidad de la época. Durante el Barroco, Literatura y Pintura utilizan muchas veces los mismos recursos artísticos para poner de manifiesto la ideología del momento en que han surgido. Así, por ejemplo, la realidad adquiere múltiples facetas en la Literatura, dependiendo del punto de vista de los personajes, y en Pintura, las cosas adoptan una apariencia distinta según la perspectiva. El efecto del contraste utilizado en Literatura es también un recurso de la Pintura, como lo es el doble plano apariencia-realidad en Literatura, y el claroscuro de la Pintura. En este sentido *El burlador de Sevilla* podría compararse con un cuadro de Ribera, y advertiríamos las semejanzas técnicas que existen entre una obra literaria y un cuadro barrocos.

—El tema de la muerte es una constante en la Historia de la Literatura española. La concepción de la muerte que encierran los textos analizados aquí contrasta con la serena aceptación de las *Coplas* de Jorge Manrique.

—El tema del honor, otra constante de nuestra Literatura española, adopta tratamientos distintos según la época. Puede comprobarse este hecho si comparamos el honor medieval *(Poema de Mio Cid),* renacentista *(Lazarillo de Tormes)* y el barroco *(El burlador de Sevilla).*

—A través del texto hemos podido advertir que Tirso no pretende mostrarnos a un Don Juan atractivo y valiente, sino que intenta presentarlo como un personaje detestable y cobarde. Por lo tanto, no existe ninguna identificación entre el autor y su personaje.

—Tirso de Molina, al escribir *El burlador,* hizo de Don Juan, sin pretenderlo, una figura de gran trascendencia en la historia de la Literatura española y europea (de ahí la abundancia de obras posteriores cuyo tema es similar). Este personaje se convirtió así en un mito no sólo literario sino también sociológico.

IV. RECAPITULACIÓN

1. Tirso de Molina, entre Lope y Calderón.
2. Personalidad de Tirso.
3. La originalidad de Tirso de Molina como dramaturgo.
4. Los problemas de la época: predestinación, libertad y tensiones del individuo como consecuencia de la Contrarreforma. Su manifestación en el teatro de Tirso.
5. Características de su teatro:

—Temas:
- La religión.
- La historia
- El honor
- La venganza.

—La lección moral de sus obras.
—Aspectos técnicos y estilísticos:

Rasgos de género y métrica	—El olvido de las normas clásicas. —La división en tres jornadas. —Características métricas. —La mezcla de lo trágico y lo cómico y el papel de las cancioncillas populares.
Personajes	—Tirso, creador de grandes individualidades. —Diferencias con los personajes del teatro de Lope. —La mujer en las obras de Tirso.

Ambiente	—Variedad y adecuación del ambiente a los contenidos.
Otros recursos técnicos y estilísticos	—El contraste. —El monólogo. —El aparte. —Los recursos conceptistas. —La fluidez y dominio del lenguaje. —El humor de Tirso.

6. Trascendencia y significación de la obra de Tirso.

V. BIBLIOGRAFÍA BÁSICA

Ediciones

El burlador de Sevilla y convidado de piedra. Edición de Joaquín Casalduero. Madrid, Cátedra, 1977.

El burlador de Sevilla. Edición de Everett W. Hesse y Gerald E. Wade. Salamanca, Almar, 1978.

El condenado por desconfiado. Edición de Ciriaco Morón y Rolena Adorno. Madrid, Cátedra, 1976.

La prudencia en la mujer. Edición de E. Hors Bresmes. Zaragoza, Clásicos Ebro.

Tirso de Molina. Obras dramáticas completas. Edición de Blanca de los Ríos, 3 vols. Madrid, vol. I, 1946; vol. II, 2.ª edic. 1962; vol. III, 1958.

Estudios

Además de los prólogos de las ediciones anteriormente citadas, pueden consultarse:

OROZCO DÍAZ, Emilio: *El teatro y la teatralidad del Barroco.* Barcelona, Ensayos Planeta, 1969.

RUIZ RAMÓN, Francisco: *Historia del teatro español.* Madrid, Alianza Editorial, 1967.

XIX. CALDERÓN DE LA BARCA

I. INTRODUCCIÓN

Así como Lope de Vega representa la iniciación y creación de nuestro teatro nacional del siglo XVII, Calderón de la Barca supone la culminación de dicho teatro. Ambos son principio y fin de nuestro teatro barroco; entre estas dos cumbres literarias se inserta una pléyade de importantes dramaturgos: Tirso de Molina, Guillén de Castro, Ruiz de Alarcón, Rojas Zorrilla, etc.

Calderón no rompe con el teatro de Lope de Vega, sino que lo perfecciona dándole un *carácter ideológico y doctrinal* que el de aquél no tenía. Si comparamos estos dos grandes dramaturgos, encontraremos unos cambios fundamentales: el vitalismo del «Fénix» se torna en *intelectualismo* en Calderón; a la improvisación y fecundidad de aquél, sustituye *la mayor concentración y estudiada elaboración* de éste. Este cambio incide, principalmente, en el lenguaje, que se hace mucho más culterano y conceptual, y, en definitiva, más barroco. Todo lo dicho no significa que Calderón abandone las características del teatro de su ilustre antecesor, sino que las alterna con un teatro en el que los temas se irán haciendo más abstractos y los personajes más fuertemente individualizados y frecuentemente serán simbólicos.

La vida de Calderón ocupa la mayor parte de los años del siglo XVII (1600-1681). Durante su juventud fue soldado, como tantos escritores de su tiempo. Se ordenó sacerdote en plena madurez (1651) y, debido a su carácter reflexivo y a su valía intelectual, gozó de gran prestigio en la corte de Felipe IV.

II. LECTURAS REFLEXIVAS

Primera. *Fragmento de «La vida es sueño»*

Presentamos un fragmento de una de las obras más importantes de Calderón de la Barca: *«La vida es sueño»*. Pertenece la obra a las denominadas «comedias filosóficas». En ellas se plantean algunos de los problemas fundamentales del hombre: la confusión entre realidad y ficción, la valoración de la vida humana —que, por su brevedad, es vista como un sueño—, la lucha entre la capacidad de la voluntad humana para utilizar su libertad y el destino. Estos temas de lucha entre fuerzas conflictivas, característicos de la obra de Calderón, son los más significativos del Barroco.

La acción transcurre en Polonia: Basilio, rey de aquel país, ante el designio funesto de los oráculos, que habían augurado que su hijo Segismundo se rebelaría contra él y que cometería horribles crímenes, encierra a éste en una gruta fortificada. Segismundo crece, preso de su destino, sin conocer nada acerca de su origen. Un día, desafiando a los hados, Basilio ordena que lleven a su hijo a palacio; la experiencia será negativa: el príncipe fracasará (mata a un criado de palacio). Vuelve a su encierro, hasta que el pueblo, sublevado, lo libera. Finalmente, el protagonista vencerá a su padre, pero reaccionará con justicia y con prudencia.

La escena aquí presentada, perteneciente al principio del drama —escena segunda de la jornada primera—, recoge el momento en que Segismundo, en un famosísimo soliloquio, se lamenta de su adversa suerte comparándose con los demás seres libres de la naturaleza. Importantísima es la utilización del monólogo —en la obra hay varios— como instrumento expresivo de la lucha interna: en un lenguaje declamatorio y patético, el protagonista expresa sus sentimientos e intenta buscar la causa de su desdicha. Su delito es el pecado original del hombre («*...pues el delito mayor / del hombre es haber nacido»).* En este monólogo, en el que se llega a la máxima tensión dramática, se condensa toda la problemática de la obra. Su tema fundamental es *la falta de libertad* (sin embargo, al final del drama vencerá el libre albedrío).

Si la temática es importante, no lo es menos la forma. Destaca el empleo de la décima como estrofa apropiada para expresar lamentaciones y sentimientos íntimos y que suele utilizarse en los monólogos (este binomio monólogo-décima será muy frecuente en nuestro teatro romántico.) En estas décimas, Calderón, como hombre de su tiempo, utiliza un estilo culto, con elementos conceptistas y culteranos. Obsérvese el uso continuado de conceptos abstractos:

....
cuando a todas partes gira
***midiendo* la inmensidad**
***de tanta* capacidad**
como le da el centro frío
....
cuando músico celebra
***de las flores* la piedad**
***que le da* la majestad**
del campo abierto a su huida.

Adviértase, asimismo, el empleo del hipérbaton *(«Apurar, cielos, pretendo / ... / contra vosotros naciendo»),* de la hipérbole *(«pues el delito mayor / del hombre es haber nacido», «Nace el ave, y con las galas / que le dan* belleza suma»), de la concatenación de imágenes que se suceden a lo largo del fragmento (el ave es *«flor de pluma»* o *«ramillete con alas»;* el bruto, *«signo de estrellas»;* la Naturaleza, *«el docto pincel»;* el pez, *«bajel de escamas»;* el arroyo, *«culebra que entre flores se desata»* y *«sierpe de plata»;* Segismundo, *«un volcán, un Etna hecho»;* el agua, *«cristal»).* A pesar de su barroquismo, este lenguaje retórico no es tan complejo como el utilizado por algunos de los escritores coetáneos de Calderón; por ejemplo, si lo comparamos con el de Góngora, comprobaremos que ni el hipérbaton es tan violento, ni la hipérbole tan desmesurada y difícil, ni las imágenes tan oscuras. El autor, consciente de la dificultad que supone el lenguaje retórico en la representación, atenúa su complejidad.

Además de todos estos rasgos, son características del estilo de Calderón: la sintaxis lógica, es decir, con abundancia de partículas relacionantes como *si, pues, porque,* etcétera, que podemos comprobar, por ejemplo, en la primera estrofa del texto:

> *¡Ay mísero de mí! ¡Ay infelice!*
> *Apurar, cielos, pretendo,*
> **ya que** *me tratáis así,*
> *qué delito cometí*
> *contra vosotros naciendo;*
> *aunque* **si** *nací, ya entiendo*
> *qué delito he cometido:*
> *bastante causa ha tenido*
> *vuestra justicia y rigor,*
> **pues** *el delito mayor*
> *del hombre es haber nacido.*

El razonamiento va encadenado por las partículas subrayadas: Nacer es un delito; yo he nacido; luego es *lógico* que se me trate mal. El autor utiliza muchas veces un procedimiento estilístico que había sido frecuente en nuestros escritores del siglo XVI: las parejas y la yuxtaposición de vocablos sinónimos («vuestra *justicia y rigor»,* «cuando *atrevido y cruel»,* «aborto de *ovas y lamas», «un volcán, un Etna* hecho», «¿qué *ley, justicia o razón»).* Este rasgo reiterativo, que da morosidad al ritmo, es el apropiado para expresar la vehemencia del lenguaje retórico y razonador de Segismundo. También es frecuente en el estilo calderoniano la conclusión final que recoge (a manera de recapitulación) los conceptos que antes se hayan mencionado; al principio de las estrofas ha dicho: *«Nace el ave...», «Nace el bruto...», «Nace el pez...», «Nace el arroyo...»;* al final dice *«...a un cristal* (arroyo) / *a un pez, a un bruto y a un ave?».* Por último, obsérvese la sintaxis simétrica y paralelística:

«Nace el ave... que le dan belleza suma... cuando las etéreas... y teniendo yo... Nace el bruto... que dibujan manchas... cuando atrevido y cruel... y yo con... Nace el pez... que no respira... cuando a todas partes gira... y yo con más... Nace el arroyo... que entre flores... cuando músico celebra... y teniendo yo...»

Ha conseguido Calderón en estos versos una gran belleza acústica; precisamente, lo marcado del ritmo y la sonoridad de las palabras han hecho que, desde entonces, muchísimas personas los memoricen (algunas veces, incluso, sin entenderlos). De todas formas, es posible que el público vaya entreviendo el significado de los versos ante el tono interrogativo que encontramos al final de cada estrofa y que responde a la incomprensión del protagonista por su falta de libertad. Calderón se manifiesta en su doble condición de dramaturgo y poeta en estos versos de tan merecida fama.

ESCENA II

(Ábrense las hojas de la puerta, y descúbrase **Segismundo** con una cadena y vestido de pieles. Hay luz en la torre.)

Segismundo ***¡Ay mísero de mí! ¡Ay infelice!***

Apurar, cielos, pretendo,
ya que me tratáis así,

qué delito cometí
contra vosotros naciendo;
aunque si nací, ya entiendo
qué delito he cometido:
bastante causa ha tenido
vuestra justicia y rigor,
pues el delito mayor
del hombre es haber nacido.

Sólo quisiera saber,
para apurar mis desvelos
(dejando a una parte, cielos,
el delito de nacer),
¿qué más os pude ofender,
para castigarme más?
¿No nacieron los demás?
Pues si los demás nacieron
¿qué privilegios tuvieron
que yo no gocé jamás?

Nace el ave, y con las galas
que le dan belleza suma,
apenas es flor de pluma
o ramillete con alas,
cuando las etéreas salas
corta con velocidad,
negándose a la piedad
del nido que deja en calma:
y teniendo yo más alma
¿tengo menos libertad?

Nace el bruto, y con la piel
que dibujan manchas bellas,
apenas signo es de estrellas
gracias al docto pincel,
cuando atrevido y cruel,
la humana necesidad
le enseña a tener crueldad,
monstruo de su laberinto:
¿y yo con mejor instinto
tengo menos libertad?

Nace el pez, que no respira,
aborto de ovas y lamas,
y apenas bajel de escamas
sobre las ondas se mira,
cuando a todas partes gira
midiendo la inmensidad
de tanta capacidad
como le da el centro frío:
¿y yo con más albedrío
tengo menos libertad?

Nace el arroyo, culebra
que entre flores se desata,
y apenas, sierpe de plata,
entre las flores se quiebra,
cuando músico celebra
de las flores la piedad
que le da la majestad
del campo abierto a su huida:
y teniendo yo más vida
¿tengo menos libertad?

En llegando a esta pasión,
un volcán, un Etna hecho,
quisiera arrancar del pecho
pedazos del corazón:
¿qué ley, justicia o razón
negar a los hombres sabe
privilegio tan suave,
exención tan principal,
que Dios le ha dado a un cristal,
a un pez, a un bruto y a un ave?
....
(Continúa la escena.)

(La vida es sueño. Calderón de la Barca)

Segunda. Fragmento de *El gran teatro del mundo*

Una de las representaciones que mayor auge y popularidad tuvieron en nuestro teatro del siglo XVII fueron las de los *autos sacramentales,* obras de carácter religioso y alegórico, en un acto o jornada.

Este tipo de obras tiene su antecedente en las que se representaron durante la Edad Media. Los autores, primero, fueron clérigos; después, verdaderos dramaturgos de oficio. Al principio se representaron en las iglesias; después, en las puertas de los templos; más tarde, en la plaza, y finalmente, en locales habilitados para ello —esto último, posiblemente no ocurrera hasta los siglos XVI o XVII. El argumento solía girar en torno al misterio de la Eucaristía.

Es en el siglo XVII, con este autor, cuando alcanzan una mayor perfección, llegando a tener, pese a su gran complejidad, gran éxito popular. Para Calderón, el auto es, ante todo, la representación de la vida. De todos sus autos, el más importante, sin duda alguna, es *El gran teatro del mundo,* del que presentamos un fragmento.

Alegóricamente, la vida humana es presentada como una comedia en la que Dios es el autor y los hombres los personajes. Estos son sus principales momentos: Dios dialoga con el mundo ordenándole representar la comedia de la vida; los personajes se presentan ante el Autor, y el Mundo les da sus papeles; se representa la comedia; una vez concluida, los personajes se presentan ante el Autor para ser juzgados por sus obras. Cada personaje es libre de representar bien o mal el papel que se le ha encomendado, y así obtener su condenación o su salvación respectivamente. Como vemos, la idea de *libertad* adquiere gran relevancia en el teatro de Calderón.

Es importante la utilización de la alegoría, exponente claro del carácter conceptista y culto —en definitiva, barroco— del teatro calderoniano. Carlos Bousoño define la alegoría como «la imagen que va traduciendo a plano metafórico cada uno de los componentes de la esfera real». Obsérvese en el siguiente cuadro las correspondencias entre el plano real y el plano metafórico:

PLANO REAL	PLANO METAFÓRICO
VIDA HUMANA	REPRESENTACIÓN TEATRAL
DIOS	AUTOR
HOMBRES	ACTORES
CONDUCTA	PAPELES
PREMIO	APLAUSOS DEL PÚBLICO

La escena elegida pertenece al principio del auto: los personajes, ignorantes del papel que cada uno de ellos va a representar, dialogan con el Autor (Dios), que se los va asignando. Representan las capas sociales (el rey y el labrador, el rico y el pobre), las virtudes (la hermosura y la discreción), el estado antes de recibir el bautismo (el niño). Calderón quiere resaltar la fugacidad de la vida, su transitoriedad; así, dice el Autor: «*que en acto tan singular / aquello es representar / aunque piense que es vivir*» (la vida humana es vista una vez más como un sueño). También se manifiesta la incomprensión del hombre ante la desigualdad humana; dice el pobre:

....
¿Por qué tengo de hacer yo
el pobre en esta comedia?
¿Para mí ha de ser tragedia
y para los otros no?
¿cuando este papel me dio
tu mano, no me dio El
igual alma a la de aquel
que hace al rey? ¿Igual sentido?
¿Igual ser? Pues ¿por qué ha sido
tan desigual mi papel?

Por último, adviértase la idea de la igualdad de todos los hombres después de la vida; dice el Autor:

En la representación
igualmente satisface
el que bien al pobre hace
con afecto, alma y acción,
como el que hace al rey, y son
iguales éste y aquél
en acabando el papel.

El lenguaje es conceptista, pero perfectamente inteligible. Las anáforas *(«ni* animamos, *ni* vivimos, / *ni* tocamos, *ni* sentimos, / *ni* del bien y el mal gozamos»), la yuxtaposición de palabras sinónimas («del *sentir y padecer»,* «el de *mandar y regir»,* «Haz tú *al rico, al poderoso»,* «Haz tú *al mísero, al mendigo»*), las antítesis *(«no me podré quejar de él, / de mí me podré quejar»),* las paradojas («Tú, *sin nacer morirás»*) se suceden en estos versos. Como podemos comprobar, la forma estrófica empleada aquí por Calderón es la décima.

Salen **El Rico, El Rey, El Labrador, El Pobre, La Hermosura, La Discreción y un Niño.**

El Rey

Ya estamos a tu obediencia,
Autor nuestro, que no ha sido
necesario haber nacido
para estar en tu presencia.
Alma, sentido, potencia,
vida ni razón tenemos;
todos informes nos vemos;
polvo somos de tus pies.
Sopla aqueste polvo, pues,
para que representemos.

La Hermosura

Sólo en tu concepto estamos;
ni animamos, ni vivimos,
ni tocamos, ni sentimos,
ni del bien ni el mal gozamos;
pero si hacia el mundo vamos
todos a representar,
los papeles puedes dar,
pues en aquesta ocasión
no tenemos elección
para haberlos de tomar.

El Labrador

Autor mío, soberano
a quien conozco desde hoy,
a tu mandamiento estoy
como hechura de tu mano,
y pues tú sabes, y es llano,
porque en Dios no hay ignorar,

qué papel me puedes dar,
si yo errare este papel,
no me podré quejar de él,
de mí me podré quejar.

El Autor *Ya sé que si para ser*
el hombre elección tuviera,
ninguno el papel quisiera
del sentir y padecer;
todos quisieran hacer
el de mandar y regir,
sin mirar, sin advertir
que en acto tan singular
aquello es representar,
aunque piense que es vivir.
Pero yo, Autor Soberano,
sé bien qué papel hará
mejor cada uno; así va
repartiéndolos mi mano.
Haz tú el Rey.
(Da su papel a cada uno.)

El Rey *Honores gano.*

El Autor *La dama, que es la hermosura*
humana, tú.

La Hermosura *¡Qué ventura!*

El Autor *Haz tú al rico, al poderoso.*

El Rico *En fin, nazco venturoso*
a ver del sol la luz pura.

El Autor *Tú has de hacer el labrador.*

El Labrador *¿Es oficio o beneficio?*

El Autor *Es un trabajoso oficio.*

El Labrador *Seré mal trabajador.*
Por vuestra vida... Señor,
que aunque soy hijo de Adán,
que no me deis este afán,

aunque me deis posesiones,
porque tengo presunciones
que he de ser grande holgazán.
De mi natural infiero,
con ser tan nuevo, Señor,
que seré mal cavador
y seré peor quintero;
si aquí valiera un «no quiero»,
dijérale, mas delante
de un autor tan elegante,
nada un «no quiero» remedia,
y así seré en la comedia
el peor representante.
Como sois cuerdo, me dais
como el talento el oficio,
y así mi poco juicio
sufrís y disimuláis;
nieve como lana dais:
justo sois, no hay que quejarme,
y pues que ya perdonarme
vuestro amor me muestra en él,
yo haré, Señor, mi papel
despacio por no cansarme.

El Autor *Tú la discreción harás.*

La Discreción *Venturoso estado sigo.*

El Autor *Haz tú al mísero, al mendigo.*

El Pobre *¿Aqueste papel me das?*

El Autor *Tú, sin nacer morirás.*

El Niño *Poco estudio el papel tiene.*

El Autor *Así mi ciencia previene*
que represente el que viva.
Justicia distributiva
soy, y sé lo que os conviene.

El Pobre *Si yo pudiera excusarme*
deste papel, me excusara,
cuando mi vida repara

en el que has querido darme;
y ya que no declararme
puedo, aunque atrevido quiera,
le tomo, mas considera,
ya que he de hacer el mendigo,
no, Señor, lo que te digo,
lo que decirte quisiera.
¿Por qué tengo de hacer yo
el pobre en esta comedia?
¿Para mí ha de ser tragedia
y para los otros no?
¿Cuando este papel me dio
tu mano, no me dio El
igual alma a la de aquel
que hace al rey? ¿Igual sentido?
¿Igual ser? Pues ¿por qué ha sido
tan desigual mi papel?
Si de otro barro me hicieras,
si de otra alma me adornaras,
menos vida me fïaras,
menos sentidos me dieras;
ya parece que tuvieras
otro motivo, Señor;
pero parece rigor,
perdona decir crüel,
el ser mejor su papel
no siendo su ser mejor.

El Autor *En la representación*
igualmente satisface
el que bien al pobre hace
con afecto, alma y acción,
como el que hace al rey, y son
iguales éste y aquél
en acabando el papel.
Haz tú bien el tuyo y piensa
que para la recompensa
yo te igualaré con él.
No porque pena te sobre
siendo pobre, es en mi ley
mejor papel el del rey
si hace bien el suyo el pobre;
uno y otro de mí cobre

todo el salario después
que haya merecido, pues
en cualquier papel se gana,
que toda la vida humana
representaciones es.
Y la comedia acabada,
ha de cenar a mi lado
el que haya representado
sin haber errado en nada
su parte más acertada;
allí igualaré a los dos.

La Hermosura *Pues decidnos, Señor, Vos,*
¿cómo en lengua de la fama
esta comedia se llama?

El Autor *«Obrar bien, que Dios es Dios».*

El Rey *Mucho importa que no erremos*
comedia tan misteriosa.

El Rico *Para eso es acción forzosa*
que primero la ensayemos.

La Discreción *¿Cómo ensayarla podremos*
si nos llegamos a ver
sin luz, sin alma y sin ser
antes de representar?

El Pobre *Pues, ¿cómo sin ensayar*
la comedia se ha de hacer?

El Labrador *Del pobre apruebo la queja,*
que lo siento así, Señor,
(que son pobre y labrador
para par a la pareja).
Aun una comedia vieja,
harta de representar,
si no se vuelve a ensayar
se yerra cuando se prueba,
si no se ensaya esta nueva,
¿cómo se podrá acertar?

El Autor *Llegando ahora a advertir*
que siendo el cielo jüez,
se ha de acertar de una vez
cuando es nacer y morir.

La Hermosura *Pues ¿el entrar y salir*
cómo lo hemos de saber,
ni a qué tiempo haya de ser?

El Autor *Aun eso se ha de ignorar,*
y de una vez acertar
cuándo es morir y nacer.
Estad siempre prevenidos
para acabar el papel,
que yo os llamaré al fin de él.

El Pobre *¿Y si acaso los sentidos*
tal vez se miran perdidos?

El Autor *Para eso, común grey,*
tendré desde el pobre al rey,
para enmendar al que errare
y enseñar al que ignorare,
con el apunto a mi Ley;
ella a todos os dirá
lo que habéis de hacer, y así
nunca os quejaréis de mí.
Albedrío tenéis ya
y pues prevenido está
el teatro, vos y vos
medid las distancias dos
de la vida.

La Discreción *¿Qué esperamos?*
¡Vamos al teatro!

Todos *¡Vamos*
«a obrar bien, que Dios es Dios!»

(*El gran teatro del mundo.* Calderón de la Barca)

III. COMENTARIO DE TEXTOS

A. *PRESENTACIÓN*

De toda la producción dramática calderoniana, sobresale por sus valores —junto con *La vida es sueño* y *El gran teatro del mundo*— *El alcalde de Zalamea,* que está incluida dentro de las llamadas «comedias dramáticas»; la obra es histórica y su tema central es el *honor.*

Su *argumento* es el siguiente:

> Las tropas de don Lope de Figueroa acampan, camino de Portugal, en el pueblo extremeño de Zalamea; un capitán, Alvaro de Ataide, ultraja y deshonra a la hija del villano Pedro Crespo; éste, nombrado alcalde, prende a aquél y le ruega inútilmente que repare su honor casándose con su hija; don Alvaro no acepta y Pedro Crespo manda que lo ahorquen; finalmente, llega el rey Felipe II y aprueba la sentencia, nombrando, al mismo tiempo, a Crespo alcalde perpetuo de Zalamea.

Calderón ha abandonado en esta obra sus temas filosóficos y universales, llenos de conceptualismo, para centrarse en unos temas históricos y sociales que están mucho más cerca de la sensibilidad del pueblo. Pedro Crespo es toda una creación representativa del honor del pueblo español; es, además, un símbolo de justicia ante la opresión de los poderosos. Este intento de justicia democrática tiene su centro en el rey, representante máximo del honor y del orden (recuérdese que este tratamiento del rey es una constante en el teatro de Lope de Vega: *Fuenteovejuna, El mejor alcalde el rey, Peribáñez;* en efecto, la obra de tema histórico de Calderón está muy cerca de la de su ilustre antecesor).

La escena elegida para su comentario es la octava de la jornada tercera: Pedro Crespo dialoga con el capitán pidiéndole humildemente que repare su honor. Para ayudar a comprender esta escena —y como argumento de autoridad— recogemos unas palabras del crítico Juan Luis Alborg: «...Pero ninguna escena tan justamente famosa como la que (...) Pedro Crespo, dejando a un lado la vara y prescindiendo de su autoridad de alcalde, suplica de rodillas al capitán que repare el honor de su hija; las palabras de Pedro Crespo definiéndose a sí mismo, ofreciendo toda su hacienda y hasta su misma persona en servicio, a los pies de don Alvaro que le escucha con su impertinente altanería, son de una dolorosa humanidad, insuperables como expresión dramática.»

B. *TEXTO*

Crespo *Ya que yo, como justicia*
me valí de su respeto
para obligaros a oírme,
la vara a esta parte dejo,
y como un hombre no más
deciros mis penas quiero:
(Arrima la vara.)
Y puesto que estamos solos,
señor don Alvaro, hablemos
más claramente los dos,
sin que tantos sentimientos
como han estado encerrados
en las cárceles del pecho
acierten a quebrantar
las prisiones del silencio.
Yo soy un hombre de bien,
que a escoger mi nacimiento
no dejara (es Dios testigo)
un escrúpulo, un defecto
en mí, que suplir pudiera
la ambición de mi deseo:
Siempre acá entre mis iguales
me he tratado con respeto:
de mí hacen estimación
el cabildo y el concejo.
Tengo muy bastante hacienda,

porque no hay, gracias al cielo
otro labrador más rico
en todos aquestos pueblos
de la comarca; mi hija
se ha criado, a lo que pienso,
con la mejor opinión,
virtud y recogimiento
del mundo: tal madre tuvo,
téngala Dios en el cielo.
Bien pienso que bastará,
señor, para abono desto,
el ser rico, y no haber quien
me murmure; ser modesto,
y no haber quien me baldone,
y mayormente, viviendo
en un lugar corto, donde
otra falta no tenemos
más que saber unos de otros
las faltas y los defectos
¡y plugiera a Dios, señor,
que se quedara en saberlos!
Si es muy hermosa mi hija,
díganlo vuestros extremos...
aunque pudiera, al decirlo,
con mayores sentimientos
llorarlo, porque esto fue
mi desdicha.—No apuremos
toda la ponzoña el vaso;
quédese algo al sufrimiento—.
No hemos de dejar, señor,
salirse con todo al tiempo;
algo hemos de hacer nosotros
para cubrir sus defectos.
Este ya veis si es bien grande;
pues aunque encubrirle quiero,
no puedo; que sabe Dios
que, a poder estar secreto
y sepultado en mí mismo,
no viniera a lo que vengo;
que todo esto remitiera,
por no hablar, al sufrimiento.
Deseando, pues, remediar
agravio tan manifiesto,

buscar remedio a mi afrenta
es venganza, no es remedio:
y vagando de uno en otro,
uno solamente advierto,
que a mí me está bien, y a vos
no mal; y es que desde luego
os toméis toda mi hacienda,
sin que para mi sustento
ni el de mi hijo (a quien yo
traeré a echar a los pies vuestros)
reserve un maravedí,
sino quedarnos pidiendo
limosna, cuando no haya
otro camino, otro medio
con que poder sustentarnos.
Y si queréis desde luego
poner una S y un clavo
hoy a los dos y vendernos,
será aquesta cantidad
más del dote que os ofrezco.
Restaurad una opinión
que habéis quitado. No creo
que desluzcáis vuestro honor,
porque los merecimientos
que vuestros hijos, señor,
perdieren por ser mis nietos,
ganarán con más ventaja,
señor, por ser hijos vuestros.
En Castilla, el refrán dice
que el caballo (y es lo cierto)
lleva la silla. Mirad
(De rodillas.)
que a vuestros pies os lo ruego
de rodillas, y llorando
sobre estas canas, que el pecho,
viendo nieve y agua, piensa
que se me están derritiendo.
¿Qué os pido? Un honor os pido,
que me quitasteis vos mesmo;
y con serlo mío, parece,
según os le estoy pidiendo
con humildad, que no es mío
lo que os pido, sino vuestro.

Mirad que puedo tomarle
por mis manos, y no quiero,
sino que vos me le deis.

Capitán *Ya me falta el sufrimiento.*
Viejo cansado y prolijo,
agradeced que no os doy
la muerte a mis manos hoy,
por vos y por vuestro hijo;
porque quiero que debáis
no andar con vos más cruel
a la beldad de Isabel.
Si vengar solicitáis
por armas vuestra opinión,
poco tengo que temer;
si por justicia ha de ser,
no tenéis jurisdicción.

Crespo *¿Qué en fin no os mueve mi llanto?*

Capitán *Llanto no se ha de creer*
de viejo, niño y mujer.

Crespo *¡Que no pueda dolor tanto*
mereceros un consuelo!

Capitán *¿Qué más consuelo queréis,*
pues con la vida volvéis?

Crespo *Mirad que echado en el suelo*
mi honor a voces os pido.

Capitán *¡Qué enfado!*

Crespo *¡Mirad que soy*
Alcalde en Zalamea hoy.

Capitán *Sobre mí no habéis tenido*
jurisdicción: el consejo
de guerra enviará por mí.

Crespo *¿En eso os resolvéis?*

Capitán *Sí.*
caduco y cansado viejo.

Crespo *¿No hay remedio?*

Capitán *Sí, el callar*
es el mejor para vos.

Crespo *¿No otro?*

Capitán *No.*
Crespo *Pues juro a Dios*
que me lo habéis de pagar.
¡Hola!

(Levántase y toma la vara.)

(*El alcalde de Zalamea.* Calderón de la Barca)

C. *COMENTARIO*

1. Género

a) El teatro sólo adquiere toda su dimensión en la representación; de ahí se deduce que el lector de teatro deba hacer un esfuerzo doble: escenificar la obra en su propia mente y ser más espectador que lector. Recordamos algunos de los principales caracteres del género dramático: a) representación de la vida a través de *acciones humanas* que se oponen y que originan la tensión, *el drama;* b) el conflicto se explica mediante *el desarrollo de la acción;* c) el teatro es *sintético:* todo se subordina al dinamismo de la acción (se eliminan los personajes superfluos, los episodios accidentales, las explicaciones, etc. Piénsese, por ejemplo, que en una novela se narran los antecedentes de los personajes, se describe la época, se analiza la sociedad, etc.); d) *concentración:* todo gira en torno a los protagonistas, elementos esenciales; e) los personajes *actúan directamente* mediante el diálogo o el monólogo; f) *actualidad temporal:* aunque la acción se sitúe en el pasado o en el futuro, la acción dramática se presenta como actualidad para el espectador; g) *escenografía:* el autor se vale del escenario, del decorado y de la luminotecnia para darnos una imagen más real de su interpretación de la realidad. Aplicando los caracteres enumerados comprobamos que se trata de un texto dramático.

b) Son tres los principales géneros dramáticos: tragedia, comedia y drama. Indudablemente, la obra de Calderón no pertenece a la comedia (hay que tener en cuenta que las palabras *comedia* y *drama* se han utilizado y se utilizan muchas veces en sentido genérico, es decir, con el significado de «obra de teatro»; ahora las estamos utilizando en su sentido específico). Recordemos las definiciones de tragedia y drama del crítico Rafael Lapesa: «La tragedia presenta el conflicto sostenido entre un héroe y la adversidad ante la cual sucumbe. La sublimidad del asunto requiere idealización de ambiente y lenguaje elevado. El desenlace es por lo general doloroso...».

«La palabra drama (...) designa un género determinado que tiene, como la tragedia, un conflicto efectivo y doloroso; pero no lo sitúa en un plano ideal, sino en el mundo de la realidad, con personajes menos grandiosos que los héroes trágicos y más cercanos a la humanidad corriente.»

Teniendo en cuenta estas explicaciones el texto pertenece a un drama.

2. **Contenido**

Señalamos, a continuación, algunos de los elementos que conforman el contenido del texto:

a) «*La vara*» en el mundo de la justicia es el símbolo del poder.

b) En su largo parlamento dice Crespo: «*Si es muy hermosa mi hija / díganlo vuestros* **extremos...**» con el sentido de abusos, faltas.

c) En el texto se hace referencia al «consejo de guerra», juicio vigente todavía en la actualidad.

d) Recordemos que la «opinión» —es decir, la honra— tenía para los hombres de la época de Calderón tanto valor como la vida misma. Su pérdida exigía la inmediata reparación mediante la venganza. En esta escena, y en la totalidad de la obra, se puede hablar de venganza no en el sentido de «conducta *inhumana* impuesta por la *bárbara* ley del honor, sino en el sentido de imposición de justicia.

e) De las palabras de cada personaje de esta escena, Pedro Crespo y don Alvaro, podemos deducir sus cualidades y defectos respectivos. A Crespo podríamos definirlo como hombre honrado, amante de la justicia. A don Alvaro, soberbio y cobarde.

f) Cada escena viene determinada por las entradas y salidas de los personajes y guarda una cierta unidad. A pesar de todo, podríamos establecer, de acuerdo con su contenido, unas partes bien definidas dentro de la escena merced al diálogo que mantienen sus personajes.

3. **Técnica y estilo**

a) *Análisis métrico*

Según los tipos de estrofa o cuerpos métricos utilizados, podemos dividir el texto en dos partes: una, el discurso de Pedro Crespo; otra, el diálogo final entre los dos personajes. Cada una de ellas se diferencia, también por su contenido.

Esta división formal se relaciona, pues, con la de contenido, existiendo entre ambas *proporcionalidad;* es decir, a cada parte de contenido corresponde una determinada estructura formal.

b) *Recursos técnicos y estilísticos*

A medida que va transcurriendo la escena, el lenguaje se hace más vivo, más rápido, tanto que algunos versos llegan a escindirse en dos o tres partes. Esta viveza del lenguaje se consigue así:

—El proceso de menor a mayor rapidez del lenguaje se adecua a la intensidad significativa de cada momento de la escena.
—Mediante el uso de palabras u oraciones que expresan una mayor rapidez.
—Hay también proporcionalidad entre el lenguaje (lento o rápido) y la intensidad significativa.
—En el texto no predomina el lenguaje retórico (lleno de figuras e imágenes, e incluso oscuro y difícil para su interpretación). Comparándolo, por ejemplo, con los poemas cultos de Góngora o Quevedo, o incluso con el monólogo de Segismundo, vemos que aquí es mucho más sencillo y que hay menor profusión de imágenes. Calderón utiliza en esta obra *un lenguaje menos retórico* que en *«La vida es sueño»* dada su temática diferente.
—A pesar de lo que acabamos de decir, hay en el texto algunas figuras e imágenes de gran valor expresivo.
—Otro aspecto técnico importante es la caracterización de los personajes. Estos pueden ser «tipos» (si se destaca sólo un rasgo de su comportamiento en detrimento de los demás, con lo que el personaje queda difuminado), o «caracteres» (si están fuertemente individualizados, es decir, si se reflejan todos los aspectos que componen su comportamiento). Don Alvaro y Crespo son «caracteres» antes que «tipos».

4. **La lengua**

—En el lenguaje de Calderón observamos tres características fundamentales: a) la arquitectura lógica de la sintaxis, b) la repetición simétrica de ideas similares o contrapuestas, y c) la repetición de parejas sinónimas de palabras. Todo ello contribuye aquí a dar al período un ritmo lento, de acuerdo con las exigencias del contenido de la escena.
—Como en Lope, en el teatro de Calderón aparecen

refranes, sentencias o máximas en boca de los personajes —principalmente entre «los graciosos»—.

—En Calderón (como en todos los autores dramáticos barrocos) existen giros lingüísticos —morfológicos, sintácticos, léxicos, etc.— que hoy no son usuales.

—Hemos dicho que la sintaxis de Calderón está llena de nexos lógicos. Un ejemplo de ello puede ser la siguiente oración: *«No creo / que desluzcáis vuestro honor, / porque los merecimientos / que vuestros hijos, señor, / perdieran por ser mis nietos, / ganarán con más ventajas, / señor, por ser hijos vuestros».*

5. **Actitud crítica**

—En esta escena se ponen en contraposición dos personajes típicos de nuestro teatro del siglo XVII: el poderoso y el villano. Pedro Crespo en este conflicto representa al villano, figura revalorizada por Lope de Vega.

—La palabra «villano», además de su significado específico «hombre del pueblo», ha venido a significar «hombre vil, cobarde, indecoroso». Piénsese en el cambio semántico ocurrido.

—*El alcalde de Zalamea* tuvo —y tiene— un gran éxito popular. Entre otras, las posibles causas que han contribuido a ese éxito son: la pericia del autor en el tratamiento del tema, la exaltación a que se somete la figura del campesino que se alza contra los abusos e injusticias, etc.

—El concepto del honor ha variado desde la época de Calderón a la de nuestros días. Sin embargo, en ciertos sectores de nuestra sociedad subsisten todavía ciertas huellas de este concepto del honor, especialmente en ambientes rurales.

IV. RECAPITULACIÓN

—Calderón y su época: circunstancias históricas y sociales que se reflejan en su obra.

—Su producción dramática:

a) Obras históricas: *El alcalde de Zalamea.*
b) Obras filosóficas: *La vida es sueño.*
c) Autos sacramentales: *El gran teatro del mundo.*

—Características de su teatro:

a) Temas: el honor, la libertad, el destino, etc.
b) Expresión: gongorismo y conceptismo (principales recursos).
c) Técnica: innovaciones escenográficas, caracterización de los personajes, etc.

—Aportaciones de Calderón al *teatro nacional* iniciado por Lope de Vega.

V. BIBLIOGRAFÍA BÁSICA

Ediciones

Calderón de la Barca. La vida es sueño. El alcalde de Zalamea. Edición de Augusto Cortina. Madrid, Espasa-Calpe, 1968.

(En la colección Clásicos Castellanos de la editorial Espasa-Calpe, se han publicado varios volúmenes de la obra de Calderón.)

Estudios

Además de los prólogos de las ediciones anteriormente citadas, pueden consultarse los siguientes estudios:

ALONSO, DÁMASO: «La correlación en la estructura del teatro calderoniano», en *Seis calas en la expresión literaria española.* Madrid, Gredos, 1970.

RUIZ RAMÓN, Francisco: *Historia del teatro español.* Madrid, Alianza, 1967, 2 tomos.

XX. LA PROSA BARROCA: BALTASAR GRACIÁN

I. INTRODUCCIÓN

Uno de los grandes escritores representativos de la prosa didáctica del Barroco es Baltasar Gracián (1601-1658). Nació Gracián en Belmonte (Zaragoza), realizó estudios en Toledo e ingresó muy joven en la Compañía de Jesús. Pasó la mayor parte de su vida en Aragón, alejado del ambiente cortesano, hecho que lo diferencia de la mayor parte de los escritores de la época. De carácter independiente y orgulloso, le desagradaba someterse a las reglas de su Orden y, especialmente, que sus obras fueran revisadas por sus compañeros antes de que se imprimieran. Por este motivo tuvo a menudo enfrentamientos con ellos, que desembocaron al final de su vida en graves problemas cuando publicó *El Criticón* sin previo permiso de los superiores.

El afán de perfección humana que tenía Gracián, su cuidadosa selección de amigos (reducidos al círculo de gentes cultas y refinadas), su desprecio por lo vulgar, se reflejan en su obra literaria (en la que ofrece modelos de hombre que sabe desenvolverse entre la «buena» sociedad), y en la forma cuidada de su estilo, ajustado a los cánones del más extremado lenguaje conceptista.

Su obra literaria recoge y condensa temática y formalmente los aspectos más característicos del Barroco. Las más significativas son: *El héroe* (1637); *El político* (1640); *El discreto* (1646); *El oráculo manual y arte de prudencia* (1647), tratado moral que compendia todo el pensamiento de las obras citadas anteriormente, etc. En *Agudeza y arte de ingenio* (1648) recoge todas las características del estilo conceptista. Pero su obra más significativa es *El Criticón* (1651-57), donde Gracián «compendia su filosofía, su erudición y su capacidad inventiva» (Angel del Río).

II. LECTURAS REFLEXIVAS

Primera. *Un tratado moral: «Oráculo manual y arte de prudencia»*

En *El oráculo manual,* Gracián da las normas de conducta que debe seguir el hombre para alcanzar el buen arte de vivir en el mundo. La obra está escrita en forma de aforismos, cada uno de los cuales es una regla de prudencia, juicio o discreción. Todas estas normas de conducta aparecen después distribuidas en *El Criticón,* donde el autor parte de la misma experiencia de los personajes para extraer de ella las normas o enseñanzas antes citadas.

Hemos seleccionado cinco aforismos que son un ejemplo, tanto de la forma en que está escrito el tratado, como de su contenido.

Obsérvese el aforismo 6: «Hombre en su punto». En él Gracián indica que la madurez (de juicio y prudencia) del hombre no se consigue en un solo día, pero, una vez conseguida, merece la pena, pues este «varón consumado, sabio en dichos, y cuerdo en hechos» puede considerarse como hombre ideal y perfecto.

En el aforismo 10: «Fortuna y Fama» pone en juego dos grandes tópicos del Barroco, reservando el primer lugar para la Fama, que es el único medio de conseguir la inmortalidad.

En el aforismo 28: «En nada vulgar» podemos comprobar cómo Gracián desprecia hirientemente lo vulgar, considerando que todo lo que viene del vulgo es necio e ignorante.

El aforismo 99: «Realidad y apariencia» presenta el concepto barroco por excelencia que preside toda la obra de Gracián: la contraposición apariencia-realidad. El escritor indica que la apariencia es, en definitiva, lo que guía a la mayor parte de la gente. Por eso, un hombre discreto y prudente que lo es en la realidad debe, además, aparentarlo.

El aforismo 105: «No cansar» encierra una máxima famosa de Gracián, en la que se condensan las características de su estilo: Es preferible ser breve a ser farragoso. «Más obran quintas esencias que fárragos». «Lo bueno, si breve, dos veces bueno».

Obsérvese, finalmente, el lenguaje utilizado en cada aforismo: palabras precisas y justas, frases concisas sin nexos innecesarios, sintaxis fluida, que muchas veces dificultan la comprensión pero que caracterizan el original estilo conceptista de Gracián. Ya veremos en el comentario de textos en qué consiste el conceptismo de este escritor.

6. *Hombre en su punto.* No se nace hecho; vase de cada dia perficionando en la persona, en el empleo, hasta llegar al punto del consumado ser, al complemento de prendas, de eminencias: conocerse ha en lo realzado del gusto, purificado del ingenio, en lo maduro del juicio, en lo defecado de la voluntad. Algunos nunca llegan a ser cabales, fáltales siempre un algo; tardan otros en hacerse. El varón consumado, sabio en dichos, cuerdo en hechos, es admitido y aun deseado del singular comercio de los discretos.

10. *Fortuna y fama.* Lo que tiene de inconstante la una, tiene de firme la otra. La primera para vivir, la segunda para después; aquella contra la invidia, esta

contra el olvido. La fortuna se desea y tal vez se ayuda; la fama se diligencia. Deseo de reputación nace de la virtud. Fue y es hermana de gigantes la fama; anda siempre por extremos: o monstruos o prodigios, de abominación, de aplauso.

28. *En nada vulgar.* No en el gusto. ¡Oh, gran sabio el que se descontentaba de que sus cosas agradasen a los muchos! Hartazgos de aplauso común no satisfacen a los discretos. Son algunos tan camaleones de la popularidad, que ponen su fruición, no en las mareas suavísimas de Apolo, sino en el aliento vulgar. Ni en el entendimiento: no se pague de los milagros del vulgo, que no pasan de espantaignorantes, admirando la necedad común, cuando desengañando la advertencia singular.

99. *Realidad y apariencia.* Las cosas no pasan por lo que son, sino por lo que parecen; son raros los que miran por dentro, y muchos los que se pagan de lo aparente. No basta tener razón con cara de malicia.

105. *No cansar.* Suele ser pesado el hombre de un negocio y el de un verbo. La brevedad es lisonjera y más negociante: gana por lo cortés lo que pierde por lo corto. Lo bueno, si breve, dos veces bueno; y aun lo malo, si poco, no es tan malo. Más obran quintas esencias que fárragos. Y es verdad común que hombre largo raras veces entendido, no tanto en lo material de la disposición cuanto en lo formal del discurso. Hay hombres que sirven más de embarazo que de adorno del universo, alhajas perdidas que todos las desvían. Excuse el discreto el embarazar, y mucho menos a grandes personajes, que viven muy ocupados, y sería peor desazonar uno dellos que todo lo restante del mundo. Lo bien dicho se dice presto.

(*Oráculo manual y arte de prudencia.* Baltasar Gracián)

III. COMENTARIO DE TEXTOS

A. *PRESENTACIÓN*

El fragmento objeto de comentario pertenece a su obra maestra, *El Criticón.* Basada, probablemente, en un cuento morisco, se imprimió en tres partes: la 1.ª, en Zaragoza (1651); la 2.ª en Huesca (1653) y la 3.ª en Madrid (1657).

Los títulos de cada una de estas partes (1.ª: «En la Primavera de la Niñez y en el Estío de la Juventud»; 2.ª: «Juiciosa cortesana filosofía, en el Otoño de la Varonil Edad»; 3.ª: «En el Invierno de la Vejez») se corresponden con las experiencias y conocimiento de la vida de los dos personajes protagonistas —Critilo y Andrenio—.

En *El Criticón* se pone de manifiesto toda la ideología de Gracián y su filosofía de la vida. Su *argumento,* en breves palabras, es el siguiente:

> Critilo, por culpa de un naufragio, llega a la isla de Santa Elena y se encuentra allí con Andrenio, que ha vivido en ella, en estado natural y salvaje, desde su niñez. Estos dos personajes son rescatados por un barco e inician un viaje por diversas naciones del mundo, pasando por múltiples aventuras y experiencias. Este viaje por el mundo es un símbolo del viaje de la vida. Andrenio, que resulta ser el hijo de Critilo, es instruido y educado por éste, que le enseña a saber vivir en el mundo. Las aventuras y experiencias por las que pasan son provechosas para ambos, que, al final, llegan a la isla de la Inmortalidad (inmortalidad conseguida mediante la fama).

El fragmento que presentamos pertenece a la primera parte de la obra, *crisi* VII: «La fuente de los engaños». Critilo y Andrenio asisten a la representación de una farsa teatral, símbolo de la farsa que es la vida.

B. *TEXTO*

No bien amaneció, que allí aun el día nunca es claro, cuando se vio ocupada toda la plaza de un gran concurso de gente, con que no faltó quien dijo estaba de bote en bote vacía. La fiesta era una farsa con muchas tramoyas y apariencias, célebre espectáculo en medio de aquel gran teatro de todo el mundo. No faltó Andrenio, de los primeros, para su gusto, ni Critilo, para su provecho. En vez de la música, ensaladilla del gusto, se oyeron pucheros y, en lugar de los acordes instrumentos y voces regaladas, se oyeron lloros y, al cabo dellos (si se acaban), salió un hombrecillo; digo, que comenzaba a ser hombre. Conocióse luego ser extranjero en lo desharrapado. Apenas se enjugó las lágrimas, cuando se adelantó a recibirle un grande cortesano, haciéndosela muy amigo, dándole la bien venida. Ofrecióle largamente cuanto pudiera el otro desear en tierra ajena y él no cumplir en la propia, con tal sobra de palabras que el extranjero se prometió las obras. Convidóle lo primero a su casa, que se veía allí a un lado, tan llena de tramoyas cuan vacía de realidades. Comenzó a franquearle riquezas en galas, que era de lo que él más necesitaba, por venir desnudo; pero con tal artificio, que lo que con una mano le daba, con la otra se lo quitaba, con increíble presteza. Calábase un sombrero, coronado de diamantes, y prontamente arrojaban un anzuelo, sin saber cómo ni por dónde, y pescabásenlo con sobrada cortesía; lo mismo hicieron de la capa, dejándole gentilhombre. Poníale delante una riquísima joya, mas luego con gran destreza se la barajaba, suponiéndole otra falsa, que era tirarle piedras. Estrenábale una gala muy costosa y, en un cerrar y abrir de ojos, se convertía en una triste mortaja, dejándole en blanco. Y todo esto con grande risa y entretenimiento de los presentes, que todos gustan de ver el ajeno engaño. Faltándoles el conocimiento para el propio, ni advertían que, mientras estaban embelesados, mirando lo que al otro le pasaba, les saqueaban ellos las faldriqueras y tal vez las mismas capas. De suerte que al cabo, el mirado y los que miraban, todos quedaban iguales, pues desnudos en la calle y aun en tierra.

Salió en esto otro agasajador, y aunque más humano, hechura del primero. Parecía de buen gusto y así le dijo tratase de emplearlo. Mandó parar la mesa a quien nunca para. Sacaron muchos platos, aunque los más comen simplato. Arrastraron sillas, y al punto que el convidado fue a sentarse en una, que no debiera tomarlo tan de asiento, falseóle a lo mejor; y al caer él, se levantó la risa en todo el teatro. Acudió compasiva una mujer, y por lo joven muy robusta, y ayudándole a levantar, le dijo se afirmase en su rollizo brazo. Con esto pudo proseguir, si no hallara falsificada la vianda, porque al descoronar la empanada, hallaba solo el eco y del pernil el *nihil.* Las aves solo tenían el nombre de perdiganas. Todo crudo y sin sustancia. Al caer, se quebró el salero, con que faltó la sazón, y el agüero no. El pan, que parecía de flor, era con piedras, que aun no tenía salvados. Las frutas, de Sodoma, sin fruto. Sirviéronle la copa de todas maneras penada, y tanto, que más fue papar viento que beber vino que fue. En vez de música, era la vaya que le daban.

A lo mejor del banquete, cansóse o quiso cansarse el falso arrimo, al fin, por lo femenil, flaco y falso. Dejóle caer y contó al revés todas las gradas hasta llegar a tierra y ponerse del lodo. Ninguno de cuantos asistían se comidió a ayudarle. Miró él a todas partes si alguno se compadecería, y vio cerca un viejo cano. Rogóle que, pues no era hombre de burlas, como lo prometía su madurez, quisiese darle la mano. Respondióle que sí y aun le llevaría en hombros. Ejecutólo oficioso, mas él se hacía cojo, cuando no volaba, y no menos falso que los demás. A pocos pasos tropezó en su misma muleta, con que cayó en una encubierta trampa de flores y verduras, gran parte de la fiesta; aquí lo dejó caer, cogiéndole de vuelo la ropa que le había quedado; allí se hundió, donde nunca más fue visto ni oído, pereciendo su memoria con sonido, pues se levantó la grita de todo aquel mecánico teatro. Hasta Andrenio, dando palmadas, solemnizaba la burla de los unos y la necedad del otro. Volvióse hacia Critilo y hallóle que no solo no reía, como los demás, pero estaba sollozando.

—¿Que tienes? —le dijo Andrenio—. ¿Es posible que siempre has de ir al revés de los demás? ¿Cuando los otros rien, tú lloras, y cuando todos se huelgan, tú suspiras?

—Así es —dijo él—. Para mí esta no ha sido fiesta, sino duelo; tormento, que no deporte. Y si tú llegases a entender lo que es esto, yo aseguro me acompañarías en el llanto.

—Pues ¿qué es esto —replicó Andrenio—. sino un necio, que siendo extranjero se fía de todos y todos le engañan, dándole el pago que merece su indiscreta facilidad? De esto, yo más quiero reír con Demócrito que llorar con Heráclito.

—Y dime —le replicó Critilo—: y si fueses tú ese de quien te ríes, ¿qué dirías?

—¿Yo? ¿De qué suerte? ¿Cómo puedo ser él, si estoy aquí vivo y sano, y no tan necio?

—Ese es el mayor engaño —ponderó Critilo—. Sabe, pues, que aquel desdichado extranjero es el hombre de todos y todos somos él. Entra en este teatro de tragedias llorando. Comiénzanle a cantar y encantar con falsedades. Desnudo llega y desnudo sale, que nada saca, después de haber servido a tan ruines amos. Recíbele aquel primer embustero, que es el Mundo. Ofrécele mucho y nada cumple. Dale lo que a otros quita, para volvérselo a tomar, con tal presteza, que lo que con una mano le presenta, con la otra se lo ausenta, y todo para en nada. Aquel otro que le convida a holgarse es el Gusto, tan falso en sus deleites cuan cierto en sus pesares; su comida es sin sustancia, y su bebida venenosa. A lo mejor falta el fundamento de la Verdad y da con todo en tierra. Llega la Salud, que cuanto más le asegura más le miente. Aquellos que le dan priesa, son los Males; las Penas le dan vaya, y grita los Dolores, vil canalla toda de la Fortuna. Finalmente aquel viejo, peor que todos, de malicia envejecida, es el Tiempo, que le da el traspié y le arroja en la sepultura, donde le deja muerto, solo, desnudo y olvidado. De suerte que, si bien se nota, todo cuando hay, se burla del miserable hombre: el Mundo le engaña, la Vida le miente, la Fortuna le burla, la Salud le falta, la Edad se pasa, el Mal le da priesa, el Bien se le ausenta, los Años huyen, los Contentos no llegan, el Tiempo vuela, la Vida se acaba, la Muerte le coge, la Sepultura le traga, la Tierra le cubre, la Pudrición le deshace, el Olvido le aniquila; y el que ayer fue hombre hoy es polvo, y mañana nada. Pero ¿hasta cuándo, perdidos, habemos de estar perdiendo el precioso tiempo? Volvamos ya a nuestro camino derecho, que aquí, según veo, no hay que aguardar sino un engaño tras otro engaño.

(*El Criticón*. Baltasar Gracián)

C. *COMENTARIO*

1. **Género**

El Criticón, ejemplo de prosa didáctica en forma de novela, presenta, por una parte, elementos propios del género novelesco: la narración de los sucesos y aventuras que les ocurren a Critilo y Andrenio, y su misma composición y estructura (división en partes, cada una de las cuales contiene, a su vez, diferentes *crisis* o capítulos); por otra, aspectos propiamente didácticos, y como tales típicos de una prosa doctrinal más que narrativa.

a) En el texto advertimos la presencia de elementos ficticios o novelescos, y didácticos.

b) Puesto que el elemento didáctico implica la intención del autor de enseñar algo, de este texto se desprende una lección o enseñanza moral.

2. **Contenido**

A) *Comprensión del contenido:*

En la obra de Gracián (como escritor que pertenece a la última etapa del Barroco) se reúnen y se llevan a un extremo exagerado todos los motivos y temas que definen y caracterizan el movimiento barroco, como expresión de unos sentimientos, de un comportamiento y de unas actitudes ante la vida del hombre de esta época. Indicamos a continuación algunos aspectos temáticos significativos:

—El choque entre *apariencia/realidad*, uno de los más significativos temas del Barroco, es una idea que está presente no sólo en este fragmento, sino en toda la obra de Gracián. Ejemplo de ello pueden ser las siguientes frases: «Convidóle lo primero a su casa, que se veía allí a un lado, tan *llena de tramoyas* cuan *vacía de realidades*».

—Estas palabras de Critilo: «Entra en este *teatro de tragedias* llorando» aluden al motivo simbólico (tan característico del Barroco) de concepción de la vida como una representación teatral, en la que las formas trágicas adquieren ya desde el nacimiento del hombre su más perfecta dimensión.

—Se pone de manifiesto también la idea barroca del *engaño a los demás* sin que uno se dé cuenta del suyo propio.

—Otras temas barrocos como *el paso del tiempo* y *la fugacidad de la vida,* así como el de la *Fortuna* y la *Muerte,* aparecen insinuados en el fragmento. Adviértase cómo se desprende de todos ellos un terrible pesimismo.

—Finalmente, véase el significado simbólico de estas palabras amargas y pesimistas de Critilo: «y el que ayer fue hombre, hoy es polvo, y mañana, nada» y pónganse en relación con el gran tópico barroco del *desengaño del mundo y de la vida.*

—La estructura del texto puede determinarse teniendo en cuenta los aspectos novelescos y didácticos en relación con el contenido que encierran.

3. **Técnica y estilo:**

a) Los rasgos de carácter de Critilo y Andrenio, muy diferentes entre sí, explican tanto su comportamiento como su actitud ante la vida. El significado simbólico que encierran sus nombres es: «Andrenio» simboliza el estado natural del hombre; «Critilo», la experiencia de la vida y la madurez. Obsérvese que el autor caracteriza a ambos personajes utilizando fundamentalmente el recurso del contraste.

b) Una de las características técnicas de la obra es su *perspectivismo,* o diferentes visiones de la realidad según la perspectiva con que se la mire. Andrenio y Critilo miran el mundo desde perspectivas diferentes. La visión del mundo que tiene Andrenio es optimista, casi desenfadada; en cambio, la de Critilo (como corresponde a su experiencia y madurez) es pesimista, amarga. La visión de la realidad de Gracián coincide con la de Critilo.

c) En este fragmento el autor utiliza *la alegoría* (característica del estilo conceptista). Recordemos que en la alegoría se ponen en correspondencia los elementos que componen el plano metafórico con los del plano real. La 1.ª parte de este fragmento se corresponde con el plano irreal; la 2.ª, con el plano real.

Ejemplos de elementos de ambos planos que se corresponden son: el «Embustero» y el «Mundo»; el «Viejo» y el «Tiempo», etc.

d) Se ha dicho que Gracián es uno de los tres grandes humoristas del siglo XVII. Del *humor* de este escritor, más amargo e incisivo que el de Quevedo, se desprenden una *sátira* y una *crítica* terribles de los defectos humanos. En este fragmento pueden observarse rasgos de humor, de sátira y de crítica.

e) Como habíamos visto en los elementos del contenido, Gracián acumula y utiliza extremadamente los recursos característicos del estilo *conceptista* de la época. Veamos los más significativos:

• Uso de *antítesis* y *contrastes.*

• *Uso de juegos de palabras,* que pueden adoptar formas variadas: 1.º) palabras que tienen significantes o sonidos comunes y que evocan significados diferentes («sacaron *muchos platos,* aunque los más comen *simplato* = no comen en realidad). 2.º) correspondencias de significados entre significantes distintos («al descoronar la empa*nada*, hallaba sólo el *eco* = (hueca, vacía), y del per*nil* el *nihil* = nada); 3.º) duplicidad de significados por disociación de significantes («Con tal *sobra* de palabras que el extranjero se prometió *las obras).*

• Uso de *personificaciones,* en que son los mismos elementos o conceptos simbólicos quienes se personifican en el texto.

• Uso de *elipsis*, generalmente *zeugmas* (elisión de términos que han aparecido ya antes): «que todos gustan de ver el engaño ajeno. Faltándoles el conocimiento para el propio [engaño]».

• La emisión de términos y de nexos da lugar a una *sintaxis* fluida y concisa característica del estilo de Gracián. Este escritor tiende también al uso de *estructuras sintácticas simétricas* mediante la contraposición de dos *términos antitéticos.* Por ejemplo, «Ofrécele *mucho* y *nada* cumple».

4. La lengua

Aunque en la época de Gracián la lengua se presenta ya con bastante fijeza, existen en *El Criticón* algunos fenómenos que prestan originalidad al estilo de su autor y otros que son un ejemplo de los usos lingüísticos de este período:

a) La creación de términos nuevos formados sobre otros ya existentes («espantaignorantes») es quizá el aspecto lingüístico más original de la lengua de Gracián.

b) Otra característica de la lengua de Gracián consiste en la exposición de ideas expresadas sintácticamente sin nexos que las encadenen, aparentemente cortadas, fragmentadas, pero que comportan una coherencia lógica de pensamiento. Por ejemplo, en la primera parte del texto observamos esta coherencia lógica cuando se nos presenta en primer lugar *la plaza,* ocupada de gente; en segundo lugar, *la fiesta* (o farsa teatral); *los lloros* del actor; *las lágrimas.*

c) Fenómenos característicos de la lengua de la época, que se reflejan en la obra del autor, son:

• El uso de pronombres enclíticos fusionados con el verbo. En el texto existen abundantes ejemplos de ello.

• La fusión del pronombre con la preposición que le precede.

• Uso de *arcaísmos* o términos que consideramos ahora arcaicos.

5. **Actitud crítica**

a) En la parte II de *El Criticón, crisi* I, Gracián, indirectamente, hace una alusión crítica al Quijote en las palabras siguientes: «El que quedó muy corrido fue uno a quien hallaron un libro de caballerías». «Trasto viejo —dijo la Atención— de alguna barbería». A pesar de esta referencia, la pareja Andrenio-Critilo recuerda, en cierto modo, a la pareja Don Quijote-Sancho, especialmente por los rasgos de comportamiento y de carácter que ponen en contraste a los personajes de ambas parejas.

b) El tema del *desengaño* del mundo y de la vida tiene sus dos máximos exponentes en Quevedo y Gracián. La visión desengañada del mundo que ofrece Quevedo podría compararse con la que se extrae de la obra de Gracián (mucho más amarga y pesimista).

c) Como hemos visto, una de las ideas de Gracián consiste en que el hombre debe aspirar a conseguir la fama para no caer en el olvido después de la muerte. Recordemos que esta idea tiene relación con el concepto de la fama que se extrae de las *Coplas* de Jorge Manrique.

d) La obra de Gracián, y especialmente *El Criticón,* fue traducida en la mayor parte de los países de Europa. Uno de los grandes revalorizadores de este escritor fue el filósofo alemán del siglo XIX Schopenhauer, cuyos presupuestos ideológicos coinciden en algunos aspectos con los de Gracián, así como su visión amarga y pesimista de la vida. De la misma manera, la influencia de Gracián en la corriente existencialista es significativa. Su trascendencia, pues, es considerable, especialmente en el pensamiento filosófico.

IV. RECAPITULACIÓN

1. Gracián, escritor didáctico del siglo XVII.
2. Personalidad de este escritor.

3. Su obra literaria, reflejo de la mentalidad de la época.
4. Características de su obra:
   - El contenido de los *Tratados morales,* exponente del «arte de vivir en el mundo»; *El Criticón,* reflejo de la ideología de Gracián y de su filosofía de la vida.

   - Aspectos temáticos:
     —El choque entre apariencia/realidad.
     —El símbolo del gran teatro del mundo y de la vida como representación teatral.
     —El tema del engaño.
     —La fugacidad de la vida.
     —La fama y la fortuna.
     —El desengaño del mundo.

   - Aspectos técnicos y estilísticos:
     —Andrenio y Critilo, personajes simbólicos.
     —El perspectivismo.
     —La alegoría.
     —La antítesis y el contraste.
     —El humor, la sátira y la crítica.
     —Las personificaciones.
     —Los juegos de palabras.
     —Las elipsis.
     —La fluidez y concisión de la sintaxis.
     —La lengua de Gracián.

5. Trascendencia y significación de la obra de Gracián.

V. BIBLIOGRAFÍA BÁSICA

Ediciones

«Obras completas» de Gracián. Edición de Arturo del Hoyo. Madrid, Aguilar, 1967.

Agudeza y Arte de ingenio. Edición de E. Correa Calderón. Castalia, Madrid, 1969.

El Criticón. Edición de Romera Navarro. Madrid, 1940.
El Criticón. Edición de Antonio Prieto. Madrid, Bitácora, 1970.

Estudios

Además de los prólogos de las ediciones anteriormente citadas, pueden consultarse:

BAQUERO GOYANES, Mariano: «Temas, formas y tonos literarios», en *Perspectivismo y sátira en El Criticón.* Madrid, Prensa Española, 1972.
CORREA CALDERÓN, E.: *Baltasar Gracián. Su vida y su obra.* Madrid, 1961.
LÁZARO CARRETER, F.: *Estilo barroco y personalidad creadora.* Salamanca, Anaya, 1968.